权威·前沿·原创

皮书系列为
“十二五”国家重点图书出版规划项目

四川社会发展报告（2016）

ANNUAL REPORT ON SOCIAL DEVELOPMENT OF SICHUAN (2016)

主　编／李　羚
副主编／张祥荣　张雪梅

社会科学文献出版社
SOCIAL SCIENCES ACADEMIC PRESS (CHINA)

图书在版编目(CIP)数据

四川社会发展报告. 2016 / 李羚主编. -- 北京:
社会科学文献出版社, 2016.5
(四川蓝皮书)
ISBN 978-7-5097-9060-1

Ⅰ. ①四… Ⅱ. ①李… Ⅲ. ①社会发展-研究报告-
四川省-2016 Ⅳ. ①D677.1

中国版本图书馆 CIP 数据核字 (2016) 第 086469 号

四川蓝皮书
四川社会发展报告(2016)

主　　编 / 李　羚
副 主 编 / 张祥荣　张雪梅

出 版 人 / 谢寿光
项目统筹 / 高振华
责任编辑 / 高振华　张丽丽

出　　版 / 社会科学文献出版社 · 皮书出版分社 (010) 59367127
地址: 北京市北三环中路甲 29 号院华龙大厦　邮编: 100029
网址: www.ssap.com.cn
发　　行 / 市场营销中心 (010) 59367081　59367018
印　　装 / 北京季蜂印刷有限公司

规　　格 / 开 本: 787mm × 1092mm　1/16
印 张: 22.5　字 数: 331 千字
版　　次 / 2016 年 5 月第 1 版　2016 年 5 月第 1 次印刷
书　　号 / ISBN 978-7-5097-9060-1
定　　价 / 79.00 元

皮书序列号 / B-2015-426

本书如有印装质量问题, 请与读者服务中心 (010-59367028) 联系

版权所有 翻印必究

四川蓝皮书编委会

主　任　李后强　侯水平

副主任　郭晓鸣

编　委　（按姓氏拼音为序）

陈井安　陈　炜　陈　智　陈　映　柴剑峰
达　捷　李明泉　廖冲绪　李　羚　李晟之
平文艺　彭　伟　盛　毅　向宝云　杨　钢
郑泰安　张立伟　郑　鈜　张鸣鸣

主要编撰者简介

李　羚　女，1966年8月生，布依族，硕士研究生。长期从事政治学、社会学研究。现任四川省社会科学院社会学研究所所长、研究员，硕士生导师。担任中国社会学理事、中国青少年研究会理事、四川省委组织部特邀研究员，四川省学术带头人和技术带头人，成都社会治理改革创新评委。独立承担3项省社科规划课题，参与和主持国家社科基层课题3项，《党政领导干部公开选拔制度创新机制研究》还在研究中。曾在中央党校《学习时报》、《毛泽东思想研究》、《经济体制改革》和《中华文化论坛》等杂志和报纸上发表过40多篇专业论文。多篇文章被人大复印报刊资料转载，多个对策建议被中央及省委省政府采纳，获得四川省政府社会科学规划奖三等奖两个。主要代表作：专著《城乡统筹视角下基层党建新格局》，代表作品有《贺麟及五凤村落的社会学发现》、《费孝通乡土中国及现代价值》和《李安宅民族社会工作历史遗产与开发研究》。主要研究领域为政治社会学、社会学史和文化社会学等。

张祥荣　四川省社会科学院社会学研究所副所长，青少年发展研究中心主任，中国扶贫基金会青少年心理健康和乡村教育项目高级技术顾问，北京师范大学学生会心理顾问，中国心理学会会员，四川省婴幼儿早期教育行业协会副主席，四川省心理咨询师协会会员，四川团省委、省青联、省学联、省少工委青少年工作决策咨询库专家。四川省妇联、成都市妇联、成都市家庭教育指导中心专家，出版有《中小学生心理健康》等16部著作，获中国儿童书籍出版最高奖“中国冰心儿童图书奖”，四川省教育科研成果一等奖、中国心理学会心理普及教育工作先进个人奖、四川省哲学社会科学优秀成果奖等。

张雪梅 博士，副研究员，四川省社会科学院青少年发展研究中心副主任。近年来主要在非营利组织发展、社会治理和青少年发展等方面开展研究。先后获得国家部委优秀科研成果二等奖1项，省级优秀科研成果二等奖2项；发表论文10余篇，合作出版专著5部；主持或参与各级政府委托课题10余项，多项科研成果转化为对策建议被省委省政府各级部门采纳应用。

摘　要

《四川社会发展报告（2016）》是四川省社会科学院社会学研究所主持编撰的年度报告，由四川省社会科学院社会学研究所联合省市相关政府部门、高校、科研机构相关专家及社会组织人员撰写的关于四川城市社会治理发展的研究成果。

本书共收录文章22篇，分为总报告、治理篇、实践篇三个部分。书中不仅从城市类型和体制机制上讨论了社会治理的关键问题，着重对社会组织体制建设、城市社区基金会、安全社区、智慧城市、幸福家庭、政府购买公共服务等新型城市社会治理需求进行研究，深入探讨了城市治理转型的艰巨性和重要性。通过讨论中国城市流动人口、老龄化、业委会、群团组织、女性就业、青少年城市融入和城市少数民族流动人口城市融入，结合国外城市社会治理的国际经验研究，提出了关于城市社会治理的一些普遍性问题。本书注重案例研究，对城市化进程中一些政府和民众关注的热点难点问题进行了深化，如城市养老、大众创业、旧城改造、社会组织参与基层治理和参与式社区治理及社区共治。

四川城市社会治理工作尽管取得了明显的进展，积累了许多经验。但不可否认，四川城市社会治理依然面临着如人口流动频繁、人群聚集密度很高、城市社会构成异质性较大、社会群体的分化及贫富分化突出、文化观念和利益诉求更加多元化的问题，这些问题加大了实施精细化社会治理的难度，对构建共建共享城市社会治理格局提出了更大的挑战。

要进一步提高四川城市社会治理与社会发展水平。“十三五”规划提出的创新、协调、绿色、开放、共享发展理念为城市社会治理发展指明了新方向。城市社会治理是社会公平正义的试验田，我们期待着城市社会治理在创

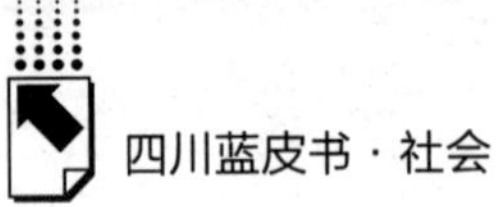

新研究中不断获得好的进展。我们必须持续不断地改进四川城市社会治理工作方式，不断推动城市社会领域制度创新，全面调动社会力量、社会资源参与城市社会治理，加快形成科学有效的城市社会治理体制，确保四川城市社会安全有序，民生发展、充满活力。

目　录

Ⅰ　总报告

Ⅱ　治理篇

Ⅲ　实践篇

Ⅳ 附录

皮书数据库阅读使用指南

总 报 告

General Report

B.1

四川城市社会治理新挑战、新探索和新走向

城市社会治理课题组*

摘 要: 城市社会治理是国家治理的重要基础，是国家治理体系和治理能力现代化的重要内容。随着我国进入城镇化较快发展的中后期，我国的城市管理实践开启了“从行政到治理”的探索和转型。四川城市社会治理面临新挑战：城市化率和户籍人口城镇率不成正比；社会法治与社会成长处于初级阶段；智慧城市拓展了城市社会治理的新类型；产城相融开启园区城市社会治理。城市社会治理多样性和复杂性表明：政府必须发展与企业、社会之间的合作，激活蕴藏在公民个人、社

* 城市社会治理课题组：由四川省社会科学院、四川省民政厅、四川省委组织部和四川大学的相关专家共同组成。课题组组长：李羚；执笔人：龙昌喜、高劲恩、张志英。

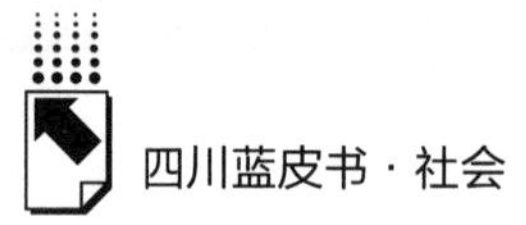

会组织和企业中的资源，促进供给的多元化，以此满足不断发展且多样化的人的需求。四川也进行广泛的实践创新，取得了成效。可以预见，未来城市治理发展方向：第一，治理理念上，从政府治理向共治治理转变；第二，参与群体上，从老年群众参与治理向青年群体参与治理转型；第三，治理区域上，从重行政区域治理向连片城市合作治理发展；第四，治理内容上，从重民生向重发展兼容转变；第五，治理手段上，从重制度治理向社会法治发展；第六，治理重点上，从重组织创新向重社区能力发展。

关键词： 四川 城市社会治理 “从行政到治理”

一 城市社会治理的新挑战

城市社会治理是国家治理的重要基础，是国家治理体系和治理能力现代化的重要内容。城市社会治理是人们在寻求城市公共问题的治理中所引进的新型城市管理制度和机制。2015 年 12 月底，中央城市工作会议也强调，抓城市工作，一定要抓住城市管理和服务这个重点，不断完善城市管理和服务，城市人口每增加 5%，人均经济活动至少增长 10%。目前，四川省已形成由 1 个特大城市、3 个大城市、8 个中等城市、141 个小城市和 1531 个镇构成的省域城镇体系；城市建成区面积达 3600 平方公里，为下一步城市建设奠定了坚实基础。① 随着我国进入城镇化较快发展的中后期，我国的城市管理实践开启了“从行政到治理”的探索和转型。我国亟须解决城市治理中的问题，如治理理念落后、政社职能边界不清晰、社会服务能力弱、执法行为任意等。当前四川城市社会治理面临如下几方面的

① 《启动城市建设强力引擎》，《四川日报》2016 年 1 月 13 日。

新挑战。

第一，城市化率和户籍人口城镇率不成正比带来政府公共服务新需求。党的十八届五中全会提出了全面建成小康社会新的目标要求，其中非常重要的一条就是要加快提高户籍人口城镇化率。对四川省来讲，就是到2020年，引导约700万人就近城镇化，常住人口城镇化率达到54%左右，解决农民工城市生存问题。在大量的城市社区调研中发现，外来人口拥有城市户籍的比例不足10%，大多还处于自流状态。城市发挥了就业的功能，但社会保障和社会融入还呈现二元分离状态，带来一系列的新城市治理问题。

第二，城市治理带来社会法治新要求。中国的城市化之路与西方早期的城市化发展呈现一定的类似性，但在中国城市发展中，“二元结构”的制度性因素是重要一环，以至于在正常的城市化发展进程中，半城市化、半市民化是中国城市治理面临的不可回避的难题，这也必然给依法治理城市造成困境。依法治市必然包括建设法治政府和法治社会两个层面。目前，行业协会、社会团体、基层群众自治组织以及各种NGO、NPO在社会生活中扮演着越来越重要的角色，发挥着越来越重要的作用。《四川依法治省纲要》在四川省整个依法治省规范体系中占有核心地位。四川省社会组织在经历了2008年、2013年两次强烈地震后迅猛发展，截至2014年底，全省共有社会组织37800个，覆盖经济社会发展的各个领域，每年经济活动总量超过100亿元。从图1中可以看到四川社会组织发展快，但目前社会发展结构不平衡，更多为社区社会组织、民办非企业单位和社会团体，城市社会组织专业性不足，难以担负起合格的公共产品或公共服务提供者的责任，根源就是社会法治立法严重不足。现代法治社会，社会领域的立法是否完善、是否先进已成为一国法律体系是否完备的衡量标准之一。依法治国、依法治省如果不解决法治社会的问题，法治国家的任务根本不可能完成。

第三，智慧城市带来城市社会治理新要求。智慧城市建设是党的十八届五中全会强调的“加强和创新社会治理，推进社会治理精细化，构建全民

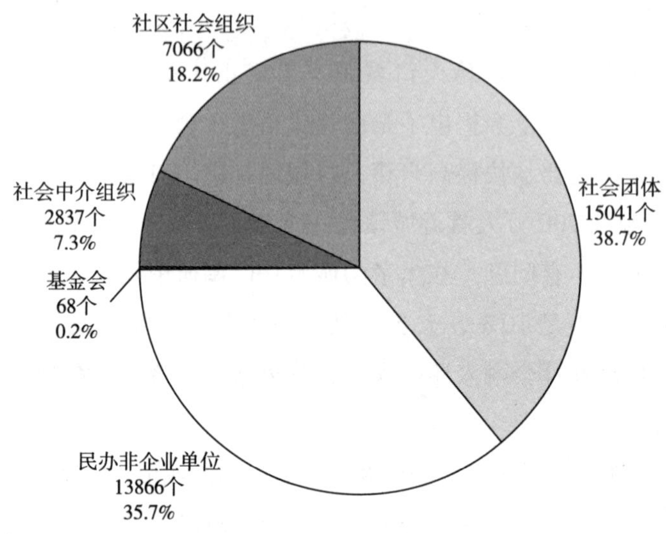

图1　全省社会组织发展情况

共建共享的社会治理格局”的重要形态。智慧城市，通过信息技术来改变政府、社区或公司和人们相互交往的方式。在社会治理创新实践领域，智慧城市正在为治理理念创新、政策创新、实践创新提供更为充分的技术支撑。智慧城市建设的实质在于通过创造系统、智能与共享的城市治理构架，实现城市治理技术化与社会化的深度融合，核心是促成物本城市治理模式的人本化转型。① 全国智慧城市有129个，四川省有绵阳、温江等6个城市入选前两批国家智慧城市试点名单。目前，四川省智慧城市建设处于起步期。智慧城市将从技术进步和治理创新理念方面，对城市治理体系和治理能力的现代化产生深刻影响。②

第四，成渝经济区促进城市社会治理片区化新发展。城市是各类要素资源和经济社会活动最集中的地方，当前四川城市发展正处于关键转型期。四川城市发展有两个利好政策：一是国务院批准设立四川天府新区后，成都市

① 宋煜萍：《智慧城市构建与创新社会治理》，《中国社会科学报》2016年1月3日。

② 孟延春：《智慧城市推进城市治理体系和治理能力现代化》，第五届中国智慧城市大会，2015年1月6日。

委、市政府专题研究了成都片区管理体制机制，市政府赋予成都管委会市级管理权限，拟在四川天府新区统一框架下，由成都管委会统筹管理成都片区1293平方公里区域，同时直接管理原直管区564平方公里的经济发展和社会事务，其余涉及高新区、龙泉驿区、双流县、新津县区域，分别由高新区管委会和龙泉驿区、双流县、新津县政府负责经济发展和社会事务。二是成渝经济区的发展。城市群作为国家新型城镇化规划建设的“主体形态”，成为2014年最受关注的城市话题。当前全国有长三角、珠三角、京津冀、山东半岛、中原经济区、成渝经济区六个城市群。① 政府要创新城市治理方式，特别是要加强同城化合作，通过城市群的空间载体解决单个城市发展面临的各类资源约束，以协同创新牵引城市协同发展，转变城市发展方式，完善城市区域合作治理体系。

二 四川城市社会治理的新实践

“社会治理新作为”肩负着提高社会治理水平，增强社会发展活力，凝聚社会各界力量和智慧，为推动四川城市社会治理提供强有力的社会环境支撑和战略支撑的责任，其重要意义不言而喻。2016年，四川省将推进城市管理重心下移、职能下沉，强化街道城市管理职能，充分发挥社区和居委会的基础作用；同时完善城市管理手段，推广网格化管理服务，建设数字化城市管理平台，抓好智慧城市建设试点。“鼓励企业和市民通过各种方式参与城市建设管理，促进城市共治共管、共建共享。”②

第一，以改革职能为起点，加快街道社会治理职能转型。以公共服务为突破口，深化街道社会治理转型。四川借鉴“成都经验”，建立起一套新型社区治理机制。取消招商引资职能，将工作中心转移到公共管理、公共安全、社区服务、民生改善等社会治理工作上来。从机构和职责上进一

① 《东仁2014中国六大城市群排名》，《瞭望东方周刊》2015年1月4日。

② 《启动城市建设强力引擎》，《四川日报》2016年1月13日。

步理顺关系，将街道职责划分为社会管理、公共服务、行政执法、社会服务等四类，进一步细化和加强社会管理及公共服务职能。完善社区服务站，推进服务型政府建设。2015 年成都出台社区减负十条措施，鼓励各级政府部门探索利用符合自身实际的社会力量深化社会服务。成都市武侯区率先探索将基层行政事务交由社会组织承接，锦江区则将这类事务规划到街道一级再协调社会力量参与。[①] 为了让“减负十条”得到执行落实，成都将把此项工作列为各区、市、县“一把手”年终目标考核内容。[②] 但当前还存在一个突出的问题是街道社会治理职能体制不到位，政社职能不清晰。

第二，以社会组织为载体，加快社会服务创新。以社会组织为载体促进社会服务创新是国际通行的一种方式。加强专业化服务，鼓励社会组织“发力”，解决城市化进程中的社会治理问题。自 2013 年在全国开展示范区创建活动以来，成都市被确认为首批“全国社会组织建设创新示范区”之一。成都市有 3600 多家教育、养老、卫生等社会组织，对提供公共服务、保障和改善民生具有重要补充作用，在解决社会矛盾、反映群众诉求、维护社会稳定方面发挥了调节和缓冲作用。社会组织以其公益性、专业性和服务性促进了公共服务的有效性。但政府提供的政策支持有限，2015 年全省对社会组织的政府拨款和政府购买服务资金共 5 亿元，平均到每个社会组织仅约 1.3 万元。社会组织的承接能力有限，社会组织评估覆盖率偏低，省本级不足 6%，省本级具备 3A 等级以上、有优先资格承接政府职能转移的社会组织约 64 家，仅占省本级社会组织的 3.7%，在支撑政府职能转移过程中还未形成充分竞争力。

第三，以群众自治为目标深化社会治理动力。共享发展是要着力增进人民福祉，让老百姓在共建共享发展中有更多的获得感。鼓励企业和市场通过

① 《成都出台社区“减负”十条对清单以外任务可以说“不”》，《四川日报》2015 年 9 月 29 日。

② 《成都出台社区“减负”十条对清单以外任务可以说“不”》，《四川日报》2015 年 9 月 29 日。

各种方式参与城市建设。四川创新了“三有一公开”的自治改造模式。明确“三有一公开”（有自治组织、有自治公约、有自治管理、推行院务公开）的工作标准。群众自治改造不同于以往的政府征收拆迁、企业拆迁等，它发挥群众主体作用，改造的决策、改造的方案、改造后的规划由群众集体来决定。改造的宣传发动、改造过程中的民主监督也由群众来实施。由于老城区存在诸多产权形态，居民自住搭建形成多年的棚户区，使得改造面临重重困难。针对近年来各地在旧城改造和拆迁中常出现的尖锐矛盾，四川提出群众为主体、政府主导，市场协作、单位协同，依法改造的思路，改造项目改不改、怎么改由群众说了算，按照先自治、后整治的整治原则，成立院落组织，积极创新推行社区居民自治，充分发挥居民自治组织的作用。以群众自治为主体，创新城市改造方式。将群众自治贯穿于整治工作全过程，将城市改造营造成最大的民生工程。但群众自治组织创新和参与环节还缺乏法律安排，更多要靠政策和创新的方式来实现。

第四，以社区为载体，促进城市社会治理多样化。社区是城市社会治理的细胞，更是社会治理力量的源泉。从社区结构来看，社区类型越来越多样化。依据主导力量的不同，当前存在三种基本的社区治理模式：行政主导型社区治理模式、社区自治型社区治理模式和政府与社区合作型社区治理模式。[①] 社区治理重在政社合作、社区自主，四川省从完善社区治理机制、实行社区公共服务准入、提升社区治理水平、增强社区服务能力以及推动“三社互动”（社工、社会组织以及社区三者联动的治理模式）五方面着手。[②] 此外，各地还不断完善社区议事决策机制、健全社区监督评议机制。但从四川现有城市社区治理来看，以居委会辖区为单元的社区建设，行政化倾向严重，缺乏社区归宿感和公共精神，社区共同体意识和社会文化资本的发展严重不足。

---

① 徐勇：《治理转型与竞争：合作主义》，《开放时代》2001 年第 7 期。

② 《借鉴“成都经验”完善社区治理机制》，《四川日报》2014 年 10 月 23 日。

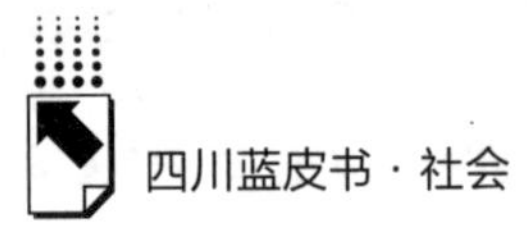

三　四川城市社会治理的发展走向

随着城市化的迅猛发展，城市社会治理也面临着新的发展需求。

第一，治理理念上，从政府治理向共治治理转变。深化“一核多元，合作共治”治理新格局。以多元主体共同治理为特征的社会共治是我国社会管理实践经验的总结。近十年来，我国许多地方政府的社会管理创新的实践探索已经蕴含了社会共治的理念。智慧城市的发展、信息沟通在大数据时代呈现了“去中心化”的特征，标志着国家治理主体和治理手段的多元化。坚持党的领导、创新社会治理、推进社会治理精细化、构建全民共享的社会治理格局是新常态下党的建设的重中之重。既要进一步深化区域党建部门在社会治理中的领导作用，又要激活社会各主体的活力，党组织要做促进社会主体发挥治理作用的组织者和引导者。习近平总书记强调要高度关注基层政权组织、经济组织、自治组织、群团组织、社会组织发展变化的特点，加强指导和管理，使各类基层组织按需设置、按职履责、有人办事、有章理事，既种好自留地、管好责任田，又唱好群英会、打好合力牌。①

第二，治理群体上，从老年群体参与向青年群体参与治理转型。应对老龄化不仅要鼓励本地年轻人生育二胎，还要吸引外来有文化、有技术的青年劳动力留在城市。外来青年就业者不应是社会管理方面的难题，而应是城市长期发展的一大助力，是共建社会治理的一股主要力量。青年群体思想活跃、行动力强、社会参与热情高，是社会治理创新的一个动力源泉。要激励和引导青年参与社会治理共建，使青年成为社会治理创新和精细化的推动力，我们认为关键是要将企业纳入城市社会治理的重要力量之中。综观国际大都市的社会治理体系，都有一套政府、企业、市场、公众相互之间协同参

---

① 习近平：《要保障基层干部的合理待遇》，新华网，2015 年 6 月 18 日。

与、有效运转的社会机制，如创新创业、跨部门管理等。[①] 激活社会力量、社会资源参与社会治理，创新公共服务和社会服务的精细化和多元化，是创新城市社会治理的核心与关键。

第三，治理区域上，从重行政区域治理向连片城市合作治理发展。有效解决地方治理琐碎化与区域经济一体化之间的矛盾既是一个国内外学术界长期关注和争论的热点问题之一，又是一个对国家经济发展和社会进步至关重要的重大现实问题。所谓多元共同治理，就是在跨行政区治理体系的建构中，除了政府间要加强职能转型与合作外，还要搭建公共服务平台，培育治理主体，充分发挥市场、社会组织的作用和力量，如成立跨区域行业协会、跨区域社会组织，组建城市群发展论坛等。

第四，治理内容上，从重民生向重发展兼容转变。发展民生是政府公共服务的职责。四川“十三五”规划践行共享发展理念将提供含金量非常高的民生改善措施，将保障基本民生和注重机会公平有机结合。西南财经大学中国家庭金融调查与研究中心发布的 2015 年调查数据显示，中国中等收入家庭成年人口数量为 2.17 亿，占成年人口比例为 21.4%，中国中产阶级的规模和财富总额均居世界首位。这一数据说明，社会中间阶层和中等收入群体占成年人口的比例已接近 60%，他们已经成为城市的主流人群。[②] 他们有更强的意愿建构幸福城市和安全城市，更关注城市的公平与正义。同时，这一群体的成员有较高的文化水平和一定的经济能力，能在社会治理共建中发挥特殊作用。充分调动他们的积极性、吸引他们参与社会治理共建，将使这一群体成为提升社会治理水平的一大推动力。

第五，治理能力上，从重制度治理向社会法治发展。依法治市就是将城市管理及在城市生活的各主体的行为纳入法律轨道。依法治市的重点是多元共治，多元共治蕴含着法治、协商和自治的理念，首先要求对不同治理主体

① 陶希东：《创新特大城市社会治理的三个突破点》，《新民晚报》2015 年 6 月 20 日。

② 《中国家庭平均资产 92 万 这些调查数据从哪儿来?》，中国经济网，2015 年 11 月 30 日。

的权力、权利、职责进行划分，明晰行使程序。其次，应加快构建和完善城市治理的法律、法规体系，逐渐形成完备的城市社会治理规范体系、高效的城市社会治理实施体系、严密的城市社会治理监督体系和有力的城市社会治理保障体系。[①] 最后，进一步保障居规民约在城市社会治理中的法律地位。应当把居民自治纳入"城市建设与管理"的立法规划，监督居规民约的制定实施，充分尊重群众治理的主体地位。

第六，治理重点上，从重组织创新向重社区能力发展。结合国内外社区建设经验，我们认为这里的核心问题就是向社区赋能，向社会组织赋能。从社区治理现状来看，社会组织活化了社区建设，而且激活了老百姓参与社区公共生活的热情。但普遍存在内在动力不足的问题，要构建这样一个共同体社区关键还在于理顺政府与社区的关系。如同市场经济要建立政企分开的体制一样，社会体制改革的核心是要建立政社分开的社会治理体制和机制，在分工基础上合作，建立有效分工的合作机制。首先，社会组织要提高自身的造血能力，学会向社会拿资源。当前，很多社会组织基本上是依靠政府购买服务的资金来维持生存。政府推动社会组织发展，不仅要降低门槛、不断增加政府投入，而且要出台相应的措施，促进社会资源进入社会组织。社会组织还应学会募集社会资源。其次，社区自身要通过社会组织介入社区治理，形成一个政府和社区互动的总体营造空间。社区营造就是要政府诱导、民间自发、社会组织帮扶，使社区自组织、自治理、自发展，帮助解决社会福利、经济发展、社会和谐的问题。[②] 这里，关键是社区培力与维权。这是当前城市社会治理的一个方向。社区培力的过程关键在于建构社区的主体性，使社区知道自己的位置与角色，使政府与社区的关系变得平等。因此，大学科研等专业机构参与自治理改造是必要的。在这个过程中，基层百姓学习如何自治理、自组织以解决问题，通过民主协商实现多元包容、和谐相处。

---

① 李泽：《推进城市治理法治化》，《党政干部参考》2015 年第 9 期。

② 朱蔚怡等：《谈谈社区营造》，社会科学文献出版社，2015，第 4 页。

参考文献

姜晓萍：《四川省社会管理创新发展报告》，中国人民大学出版社，2013。

蔡禾：《城市社会学：理论与视野》，中山大学出版社，2003。

李友梅：《城市社会治理》，社会科学文献出版社，2014。

罗家德：《云村重建纪事——一次社区自组织实验的田野记录》，社会科学文献出版社，2014。

《中共中央关于制定国民经济和社会发展第十三个五年规划的建议》（单行本），人民出版社，2015。

帕克：《城市社会学：芝加哥学派城市研究》，商务印书馆，2012。

治 理 篇

Government Reports

B.2
四川老龄化发展与城市养老服务研究报告

黄 进 刘金华*

摘 要： 四川省人口老龄化起步早、速度快、程度深。2020 年，四川省 60 岁以上老年人口将达到 1866.72 万人，占总人口的 22.66%。近年来，四川省出台了一系列政策措施来发展城市养老服务，但也面临着人口老龄化程度超越经济发展水平等问题。因此，需要构建完整的城市养老服务体系和支持体系，大力发展民办养老服务机构和“银发”产业，建立老龄人口长期照料护理体系。

关键词： 老龄化 城市养老 养老服务体系

* 黄进，四川省社会科学院副秘书长、研究员，主要研究方向为社会政策；刘金华，四川省社会科学院经济研究所副研究员，博士，主要研究方向为人口学。

一　四川人口老龄化发展

根据联合国的标准，符合下列三个条件之一的国家或地区，都属于老龄化国家或地区：①60周岁以上的老年人口占总人口的比重在10%以上；②65周岁以上老年人占总人口的比重在7%以上；③老少比（65周岁以上人口与14周岁以下人口之比）超过30%。由此判定，四川省在1997年就进入了老龄化社会。第六次全国人口普查资料显示，四川老年人口规模和老龄化程度均居全国第二位，四川失能老人规模居全国第一位。

（一）发展历程

四川人口老龄化的发展特点可简单概括为起步早、速度快、程度深，四川积极应对人口老龄化势在必为。

1. 四川人口预期寿命呈不断增长趋势

纵向来看，四川人口预期寿命不断增长，2010年较1990年增长8.42岁；横向来看，四川人口预期寿命与全国平均水平基本持平（见表1）。

表1　四川与全国人口预期寿命统计

单位：岁

地区	1990年预期寿命			2000年预期寿命			2010年预期寿命		
	平均	男	女	平均	男	女	平均	男	女
全国	68.55	66.84	70.47	71.40	69.63	73.33	74.83	72.38	77.37
四川	66.33	65.06	67.70	71.20	69.25	73.39	74.75	72.25	77.59

资料来源：《中国卫生和计划生育统计年鉴（2014）》。

2. 四川人口老龄化起步早

四川步入老龄化社会可以追溯到1997年。1997年，四川65岁以上老年人占总人口的比例超过7%，0～14岁少年儿童人口占总人口的比例不到

30%，较全国更早步入“老龄化社会”。①

3. 四川人口老龄化发展增速快

四川人口再生产类型从成年型向老年型的转变历时较短。65 岁及以上老年人口占总人口的比重由 1982 年的 4.68% 上升到 1997 年的 7%，仅用了 15 年；同时，从 7% 增至 10.95% 约用了 13 年的时间。但从全球来看，发达国家老龄化进程长达几十年乃至近一个世纪，法国用了 115 年、瑞士用了 85 年、英国用了 80 年、美国用了 60 年、日本用了 25 年。② 四川仅用了不到 20 年就步入了老龄化社会，可见其增速之快。

4. 四川人口老龄化发展程度深

2000～2010 年，四川 65 岁及以上老年人口占总人口的比重上升了 3.39 个百分点，而同期全国老年人口比重仅上升了 1.77 个百分点，四川老年人口比重上升幅度高出全国 1.62 个百分点（见表 2）。

表 2　“五普”和“六普”时四川人口老龄化情况

单位：万人，%

指标	时间	全国	四川	四川排名
65 岁及以上老年人口数	六普	11883	881	2
	五普	8827	623	4
65 岁及以上人口占总人口的比重	六普	8.87	10.95	2
	五普	7.10	7.56	10
老年抚养比	六普	11.90	15.20	2
	五普	10.15	10.83	9

资料来源：2000 年全国第五次人口普查数据和 2010 年全国第六次人口普查数据。

（二）发展现状

1. 老年人口规模大、占比高

四川老年人口规模大。全国第六次人口普查数据显示，四川 65 岁及以

① 李臣：《我省比全国提前 4 年“老龄化”》，《华西都市报》2011 年 10 月 28 日。

② 王延中：《中国老年保障体系研究》，经济管理出版社，2014。

上的老年人口 881 万人，较 2000 年的 623 万人，多出 258 万人；同期，65 岁及以上老年人口占总人口的比重由 7.56% 提高到 10.95%；老年抚养比由 2000 年的 10.83% 上升至 15.20%。2010 年，四川不论是老年人口规模，还是老年人口占比都跃居全国第二位。随着老龄化的发展，四川老年人口规模越来越大。2013 年末，全国 60 岁以上的老年人口总数达到 2.02 亿，占总人口的比重为 14.9%；同期，四川 60 岁以上老年人口总数达 1653.3 万，占总人口的比重为 18.1%，较全国平均水平高出 3.2 个百分点；再具体到成都，60 岁以上老年人口为 235.82 万，占全市户籍总人口的 19.2%，老年人口比重比全国平均水平高出 4.3 个百分点，即平均每 100 个成都人就有 19 个老年人。

2. 老年人口家庭结构变化大

四川空巢老人和独居老人增多，社会化养老服务需求大。随着家庭结构的变化，四川老年人口的家庭居住模式也发生了变化。

（1）四川有老年人口的家庭户比重提高。2010 年，四川有 65 岁及以上老年人的家庭户达 671 万户，占全省家庭户总数的 26.01%，较 2000 年增长 33.91%。

（2）“纯老人户”和仅有老人与未成年亲属户均大幅增加，其中以单身老人户增幅最大。2010 年，四川有 65 岁及以上老人的家庭户中，“纯老人户”为 191.1 万户，占 28.48%，较 2000 年上升 12.46 个百分点。

（3）城镇有老人的家庭户比重低于农村，但有两个及以上老年人的家庭户比重高于农村。四川城镇“纯老人户”约为 64.9 万户，占 30.42%，高于农村 2.85 个百分点。其中，城镇单身老人户和只有一对老夫妇户的比重分别为 16.09% 和 14.33%，前者低于农村 0.58 个百分点，后者高于农村 3.43 个百分点（见表 3）。

（4）城乡 55 岁及以上“失独家庭”老人的养老问题值得关注。由于四川实行了长达 30 年的较为严格的独生子女政策，人到中年遭遇独子夭折的失独家庭逐渐成为一个值得关注的特殊群体。

表3　2010年四川分城乡有65岁及以上老人的家庭户状况

指标		家庭户		比重情况		家庭户户数(户)		占家庭户比重(%)	
		2010年户数(户)	较2000年变化(%)	2010年(%)	较2000年变化(个百分点)	城镇	农村	城镇	农村
有一个老人	小计	4772272	23.31	71.12	-6.11	1449676	3322596	67.98	72.58
	单身老人户	1106491	153.07	16.49	7.76	343191	763300	16.09	16.67
	一个老人与未成年亲属	113482	39.50	1.69	0.07	22929	90553	1.08	1.98
	其他	3552299	5.99	52.94	-13.95	1083556	2468743	50.81	53.93
有两个老人	小计	1912887	69.83	28.51	6.03	673574	1239313	31.58	27.07
	只有一对老夫妇	804369	120.27	11.99	4.70	305581	498788	14.33	10.90
	一对老夫妇与未成年亲属	84095	42.48	1.25	0.08	19228	64867	0.90	1.42
	其他	1024423	45.90	15.27	1.26	348765	675658	16.35	14.76
有三个及以上老人		25123	72.98	0.37	0.08	9342	9342	0.44	0.34
总计		6710282	33.91	100	—	2132592	1449676	100	100

资料来源：《四川省2010年人口普查资料》。

3. 地区之间发展不平衡

人口变动过程及经济社会发展水平的差异决定了四川老龄化水平在各个地区之间存在着很大差异。从全省地市分布情况来看，川中的资阳、眉山等地老龄化程度较高，而少数民族聚居的川西地区的年龄结构相对较年轻；从全省城乡老年人口分布情况来看，近七成的老年人分布在全省的农村地区，城市老年人口相对较少。2010年四川老年抚养比为15.19%，高于全国平均水平(11.98%)，较2000年提高4.36个百分点。从全省21个市（州）来看，65岁及以上老年人口占总人口比重最高的是资阳市，为13.56%；同时，老年抚养比最高的也是资阳市，为19.89%，老年抚养比最低的是甘孜州，为9.25%（见图1）。

（三）发展趋势

1. 人口变动趋势

采用人口发展方程进行预测，在“单独”二孩生育政策下，四川省人口

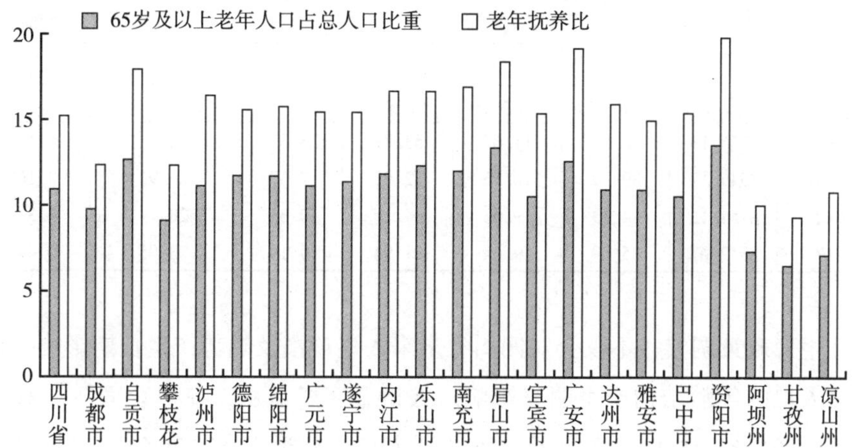

图1 2010年四川分市（州）65岁及以上老年人口占总人口比重构成和老年抚养比

资料来源：《四川省2010年人口普查资料》。

总量在未来仍保持持续增加的趋势，但是增长的速度和幅度都较为缓和，即使自2015年起实行“全面”放开二孩政策，预计四川省常住人口规模也不会有大幅度增长，在2030年只较实行“单独”二孩政策时增加约11万人，且主要来源于出生人口的增加。之所以有如此小的增长幅度，是因为四川省育龄人群省外转移规模大，生育政策调整带来的人口增长效应被抵消。就自然增长率而言，“全面”放开二孩政策的实施将显著延迟人口负增长的到来，“单独”二孩政策的实施将使四川在2029年达到负的人口自然增长率（见表4）。

表4 “单独”二孩和“全面”二孩政策下四川省常住人口变动态势

单位：万人，‰

“单独”二孩 TFR = 1.8							
年份	常住人口	出生人口	出生率	死亡人口	死亡率	自然增长人口	自然增长率
2015	8240.84	93.33	11.33	53.79	6.53	39.54	4.8
2020	8517.93	87.34	10.25	62.77	7.37	24.57	2.88
2025	8705.55	77.67	8.92	60.88	6.99	16.79	1.93
2030	8811.77	74.64	8.47	84.63	9.6	-9.99	-1.13

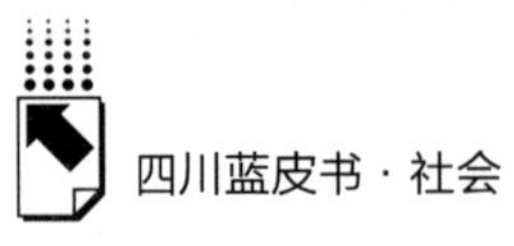

续表

“全面”二孩 TFR = 2							
年份	常住人口	出生人口	出生率	死亡人口	死亡率	自然增长人口	自然增长率
2015	8255.13	96.34	11.67	53.88	6.53	42.46	5.14
2020	8546.17	89.95	10.53	62.98	7.37	26.97	3.16
2025	8754.12	84.33	9.63	64.19	7.33	20.14	2.3
2030	8912.07	85.89	9.64	81.94	9.19	3.95	0.44

生育政策调整，不仅会对四川省未来人口规模及趋势产生长期影响，也会对人口的年龄结构产生明显影响。人口金字塔显示，在“全面”二孩政策下，四川省2030年12岁及以下队列人口规模远大于“单独”二孩政策下相应队列的人口规模，甚至超过了20世纪80年代出生高峰期时出生的队列人口规模。这也意味着如果自2016年起实施“全面”二孩政策，四川省在2025年将有一个入学小高峰，2040年将有一个就业小高峰，这将对四川省的教育、就业、医疗资源产生一定的影响（见图2）。

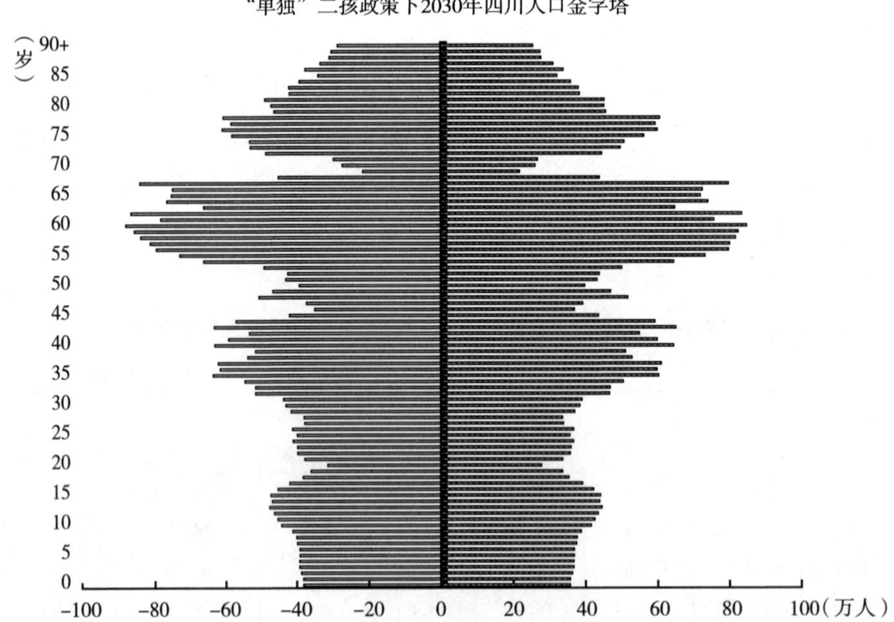

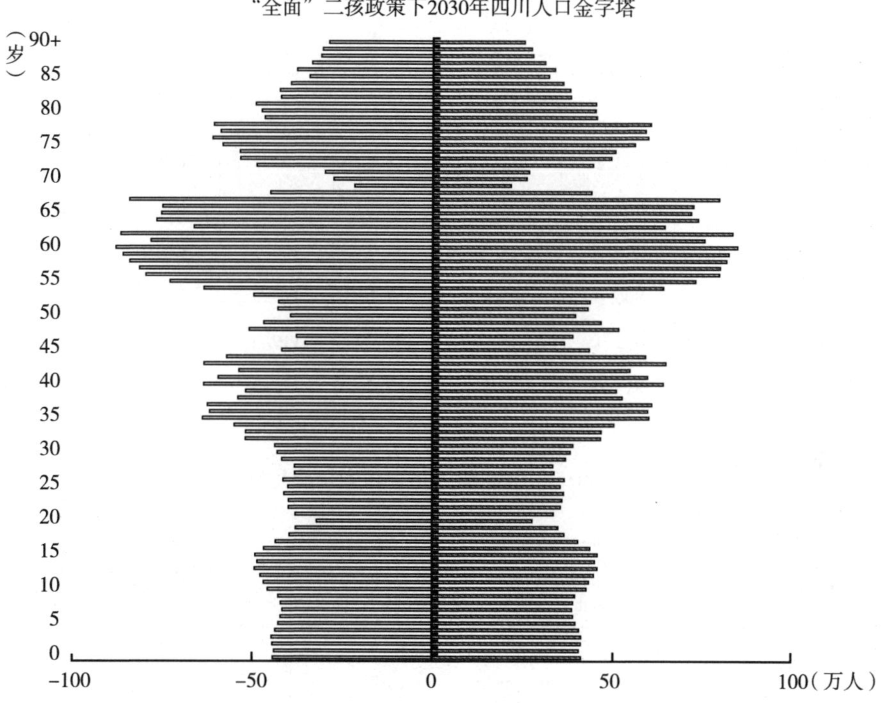

图2　2030年人口金字塔

2. 人口老龄化发展趋势

"全面"二孩政策下，预计在"十三五"期间，四川省60岁及以上人口总量和比重将呈持续增长态势。从预测结果来看，四川省60岁及以上老年人口数从2015年的1684.6万人增加到2020年的1866.7万人；而80岁及以上老年人口将从2015年的211.6万人增加到2020年的287.4万人。2015年60岁以上老年人口占比达到20.76%，到"十三五"规划末期，60岁及以上老年人口占比将上升到22.66%；而80岁及以上老年人口占比将从2015年的2.61%上升到2020年的3.49%，可见，四川省人口老龄化程度在"十三五"期间将呈逐年加深的趋势（见表5、表6）。

表5　四川老年人口规模分性别预测结果

单位：万人

年份	60岁及以上人口			80岁及以上人口			总人口
	合计	男	女	合计	男	女	
2015	1684.6	832.2	852.4	211.6	93.1	118.5	8114.4
2016	1744.1	860.0	884.0	228.5	100.6	127.9	8134.6
2017	1799.7	886.3	913.4	242.3	107.1	135.2	8150.7
2018	1843.3	906.9	936.4	257.0	113.8	143.2	8167.1
2019	1859.1	913.1	946.0	269.2	119.3	149.9	8218.7
2020	1866.7	914.0	952.7	287.4	127.9	159.5	8238.0

表6　2015～2020年四川老年人口比重统计

单位：%

年份	60岁及以上老年人口比重	80岁及以上老年人口比重	80岁及以上老年人口占60岁以上老年人口的比重
2015	20.76	2.61	12.56
2016	21.44	2.81	13.10
2017	22.08	2.97	13.46
2018	22.57	3.15	13.94
2019	22.62	3.28	14.48
2020	22.66	3.49	15.40

二　四川城市养老服务的发展状况

（一）四川养老政策和重大举措

近年来，在人口老龄化和经济下行的压力之下，四川省高度重视养老服务问题，既积极发展养老服务，又努力拓宽经济增长空间，连续出台了多个政策文件和重大举措（见表7）。

表 7　2010～2015 年四川省养老服务主要政策

时间	文件标题	颁发机构
2008	《关于贯彻〈关于全面推进居家养老服务工作的意见〉的通知》	四川省民政厅
2009	《四川省〈农村五保供养工作条例〉实施办法》	四川省政府办公厅
2010	《关于开展养老服务社会化示范社区创建工作的通知》	四川省民政厅
2012	《关于进一步加强养老服务机构管理工作的通知》	四川省民政厅
2012	《四川省"十二五"社会养老服务体系建设规划》	四川省政府办公厅
2012	《关于加快发展养老服务业的意见》	四川省政府办公厅
2014	《关于加快发展养老服务业的实施意见》	四川省政府办公厅
2014	《四川省养老服务社会化示范社区标准(修订)》	四川省民政厅
2014	《关于 2014 年养老服务体系建设重点任务安排意见》	四川省政府办公厅
2014	《四川省养老机构设立许可实施办法》	四川省民政厅
2014	《四川省政府购买居家养老服务实施办法》	四川省财政厅等
2014	《关于推进城镇养老服务设施建设工作的通知》	四川省民政厅等
2014	《关于建立养老服务协作与对口支援机制的实施方案》	四川省民政厅
2014	《关于开展公办养老机构改革试点工作的通知》	四川省民政厅
2015	《关于加强全省养老服务标准化工作的实施意见》	四川省民政厅等
2015	《关于开展养老服务业综合改革试点工作的通知》	四川省民政厅等
2015	《关于推进养老机构责任保险工作的实施意见》	四川省民政厅等
2015	《四川省养老健康服务业发展规划(2015～2020 年)》	四川省政府办公厅

2012 年 7 月，根据全省养老服务发展的现状与基础，四川省政府印发了《四川省"十二五"社会养老服务体系建设规划》（川办发〔2012〕43 号），提出养老服务体系建设的四大任务。一是健全社会养老服务体系。以居家养老为基础、社区养老为依托、机构养老为支撑，健全社会养老服务体系。二是完善社会养老服务体系运行机制。主要是健全基层服务机构和创新运营机制。三是开展社会养老服务试点和示范工作。四是加强农村养老服务建设。提出到"十二五"期末，建成"9073"的养老格局，创建养老服务示范社区 300 个，每千名老年人拥有养老床位数 30 张，城镇"三无"人员和农村"五保"集中供养率达到 55% 以上；养老护理人员持证上岗率达到 60% 以上；养老服务信息管理系统、老年人居家呼叫服务系统和应急救援服

务网络基本实现城市社区覆盖。[①]

为贯彻《国务院关于加快发展养老服务业的若干意见》，应对人口老龄化快速发展形势，2014 年 2 月，四川省政府出台《关于加快发展养老服务业的实施意见》（川府发〔2014〕8 号），要求加强城市养老服务设施建设，大力发展居家养老和社区养老服务，加强养老机构建设，推进医疗卫生与养老服务相结合，大力发展养老产业，在用地、补贴、税费、融资、人才和就业、公益组织等 6 个方面明确了扶持政策，这必将有力促进四川养老服务的大力发展。[②]

（二）四川养老服务发展概况

2014 年底，全省 60 岁及以上老年人口 1649.03 万人，其中 65 岁及以上人口 1114.28 万人。截至 2014 年底，全省共有老龄事业单位 213 个、老年法律援助中心 1514 个、老年维权协调组织 9163 个、老年学校 2077 个（在校学习人员 63.74 万人）、各类老年活动室 24445 个。2012～2014 年，老龄事业单位略有增加，老年法律援助中心大幅减少，老年维权协调组织有一定数量增长，老年学校数量略有增长，在老年学校学习的老年人数量略有增长，各类老年活动室（中心）增加了 23.87%。2014 年，四川省争取中央预算内经费投资 1.55 亿元，支持养老和社区服务设施建设项目 48 个（见表 8）。

表 8　2012～2014 年四川省养老服务单位

单位：个，万人

项目　　　年份	2012	2013	2014
事业单位	205	213	213
老年法律援助中心	3859	1452	1514
老年维权协调组织	8024	7585	9163

① 《四川省“十二五”社会养老服务体系建设规划》（川办发〔2012〕43 号），http：//www. sc. gov. cn/10462/10883/11066/2012/7/11/10217255. shtml。

② 《关于加快发展养老服务业的实施意见》（川府发〔2014〕8 号），http：//www. sc. gov. cn/10462/10883/11066/2014/2/17/10293595. shtml。

续表

项目 \ 年份	2012	2013	2014
老年学校	1976	2429	2077
在校学习人员	40.64	40.64	63.74
各类老年活动室	19735	22410	24445

资料来源：《四川民政统计年鉴》（2013～2015年）。

高龄补贴制度逐步建立。2012～2014年，享受高龄补贴的老年人的人数和比例均大幅增加，2014年比2012年增加了约54.22万人，占老年人口的比例也从3.00%提高到5.77%。享受护理补贴和养老服务补贴的老年人数很少，但增长很快。2014年享受护理补贴的老年人比2013年增加了6681人，享受养老服务补贴的老年人增加了229230人（见表9）。

表9　2012～2014年四川省享受各种补贴的老年人数

项目 \ 年份	2012	2013	2014
60岁以上老年人口(万人)	1363.54	1532.29	1649.03
享受高龄补贴(人)	408830	796332	951032
享受护理补贴(人)	—	2239	8920
享受养老服务补贴(人)	—	63095	292325

资料来源：《四川民政统计年鉴》（2013～2015年）。

2014年，全省各类养老服务机构3409个，比上年增加73个。拥有床位422246张，比上年大幅增加59387张，增长16.37%。年末在院人数307229人，比上年大幅增加10004人，增长3.37%。每千名老年人拥有养老床位24.51张，比上年增长3.55%，比2012年增加9.37%（见表10）。

表10　2012～2014年四川省养老机构基本情况

项目	2012年	2013年	2014年
养老服务机构(个)	3362	3336	3409
床位(张)	348898	362859	422246
年末在院人数(人)	295883	297225	307229
每千名老人拥有养老床位(张)	22.41	23.67	24.51
比上年增长(%)	—	5.64	8.15

资料来源：《四川民政统计年鉴》（2013～2015年）。

2014年，和全国横向比较而言，四川养老服务发展概况如下：一是从社会服务事业费占财政支出的比重来看，四川社会服务事业费占财政支出的比重为46.9‰，排全国第三位，较全国平均水平的29.0‰高出17.9个千分点，较占财政支出比重最低的上海（18.9‰）高出28个千分点。二是从每千名老年人口养老床位张数来看，四川每千名老年人口养老床位数为24.51张，排全国第18位，较全国平均水平（27.20张）少2.69张，不及位居全国第一的浙江省（52.90张）的一半。

（三）城市机构养老

城市养老服务机构增长十分迅速。[①] 2014年，城市养老服务机构达到297家，比2012年增加83.33%。2014年，养老服务机构共有床位37312张，是2012年的两倍。2014年末，养老服务机构职工达2301人。具有职业资格水平的助理社会工作师从2012年的1人增加到2014年的18人，社会工作师从0人增加到7人（见表11）。

表11　2012～2014年四川省城市养老服务机构基本情况

项目＼年份	2012	2013	2014
养老服务机构(家)	162	204	297
床位(张)	18637	24030	37312
年末职工(人)	1180	1509	2301
女性职工(人)	635	762	1214
助理社会工作师(人)	1	6	18
社会工作师(人)	0	9	7

资料来源：《四川民政统计年鉴》(2013～2015年)。

① 参照《中国社会统计年鉴（2014）》对“城市老年收养性福利机构”的界定，“城市养老服务机构”是指提供食宿的，不以营利为目的的、城市中主要收养社会“三无”对象和家庭无力照顾的老年人的社会福利事业单位的总称，也被称为城市老年收养性福利机构。国家统计局社会科技和文化产业统计司编《中国社会统计年鉴（2014）》，中国统计出版社，2014。

城市社区养老机构所拥有的床位数规模以中小型为主。2014 年，四川养老机构中拥有 0 ~ 99 张床位的占 63.1%，拥有 100 ~ 299 张床位的占 34.53%，拥有 300 张以上床位的仅占 2.37%（见表 12）。

表 12　四川城市社区养老机构床位规模情况

单位：%

养老机构床位规模分类	0 ~ 99 张	100 ~ 299 张	300 ~ 499 张	500 张以上
养老设施数量	63.10	34.53	1.73	0.64

资料来源：《中国民政统计年鉴（2015）》。

城市养老服务机构在院人数迅速增加。2014 年末，四川城市养老服务机构在院 19570 人，是 2012 年的 1.72 倍。其中优抚对象大幅减少，2014 年比 2012 年减少 54.03%。“三无”对象增加较多，2013 年达到 11133 人，比 2012 年增加 64.06%；2014 年有所下降，为 9677 人。自费人员有较大幅度增长，从 2012 年的 4214 人增加到 6413 人。自理（完全自理）人员增加迅速，从 2012 年的 6905 人增加到 2014 年的 13977 人。介助（半自理）人员增加幅度也较大，从 2012 年的 2764 人增加到 2014 年的 4508 人。介护（不能自理）人员没有增加，反而逐年减少，从 2012 年的 1716 人减少到 1085 人（见表 13）。

表 13　2012 ~ 2014 年四川省城市养老服务机构在院人数及其分类情况

单位：人

项目＼年份	2012	2013	2014
年末在院	11385	17822	19570
优抚对象	385	215	177
“三无”对象	6786	11133	9677
自费人员	4214	6474	6413
自理(完全自理)人员	6905	12050	13977
介助(半自理)人员	2764	4465	4508
介护(不能自理)人员	1716	1307	1085

资料来源：《四川民政统计年鉴》（2013 ~ 2015 年）。

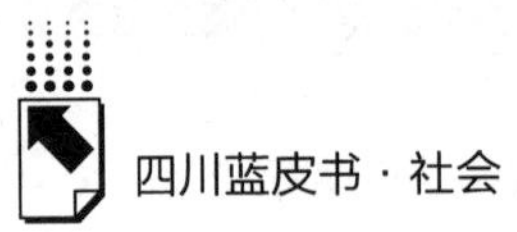

（四）城市优抚养老

城市优抚养老服务是城市机构养老的一种特殊形式，它是指提供食宿的，不以营利为目的的、为孤老革命烈属提供安身养老的服务，除面向孤老革命烈属外，还面向部分其他孤老优抚对象。其主要承担机构是光荣院（亦称"烈属光荣院"）。2012~2014 年，光荣院的机构数有所增加，从 2012 年的 43 家增加到 2014 年的 55 家。床位增加较多，从 2012 年的 3162 张猛增到 5835 张（见表 14）。

表 14　2012~2014 年四川省光荣院基本情况

项目＼年份	2012	2013	2014
单位（家）	43	47	55
床位（张）	3162	3233	5835
年末职工（人）	278	282	313
助理社会工作师（人）	4	2	1
社会工作师（人）	4	7	4

资料来源：《四川民政统计年鉴》（2013~2015 年）。

从光荣院在院人数结构看，其主体是优抚对象，"三无"对象明显减少，自费人员明显增加（见表 15）。

表 15　2012~2014 年四川省光荣院在院人数及其分类情况

单位：人

项目＼年份	2012	2013	2014
年末在院	2337	2352	1865
优抚对象	1589	1663	1180
"三无"对象	619	571	298
自费人员	129	118	392
自理（完全自理）人员	1554	1628	1477
介助（半自理）人员	299	332	328
介护（不能自理）人员	484	392	60

资料来源：《四川民政统计年鉴》（2013~2015 年）。

（五）城市社区养老服务

从近年的纵向动态发展角度分析四川社区养老服务机构发展概况。2014年全省有城市社区养老服务机构 7852 个。2012～2014 年，社区养老服务机构留宿床位、日间照料床位和收养人员迅速增加。社区养老服务机构留宿和日间照料床位数从 2012 年的 7234 张增加到 36830 张。年末收养人数从 2012 年的 186 人增加到 2014 年 5053 人（见表 16）。

表 16　2012～2014 年社区养老床位情况

项目＼年份	2012	2013	2014
社区养老服务机构留宿床位(张)	3129	4208	9608
日间照料床位(张)	4105	6853	27222
合计(张)	7234	11061	36830
年末收养人数(人)	186	302	5053

资料来源：《四川民政统计年鉴》（2013～2015 年）。

从 2014 年横向静态分析四川社区养老服务设施建设情况。①城市社区养老服务机构和设施概况。一是四川社区养老服务机构和设施主要分布在城市。2014 年，四川城市社区养老服务机构 281 个，占社区养老服务机构总数的比重达 72.8%，较全国该比重的 36.2% 高出一倍。二是城市社区养老服务机构和设施的床位数以日间照料床位为主体。四川城市社区养老机构床位数为 2969 张，其中日间照料床位数为 2902 张，占 97.74%，全国该比重为 24.6%；四川住宿收养床位数仅 67 张。三是城市社区养老服务机构入住率高。2014 年，四川城市社区养老服务机构床位数为 2969 张，年末收养人数达 2969 人。②城市社区互助型养老服务设施发展概况。一是四川城市社区互助型养老服务设施 180 个，占社区互助型养老服务设施总数的 20.59%；二是城市社区互助型养老服务床位数仍是以日间照料床位数为主体，日间照料床位数占 77.6%；三是城市社区互助型养老服务设施和机构床位入住率低，四川城市社区互助型养老服务机构床位数为938张，年末收养人数仅为196人，入住率仅20.9%（见表17）。

表17　2014年四川社区养老服务发展概况

地区	社区养老服务机构和设施(个)		城市社区养老服务机构床位(张)			城市社区养老服务机构年末收养人数(人)		
	社区养老服务机构和设施	城市社区养老服务机构	合计	日间照料床位	住宿收养床位	合计	日间照料	住宿收养
全国	18927	6854	192869	47531	145338	70192	4400	65792
四川	386	281	2969	2902	67	2969	2902	67

地区	社区互助型养老服务机构和设施(个)		城市社区互助型养老服务机构床位(张)			城市社区互助型养老服务机构年末收养人数(人)		
	社区互助型养老服务机构和设施	城市社区服务机构	合计	日间照料床位	住宿收养床位	合计	日间照料	住宿收养
全国	40357	5655	51323	30391	20932	9426	5384	4042
四川	874	180	938	728	210	196	196	0

资料来源：《中国民政统计年鉴（2015）》。

三　四川城市养老服务存在的问题

（一）人口老龄化程度超越经济发展水平

人口老龄化进程应与经济发展水平基本保持一致，我国人口老龄化程度较深是在工业化、城市化、生产社会化发展不充分的背景下，受人为因素影响，人口再生产类型转变历程加速的结果。四川尤为突出，其人口老龄化程度远远超前于经济社会的发展水平。1997年，四川进入“老年型”社会时，人均地区生产总值仅为600美元左右；2010年，四川65岁及以上老年人口比重为10.95%时，四川人均地区生产总值为3000美元。[①] 然而，发达国家

① 李臣：《我省比全国提前4年“老龄化”》，《华西都市报》2011年10月28日。

进入“老年型”社会时，人均国内生产总值普遍都在 1 万美元以上。由此可见，四川步入老龄化社会时经济欠发达的特征尤为明显。

1. 准备不足

虽然全省各级党委和政府都高度重视四川老龄事业和老龄工作，将老龄事业发展的经费纳入各年度的地方财政预算之中，但财政预算的经费根本不能满足四川老龄事业的发展所需。由于四川人口老龄化的来势非常凶猛，因而，无论是在物质储备上、精神慰藉方面，还是制度完善方面，四川应对人口老龄化的准备都略显不足。

2. 四川养老服务发展的不平衡性

一是养老服务对象之间的发展不平衡性问题。党政机关退休的老年人多方面的保障条件都比企业退休老年人更加优越；城市“三无”老年人的保障水平比农村“五保”老年人的保障条件更加优越；城市居民保险比农村新农合保险的保障水平和质量更高；城乡失能老年人的保障水平低于其他老年人群。二是城乡之间养老服务发展的悬殊性问题。城市养老服务事业发展比农村养老服务事业的发展更容易得到更多资金的注入和青睐，社会资金的注入也会更青睐城市养老服务业，同时，城市的社会养老保障、城镇居民的医疗保险体系等都更为完善，城市老年人的消费能力相对较高、活动场所相对更多一些；而四川农村养老事业的发展相对落后于城市养老事业的发展，许多养老公共服务和优惠优待均无法在短时期内迅速全面惠及农村地区的老年人群。

3. 养老发展滞后

四川步入老龄社会十余年来，老龄服务产业仍然滞后于人口老龄化迅速发展的形势，滞后于快速增长的老年人口的需要，还远未形成产业化的规模，老龄服务产业尚处于萌芽阶段，未能得到有效、持续开发。随着四川人口老龄化形势的日益严峻，养老服务、医疗康复、金融保险、生产制造、产品流通、科研教学、护理培训、红色文化旅游、经营管理等老龄服务供给不足，老龄服务产业无疑是当今和今后最值得投资开发的产业。

4. 养老服务队伍建设不足

一方面，受养老服务人员的限制，养老服务工作往往无法做得很细，无法提供人性化的服务。全省城乡均积极推进居家养老，目的是提高老年人口的生活质量。该目标很好，表面看起来红红火火的养老服务工作也做得不错，但是养老服务事业千头万绪，存在挂一漏万的现象，很难优质、高效地开展惠及全面老年人口的养老服务，完善的社会服务体系尚在形成之中。另一方面，虽然养老服务工作的职能在不断加强，但老龄工作机构建设没有多大起色。

5. 特殊困难群体问题突出

四川失能老人、失独老人①、“三无”老人②、低保老人、困难家庭老人、空巢老人等问题都比较突出。随着四川老龄化和高龄化程度加剧，失能和半失能老人的规模还将持续增大。根据第六次全国人口普查的数据进行测算，2010 年，全国失能老人总数为 522.09 万人，排在前五位的省份分别是四川省（43.35 万人）、河南省（38.18 万人）、山东省（37.86 万人）、河北省（32.32 万人）、安徽省（30.23 万人）；四川老年人失能率为 3.31%，其中男性老人失能率为 2.77%，女性老人失能率为 3.85%。预测结果表明，四川 2015 年的失能老人将达 55.76 万人；2020 年将达到 61.79 万人。四川失能老年人口规模位居全国第一，而且呈不可逆的趋势发展，失能老人对护理型医养模式养老机构的养老床位的需求呈刚性发展。四川养老机构的养老床位数将不得低于失能老年人口数量（见表 18）。因此，从成立多部门协同工作的养老服务机构、制定“事前干预型”政策以及培养养老服务工作者的角度探讨如何解决四川城乡失能老年人养老服务供求失衡问题，对完善养老服务体系，促进社会和谐发展具有重大意义。

---

① “失独老人”指独生子女死亡，不再生育、不能再生育和不愿意收养子女的老人。

② 参照《中华人民共和国老年人权益保障法（注释本）》对“三无老人”的解释：三无老人是指在城镇居民中无劳动能力、无生活来源、无赡养人和扶养人（或者其赡养人和扶养人确无赡养或扶养能力）的 60 周岁以上老年人。见法律出版社法规中心编《中华人民共和国老年人权益保障法》（注释本），法律出版社，2014。

表 18　四川失能老人测算

失能率(%)[①]	2015 年		2020 年	
	老年人口(万人)	失能老人(万人)	老年人口(万人)	失能老人(万人)
3.31	1684.55	55.76	1866.72	61.79

注：①见潘金洪等《中国老年人口失能率及失能规模分析——基于第六次全国人口普查数据》，《南京人口管理干部学院学报》2012 年第 4 期。

（二）社区居家养老服务发展不足

尽管四川人口老龄化形势严峻，但是四川各地城市社区居家养老服务仍然不断发展，切实解决了许多老年人的部分养老需求。不过，相对于老龄化起步早的格局，四川省城市社区居家养老服务工作相对比较滞后，城市居家养老服务整体发展水平还停留在初级阶段。

1. 法律法规不健全，保障不力

近年来，虽然四川相继制定了一系列有关这些政策的政策，但这些政策的执行缺乏明确规范和有力的保障，让一些有悖于道德法律和人文素养的行为乘虚而入。例如，部分地区对养老服务资金执行监管不力，存在养老服务财政资金被“挪用”为“扶贫”资金的情况。又如，四川省独生子女政策已实施 30 多年，城市养老服务中的家庭养老观念已弱化。一个独生子女家庭往往要负责四位老人的养老问题，压力较大，个别家庭甚至出现虐待老年人的行为。这些问题的出现都提示我们要进一步建立健全社会养老领域的法律法规，将家庭养老的道德规范提升到法律层面，强化家庭养老责任。再则，社区居家养老相关配套性法律法规的缺失势必导致社区养老的管理和监管制度混乱，进而在社区养老服务过程中容易出现扯皮及推诿的现象。此外，四川对城市各项养老服务的收费与否、收费标准未做出明确规定，因此，民间资本对进军城市社区居家养老服务产生了一定的疑虑。

2. 宣传力度不够，参与度不高

社区居家养老服务是顺应新形势而产生的一种新型社会养老模式，目前，在四川还处于全面铺开的起步阶段。这种新型的社区养老方式还未被广大老年人及家庭所认识及接纳，老年人及家庭在选择养老方式时仍对社区居家养老服务心存疑虑。只有民政部门、老龄工作部门及少数从事社会工作的专家、学者对其极为推崇与关注，全社会对此还未达成普遍共识。也就是城市社区老年人及其家庭对身边的社区居家养老服务所提供的具体内容（如家政、护理及医疗等服务）的知晓度不够，未能充分利用社区现有养老资源更好地提高老年人的养老质量，这在一定程度上降低了老年人参与社区居家养老服务的积极性。

3. 服务技能亟待提高

社区居家养老服务的从业人员大多数为来自城市的“4050”下岗人员、农村的“4050”大龄劳动力，他们对养老服务理念认知不够，缺乏服务意识和创新意识。同时，从事城市社区居家养老服务的人员人数严重不足，服务机构对从业人员的选择和要求不得不适当降低，导致养老服务从业人员队伍的整体素质也较低。虽然一部分从业人员参加过相关养老服务技能的短期培训，但受自身科学文化水平的限制，对专业技能的掌握能力有限，在岗养老护理员获得职业技师资格证的比例很小。大量的从业人员并未参加过系统的培训和学习，或者缺乏相关的工作经历，完全不具备从事养老服务护理工作的专业能力和资质。专业人员匮乏将是养老服务发展的瓶颈之一。诚然，由于养老服务机构中从业人员的业务素养不够、专业技能不精，一部分城市社区居家养老服务机构中的部分服务内容和服务项目的设置等于形同虚设，所以实际上给老年人提供的养老服务是比较单一的，仅停留在为空巢老人或孤寡老人提供送饭、打扫卫生、巡视等基本生活服务上，而对城市老年人的精神文化、医疗健康、法律援助等多元化、多样化的养老需求重视不够。自然，为满足城市老人的精神慰藉和临终关怀等高层次需求的服务更是凤毛麟角，这不仅严重影响了老年人晚年的生活品质，更制约着四川养老服务业的长足发展。

4. 资金来源单一，筹资渠道不畅

从表面看，四川城市社区居家养老服务的资金来源主要有四个：政府财政拨款、彩票公益金资助、社会捐赠及市场化运作带来的利润积累，但实际上资金数量十分有限，筹资渠道单一且不顺畅。具体表现为：其一，四川能够筹集到的国家财政拨款总体上虽呈增长趋势，但金额相当有限；其二，彩票公益金的资助虽然是城市居家养老服务资金的重要来源，但就现行多元化、全方位的居家养老服务发展的趋势来看，其资助的力度还难以满足社区养老服务的发展；其三，社会捐赠和市场化运作带来的利润积累对城市养老服务发展的支持只是杯水车薪，而引导企业资金注入城市养老服务领域的工作刚刚起步。城市养老服务资金来源问题将会成为制约四川城市养老服务长足发展的重要因素之一。要想更好地满足老人的养老服务需求、全面扩大服务覆盖的范围，就需要建立多元化和制度化的资金筹措方式，拓宽资金来源，规范和引导市场化资金注入城市养老服务行业。

5. 组织体系不衔接，协调困难

目前，四川已初步形成了政府主导与部门协作的城市社区居家养老服务工作机制，但并没有统一的协调方案，民政、老龄、卫生、财政、人社等相关部门之间缺乏有效的沟通与配合，尚未真正形成合力服务城市养老服务体系的发展。在实际工作中，相关涉老组织之间时常因为责任分工不明确而出现互相推卸责任的现象，降低了城市社区居家养老服务工作的运行效率。

（三）机构养老服务存在的突出问题

从国内外实践经验来看，机构养老服务是需要长期照料的、生活难以自理的老年人的首选方式。近年来，无论在养老机构的数量上还是在养老机构的床位规模上，四川养老机构都有了较大幅度的增长。但受老年人养老意愿的影响，以及养老服务相关专业方面的限制，四川机构养老的发展仍存在床位规模较小、服务设施不足、养老床位供需结构性矛盾突出、养老机构管理的体制滞后等问题。

1. 床位规模小，床位总量不足

目前，四川70%的养老机构的床位数没有超过100张，规模偏小。多数养老机构地处城市边缘地段，短时期内养老机构分散、基础设施落后和服务水准下降的情况很难改变。2014 年，四川每千名老年人拥有养老床位数量仅 24.51 张，与《四川省社会养老服务体系建设规划（2012～2015 年）》要求的 2017 年达到 33 张、2020 年达到 35 张的目标，还有一定差距。与发达国家的 50～70 张相比，差距更大。许多养老机构中老年人的娱乐活动较为单一，常设的是简单的棋牌室和麻将室，少数养老机构甚至连老年人户外活动所需的场所都未修建，老年人休闲娱乐和健身活动设施更是缺乏，现有的老年活动场所设施大多较为简陋，老年人的精神文化服务需求很难得到应有的满足。

2. 少数机构盲目投资，入住率不均衡

部分养老机构的床位紧张，供不应求，老年人需要提前几个月预约才有床位；而同时少数养老机构的床位空置率居高不下。据统计，2013 年底，全省城市养老机构共有 204 个，有床位 2.40 万张，入住老人 1.78 万人，入住率为 74.17%，床位闲置率达 25.83%。四川省审计厅 2015 年的一项抽样调查显示，四川省养老机构的床位有 2.29 万张，常年使用的只有 1.39 万张，空置率达到 40% 左右，其主要原因在于投资的错位。①

3. 工作人员的数量不足，素质较低

首先，四川省养老机构工作人员的数量严重不足。根据《四川省养老机构设立许可实施办法》规定，应该“有与开展服务相适应的管理人员、专业技术人员和服务人员”。2014 年，四川省城市养老服务机构的数量为 297 家，年末在院人数 19570 人，年末职工人数为 2301 人。分析结果显示，四川省城市养老服务机构在职人数与在院人数的配备比仅为 11.76%，远远低于全国平均水平（21.09%）。与中、东部城市相比，比河南省低 7.70 个百分点，比山东省低 7.04 个百分点。②

其次，养老机构的从业人员大多是“4050”人员，文化素质较低，护理经验不足，护理知识缺乏。根据《中国民政统计年鉴（2015）》的数据推

① 《四川养老机构床位 4 成空置 投资不看重需求所致》，《四川日报》2015 年 8 月 14 日。

② 根据《中国民政年鉴（2015）》推算得到。

算，2015 年，四川省城市养老机构服务人员的受教育程度为大专及以上的比例为 18.57%，拥有社工资格的服务人员占机构全部在职人数的 1.09%。同时，养老机构的服务人员大多以临聘人员和兼职人员为主，工资收入不高，服务人员的流动性较大，养老机构服务业从业人员内部缺乏应有的稳定性与向心力，势必影响养老机构的服务质量和服务品质的提高。

多数养老机构的护理人员以女性为主，非常缺乏男性。这种状况造成的后果是：一方面，养老机构中的男性老年人得不到应有的护理和照料；另一方面，养老机构中的大量的体力、技术等服务工作，没有相应的男性从业人员去做。因而，养老机构需要根据其入住老年人的基本情况，配备相应的从业人员，从而更好地服务于老年人的养老需求，推动全省养老机构朝健康、持续、稳定的方向发展。

4. 资金投入不够，优惠政策难落地

养老地机构需要源源不断的资金注入来保障其正常运行，加之养老服务业是微利行业，资金回笼周期长、利润薄等致使部分养老机构在实际运行中出现了资金不足难以维持正常运转的问题，进而产生一系列连锁反应。例如，许多护理员工受工资待遇低下的影响，工作的积极性不高、服务质量不好，养老机构设施更换不及时，养老服务品质下降等，最终使老年人的养老生活质量得不到保障。到目前为止，政府并没有给予民资养老院财政性支持，多数养老机构的床位配套得不到有效的资金支持。

养老机构建设、运营过程中的优惠政策难以落地。2000 年，民政部制定了《关于加快实现社会福利社会化的意见》（国发办〔2000〕19 号），国务院办公厅转发了这一文件，对包括养老院在内的社会福利机构的基础性资源的使用优惠做出了规定：按照当地最优惠的价格收取电费，按居民生活用水价格收取水费，对使用电话、互联网等通信设备的费用也要给予优先照顾和优惠政策。[①] 2005 年，民政部又下发了《关于支持社会力量兴办社会福利

① 《关于加快实现社会福利社会化的意见》（国发办〔2000〕19 号），http://www.gov.cn/gongbao/content/2000/content_ 60033.htm。

机构的意见》（民发〔2005〕170 号），强调要加大投资力度，落实优惠政策，在规划、建设、税费等方面要给予优惠待遇，全面兴办社会福利机构。但是至今，大部分民办养老机构的优惠扶持政策没有得到全面落实。无论是供养型还是医护型养老机构，大多处于微利甚至不盈利的境地，在优惠政策不能落地的情况下，养老机构难以降低运行成本，其发展积极性将难以保证。①

5. 监管力度不足，人文关怀不够

政府对养老机构发展的政策执行与监督管理等方面存在漏洞，各级社会福利机构与养老机构的管理与服务未得到有效的监督管理。一些养老机构标准化程度低、内部管理随意、外部监管力度不足，处在一种混乱无序、自生自灭的状态。部分养老机构存在发展速度慢、服务质量差、安全隐患多等问题，无法跨越食品和消防方面的高门槛。同时，四川省养老机构实施的规范化、制度化管理模式是根据制度和工作程序的要求设立的，而不是依据入院老年人切身多元化的需求来提供服务。这样一来，养老机构对每一位受照顾的老年人都持有公事公办的生硬态度，缺乏人文化的服务关怀，对老年人所需要的精神慰藉、情感交流、临终关怀等服务，养老机构难以提供。由于城市中心区缺乏土地，大部分养老机构都建在离市区较远的郊区，老人一旦选择入住养老机构，就意味着会远离自己的家人，长期下去就会因为缺乏亲人关怀而产生孤寂和悲伤等心理障碍。由于养老机构实行集中供养，老年人目睹周围的同伴生病或者离去的概率大大增加，其消极和恐惧的心理会进一步加重，不利于其晚年的幸福。然而老年人是一个特殊的弱势群体，他们迫切需要的是社会对其心理的大力关心和慰藉，而不是无形中加重他们的心理负担。

四　发展四川城市养老服务的对策建议

城市养老服务是社会保障的重要内容，它需要构建完备的服务体系、科

① 《关于支持社会力量兴办社会福利机构的意见》（民发〔2005〕170 号）http://www.mca.gov.cn/article/zwgk/fvfg/shflhshsw/200711/20071100004018.shtml。

学的发展格局、完善的支持系统和有力的产业支撑。只有满足精准的养老需求、提供标准的养老服务、保障顺畅的资本供给、制定完善的养老政策，城市养老服务才可能科学、持续地发展，从而满足老年人口日益增长的养老需求。

（一）构建完备的城市养老服务体系与发展布局

1. 实现城市养老服务的“四化”

养老服务最重要的目标是“老有所养、老有所医、老有所教、老有所学、老有所乐、老有所为”，城市养老服务体系建设也应以“六有”为其最根本的服务理念，不断丰富和完善城市养老服务的内涵，创新和发展城市养老服务体系，全方位、多维度地满足城市老年人“身”、“心”和“灵”的需求（见图3）。

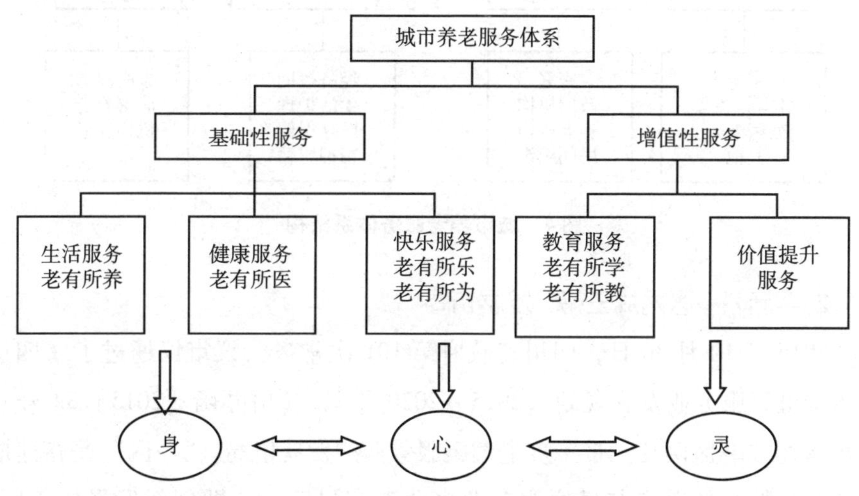

图3　城市养老服务体系

在发展和完善城市养老服务体系的过程中，要努力实现“四化”，即服务需求的精准化、供给主体的多元化、服务内容的多样化、提供模式的科学化。需求是服务的前提，应当通过调研访谈、数据统计等方式准确把握和科学预测不同层次、不同类型的老年人的服务需求，把老年人不同时空下的需求摸清，建立老年人服务需求信息的共享平台，实现服务需求的精准化。结合当前的国情、省情，整合政府、家庭、单位、民间机构等养老服务的资源，充分调动和发挥各个主体的积极性，实现供给主体的多元化。根据当地老年人群不同层次的需求，提供物质帮助、生活护理、医疗保健、精神慰藉等多种服务，实现服务内容的多样化。在政府的引导下，继续巩固和完善“居家养老是基础，社区养老是依托，机构养老是重要补充”的“9073”的养老格局，实现供给模式的科学化，达到社会养老服务“规模要适度、结构要合理，制度要完善、管理要规范，运营要高效、服务要专业，布局要合理、城乡要覆盖”的基本要求（见图4）。

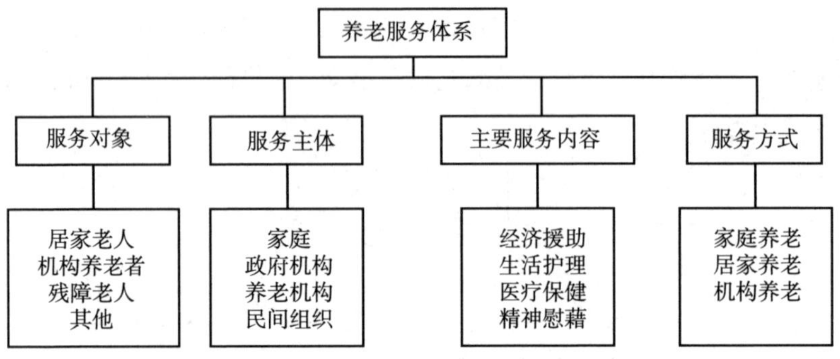

图4　城市养老服务体系结构

2. 实施“一区两片三带”发展布局

2015年10月30日，四川省政府第101次常务会议审议通过了《四川省养老健康服务业发展规划（2015～2020年）》（川办函〔2015〕82号），提出构建“一区两片三带”养老健康服务业的发展格局。“一区”是指建成以成都为核心的养老与健康服务业多业态布局区域，即创新发展核心区；“两片”是指以泸州、南充的优质医疗资源为核心，构建川南、川东北融合发展示范片；“三带”是指依托独特的自然资源和民族特色文化，构建攀西阳光（以安宁河谷为主体）、秦巴生态森林（以大巴山脉为主体）、川西民族特色康养服务业发展带（以藏羌地区为主体）[①]（见图5）。

① 《四川省养老健康服务业发展规划（2015～2020年）》（川办函〔2015〕82号），http：//www.sc.gov.cn/10462/10464/13298/13301/2015/12/2/10360914.shtml。

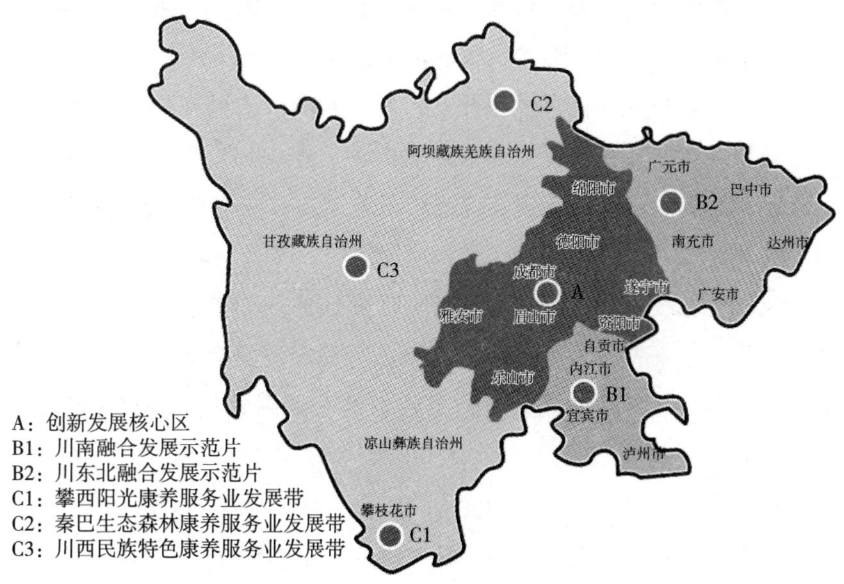

图 5　四川“一区两片三带”发展格局示意

（二）完善城市养老服务的支持体系

发达国家的实践证明，城市养老服务体系的健康运行需要完善的政策和法律法规作为保障。脱离了相应的政策和法律环境，再科学的养老服务体系也将难以有效地运转。为确保城市养老服务各项工作的正常运行，四川应尽快探索和完善养老服务所需的法律、法规及政策等，并出台相关配套的实施细则，解决城市养老护理机构的准入、养老护理服务的标准及分级护理、养老护理服务的质量监管、养老服务从业人员的培训与考核制度等问题。

四川城市养老服务工作仍处在初级发展阶段，政府重点针对城市特别困难的低保老人、三无老人、失独老人、高龄老人等提供一定的养老服务补贴，这种服务补贴经费主要来自民政部门，资金支持力度十分有限。目前，四川乃至全国尚未建立起老年护理保险制度，现有的医疗保险不支持老年人的长期护理费用，这笔服务费用基本上得依靠老年人的储蓄或家庭收入。随着老年人工作岗位的丧失，收入来源也发生了重大变化。绝大多数城市老年人的消费支出主要依靠其养老金收入，而养老金收入仅够维持其最基本的养老生活需求。除去基本日常生活开支，老年人剩余的可支配收入非常有限，所以，老年人在选择和购买养老服务时非常慎重，在购买欲望和购买现实之间形成较大的鸿沟，这样就现实地制约了老年人对城市养老服务资源的有效利用。随着老年人口规模增大、增长速度加快，养老保障支出将会变得越来越大，仅仅依靠政府或者个人单方面的力量不能有效应对日益增加的养老支出费用。从长远来看，为了保证养老服务有稳定的资金来源，政府、企业、社会、家庭和个人必须共同筹资，寻找新的公共财政资金和市场资金的支持。

同时，随着养老服务体系的发展和壮大，四川城市养老服务的技能人才越来越缺乏，现有的助理社工师、社工师远不能满足社会发展的需要。一方面，养老服务事业缺少大量的社会工作人员；另一方面，大专院校的社会工作专业的毕业生不愿意从事社会养老服务工作，大量的“4050”人员工作在养老服务事业的第一线，对养老服务水平的提高、质量的提升、品牌的塑造都形成一定的制约。现实情况下，政府急需出台相应的政策，提高一线养老服务工作岗位员工的福利待遇，引导人们树立正确的择业观，破除养老服务行业从业人员不良循环的怪圈。

（三）引导和扶持民办养老服务机构

据测算，四川公办养老机构平均每张床位的投资额是 15 万 ~20 万元。按照低限 15 万元计算，到 2017 年四川需要增加养老床位 15.3 万张，就需要资金 229.5 亿元，显然政府财政难以承受。因此，需要借民办养老机构的发展之力，有效地缓减政府的资金负担和人力耗费，积极支持民间养老服务机构的发展，降低其运营成本，为城市养老服务机构的多元化发展提供较为良好的制度支持与平台环境。一是落实土地优待政策。一方面，政府在制定土地利用规划时，要预留未来养老服务所需的公益用地；另一方面，在土地划拨使用方面，要优先保障养老服务的建设用地，优先考虑各类投资主体的养老服务项目，优先立项养老服务设施的“改扩建”工程。二是落实有关建设方面的优待政策。申报新建城市居民商品楼房时，建设部门要审核是否按照规定预留和提供养老公共服务的活动场所。对新办养老机构的有关城市建设配套费以及规划费等予以酌情减免；税务等部门对养老机构的税费及所得税予以优惠或减免，对养老机构建设的运营税费予以适当减免，免征营业税和企业所得税，对自用房屋、房产税、城镇土地使用税予以适当的优惠；落实养老机构运营所必需的电、水、气、通信等优惠价格。三是落实有关服务补贴的相关政策。根据城市养老机构的服务类型给予床位补贴、贴息贷款、以奖代补等。要尽快把符合条件的民办医养结合养老机构作为定点的基本医疗保险单位。

（四）大力发展“银发产业”

规模庞大的老年人口本身就是一个巨大的潜在市场，老年人口丰富多样的消费需求必然会促进“银发产业”的发展。根据2014年的《中国老龄产业发展报告》，预计到2050年，将有超过百万亿元的消费潜力、7900万左右老年人口的养老需求、近36.8亿的老年人口就诊人次，进而吸引巨量的资本进入养老产业。2014～2050年，老年人口的消费潜力将从4万亿元左右增长到106万亿元左右，占GDP的比例将从8%左右增长到33%左右。[①] 四川老年人口占全国的比例约为6.7%，由此推算，到2050年，四川老年人口的消费潜力将从2680亿元上升到7.1万亿元。

具体来说，根据老年人群的生理、心理和精神需求层次的划分，可以将“银发产业”分为三个层次：基本产业、提升产业、拓展产业。银发基本产业主要是指直接与老年人基本生活相关的产业，如老年护理服务、养老设施与机构、老年医疗等；银发提升产业主要是指为本位产业提供配套或者满足老年人深层次需求的产业，比如为养老机构提供专业设施，为老年护理产业提供人员培训，为老年人提供特需的旅游、保健、心理咨询等；银发拓展产

① 吴玉韶、党俊武等：《中国老龄产业发展报告（2014）》，社会科学文献出版社，2014。

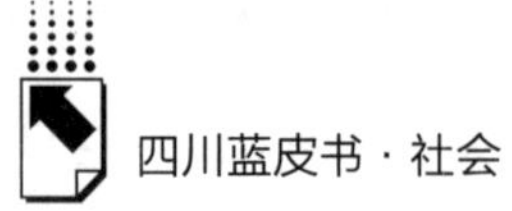

业主要是指针对老年人投资、理财等产生的金融服务等。按需求属性的不同，更是可以把“银发产业”分为医疗保健业、日常生活用品业、家政服务业、保险业、金融业、房地产业、旅游业、娱乐文化产业、咨询服务业等不同产业。

对四川来说，“银发产业”发展滞后。“银发产业”存在养老服务设施建设和运营缺乏长效机制、养老服务方面的供给与消费不足并存、养老产业尚未形成规模、社会力量参与环境有待完善等问题。四川“银发产业”商机巨大，其必将成为四川新的产业增长极，也将改变并优化四川的产业结构。四川省人民政府已经把养老健康服务业列为五大新兴先导服务业之一，“银发产业”的发展前景广阔。在“银发产业”的发展中，四川还具有一个优势，那就是四川自然条件好，尤其是川西，不仅有美丽的风光，更有优质的空气。加之部分地区如成都，还有医疗硬软件实力强、服务业发达的条件，这都会使四川发展康养、休闲等产业具有比较优势。事实上，许多国家和地区都看好四川“银发产业”的投资和发展前景。“银发产业”的发展还提供了新的大量的工作岗位，为解决就业问题提供了新的机会。

（五）建立老龄人口长期照料护理体系

四川未来老龄化程度更高、高龄老年人口占比较大，可以按照国家、企业、个人三方分担、共同负责的“三位一体”的原则解决长期照料护理问题，着力发展健康养老、医养融合、养老与保险结合等模式。大力发展商业性老龄人口长期照料护理保险，操作上可选择一些经济发展水平较高，居民可支配收入水平高和缴费能力较好的地区先行先试，可探索团体长期护理保险，引导老年人护理问题逐渐向社会化方向发展。借鉴发达国家或地区保险公司的先进经验，使本地保险公司在翔实调研的基础上，准确把握相应的市场需求，确定相关的目标客户，科学地设置相关的赔付启动标准与索赔管理制度。各级人民政府及有关部门应与保险公司共同努力，大力开展关于长期护理风险的公众防范教育，同时，增强公众的养老财富积累与养老储备意识，避免当养老风险来临时，陷入养老储备不足的尴尬境地。通过各种预防性措施的提前干预，长期护理的成本得到有效控制，同时，加强对护理从业人员的相关专业技能培训，鼓励通过社区向老年人提供多层次的护理与照顾服务。普及多元、高科技、符合人性的便利快捷的服务，构建以老人为中心、家庭为主、社区为基础、志愿者为辅的长期照料护理服务体系。

参考文献

郭晖艳：《吉林省社会养老服务体系完善研究》，东北师范大学硕士学位论文，2013。

李淼：《我国社会养老服务业存在的问题及对策研究》，《经营管理者》2015 年第 4 期。

李心涛、张耀文：《首部老龄产业蓝皮书释放信号我国老龄产业市场潜力全球居首》，《中国社会工作》2014 年第 29 期。

刘晓梅、曹煜玲：《中国老年护理服务体系构建研究》，《吉林大学社会科学学报》2011 年第 3 期。

鲍振川：《交流工作经验体会 推进社会养老服务体系建设》，《中国社会报》2011 年 11 月 22 日。

四川省民政厅社会福利和慈善事业促进处：《政府主导 社会参与 着力适度普惠型社会养老服务体系建设——解读〈四川省“十二五”社会养老服务体系建设规划〉》，《社会福利》2012 年第 12 期。

文雯：《养老产业的发展情况和政策建议——以四川省为例》，《西南金融》2015 年第 4 期。

严文杰：《问计养老服务》，《四川省情》2014 年第 9 期。

吴玉韶：《养老服务热中的冷思考》，《北京社会科学》2014 年第 1 期。

李甜、曾瑞明：《社会福利制度的转变：从单位福利到社区福利》，《劳动保障世界》2011 年第 22 期。

B.3

城市女性就业困境、就业意愿与就业支持研究

——基于成都人力资源市场问卷数据的分析*

沈茂英　杨 萍　张小华**

摘　要：　女性就业是衡量女性全面发展的重要指标，关系到女性人格尊严、女性家庭稳定及社会和谐。经济发展并不意味着女性就业同步增长，但经济增速下行必然作用于女性就业市场并增加女性就业风险。本文利用第六次人口普查数据，对城市女性在服务业与制造业的就业结构进行了梳理，讨论了成都市女性就业面临的各种困境和就业意愿，提出了支持边缘女性群体就业的建议。

关键词：　女性就业困境　就业意愿　就业支持

一　问题的提出

随着社会的发展与进步，女性越来越多地参与到经济社会活动之中，女性平等广泛的就业参与已成为一个世界性潮流和趋势。但性别歧视、文化程度偏低以及技能缺乏等障碍，使女性在就业机会、就业过程以及就业结果等

* 特别感谢郭世优、龙涛两位研究生对问卷数据的录入与分析。

** 沈茂英，四川省社会科学院经济研究所；杨萍，四川省社会科学院经济研究所；张小华，成都市妇女联合会。

方面都面临诸多不平等。女性不仅成为最易失业、下岗、待业的群体，而且还广泛在技术含量较低的传统服务业（如餐饮住宿、批发零售、居民服务等）和传统轻型制造业（如服装加工、食品生产等）领域就业，在劳动力市场处于明显弱势。据调查，在服装制造、零售、旅游、娱乐服务、保洁等技术层次较低、收入偏低的行业中，女性的比例达35%～60%，甚至更高。经济增长能带动就业水平的稳步提升，但经济增长趋缓甚至下行对就业的冲击也是十分明显的。近年来，国内外经济环境愈加复杂，国内经济下行的压力不断加大，伴随着经济结构调整、产业转型升级换代以及部分劳动密集型产业的外迁等，传统行业的就业岗位大幅缩减，失业问题凸显，就业形势异常严峻。为应对就业压力，国务院不仅提出了以创业带动就业的“大众创业、万众创新”策略，还出台了针对性强的农民工返乡创业指导意见、大学生创业扶持政策等。

女性就业关系女性发展、女性人格尊严、女性家庭稳定和社会和谐，是公共政策关注的焦点和核心问题。中国是最早实现女性全面就业的国家，也是女性就业水平较高的国家之一，已经建立起了相对完善的女性就业支持体系。尽管如此，改革开放以后女性的就业参与率始终低于女性劳动力占比，并且呈现持续下降的态势。一方面是女性自主选择的结果，另一方面也是女性实现就业的各种困境使然。特别是经济下行压力之下，女性就业承受着更多的压力和风险。研究表明，经济发展并不必然地带来女性就业的同步增长，甚至还可能产生负面的效应①，但持续的经济下行几乎肯定会对女性就业产生负面影响甚至是增加女性失业风险。经济危机下，全球女性劳动力承受着高失业率和低就业率风险，女性多在脆弱性的领域就业，如自我雇佣、家庭工人等。女性在就业市场上，面临着来自家庭、雇主的双重压力。已婚妇女的时间分配受到家庭的影响，家庭照料责任很难完全转移到市场，市场难以解决孩子的哺乳、喂养、教育、陪伴、旅行等问题。在兼顾家庭照料职

① 梁丽萍：《女性就业与公共政策的选择——以山西妇女就业状况为例》，《山西大学学报》（哲学社会科学版）2006年第1期。

责的前提下，女性能够选择的就业岗位受到限制，已婚女性更不太可能与男性一样“全天候”地工作和学习。因而，女性沉淀在层次较低、技术含量较低、收入较低的服务行业和轻型加工制造业，性别隔离①现象越来越突出，女性经济参与度低于男性，而且市场化程度越高，女性经济参与度越低②。

成都作为全国十大人口净流入城市，既孕育了大量的发展机会，也形成了极为充分的就业市场。充分的就业市场既为女性展示才华、实现就业拓宽了空间，也加大了女性就业的困难程度，各种隐性的就业歧视在市场竞争的名义下得到强化，女性实现成功就业需要付出更多的成本。另外，“三期”（怀孕期、产期、哺乳期）女性、高龄女性劳动力、缺少就业技能务工女性等在充分竞争的就业市场上，面临着更大的就业压力。因而，经济增长速度的趋缓、经济结构的调整以及产业升级转型，对劳动力市场上的女性就业群体产生巨大冲击，特别是使得城市边缘女性群体的就业实现问题愈发凸显。女性充分就业是实现女性平等基本国策的重要指示器，边缘城市女性群体就业关系到家庭稳定、子女教育、社会和谐，是社会政策需要关注的重点领域。

二　成都女性就业结构现状与就业风险

就业结构是经济结构的反应，有什么样的经济结构就有什么样的就业结构。服务经济是城市经济的主体，服务业也越来越成为城市劳动力就业的主要领域。从 2013 年起，成都市第三产业占国内生产总值的比重开始超越第一、二产业的总和（50.2%），形成了服务经济主导城市发展的格局。到

---

① 所谓就业中的性别隔离，就是指在社会的职业分布中，男性集中于一些行业，女性集中于另一些行业；同一行业中女性大多处于较低层级的职业岗位，而男性大多处于较高层级的职业岗位。职业中的性别隔离现象由来已久。

② 杨慧等：《市场化对经济领域性别差距的影响——以 1990 ~ 2010 年为例》，《纪念北京世妇会 20 周年 深入贯彻男女平等基本国策论坛文集》，2015。

2015 年，第三产业占国内生产总值的比重达 52.8%，形成了以现代服务业、生产性服务业以及养老服务业等为主导的城市服务经济发展格局。女性劳动力是城市第三产业的从业主体，“六普”资料显示，成都城市女性劳动力在第三产业中的劳动参与率达到 44.62%（见表 1）。与此同时，制造业依然是女性劳动力就业的重要领域，城市女性劳动力在制造业的就业参与率为 39.88%。在城市服务业的部分领域，如卫生、居民服务、社会保障、教育、社会福利、保险等，女性劳动力占该行业劳动力总量的比重超过了 57%，成为极具女性就业优势的服务行业。在城市制造业中，食品制造、饮料制造、纺织业、服装鞋帽、皮革皮毛制品业、造纸及纸制品、文教体育用品制造业、医药制造业、化学纤维等是女性就业参与率较高并具有明显优势的行业。但就业优势行业并不一定是女性劳动力就业最集中的行业，或者说并不一定是为女性提供就业岗位最多的行业。通过对第六次人口普查所列的主要服务业和制造业就业数据进行统计分析后发现，女性劳动力在主要服务业与制造业的就业集中度并不完全是就业优势行业。

表 1　成都市女性劳动力占各行业劳动力的比重（2010 年）

单位：%

分类	合计	城市	镇	乡村
总参与率	44.47	43.77	42.2	46.1
农林牧业	51.15	47.74	51.33	51.23
采矿业	28.48	35.22	28.26	15.01
制造业	40.57	39.88	41.00	41.33
第三产业	42.3	44.62	41.52	34.99

资料来源：根据《四川省 2010 年人口普查资料［中］》整理而成。

1. 成都女性在主要服务业中的就业分布（或就业结构）

在所选取的 30 个主要服务行业中，女性就业集中的前十大服务行业是零售、餐饮、批发、教育、居民服务业、卫生、国家机构、房地产、商务服务和其他服务业（见表 2）。其中，在零售行业就业的女性占主要服务行业女性就业总量的 34.5%（也就是说，所统计的 30 个服务行业中有超过

1/3 的女性在零售业就业），在餐饮行业就业的女性占服务行业女性就业总量的 11.6%，在批发行业就业的女性占 8.4%，在教育业就业的女性占 8.3%，在居民服务业就业的女性占 6.3%，在卫生服务业就业的女性占 4.7%，在国家机构和房地产行业就业的女性各占 4%。而在证券、计算机服务、文化艺术等就业的女性仅为 0.3%，社会福利、体育、社会保障等行业分别只有 0.1%。因此，女性占据服务业岗位最多的行业是零售、餐饮、批发、居民服务业等传统产业（这些产业也是收入水平较低的行业①），女性大量聚集在这些收入水平较低的行业。随着城市服务经济的不断升级，现代服务业、生产性服务业以及新型服务业态的不断发展，在传统服务行业就业的女性将面临服务产业升级和新型服务业态的冲击，就业脆弱性增加，失业风险加大。

2. 成都女性在制造业中的就业分布（或就业结构）

制造业是城市经济的重要组成部分，也是女性就业的重要领域。从数据分析来看，大量女性在没有职业优势的行业就业，如家居制造、化学原料等。在全部 30 个制造业中，家居制造产业为女性提供的就业岗位达到 16.8%（也就是说，家居制造产业女性劳动量占制造行业女性总劳动量的 16.8%，而家居制造业的女性劳动力占该行业总劳动力的比例仅为 37.2%，较女性在制造业的平均参与率低 2.4 个百分点），在纺织服装产业就业的女工占制造业女工的 12.2%，皮革皮毛制品业占 11.9%，食品加工业占 7.3%，非金属矿加工占 7.1%，农副产品加工占 5.1%，合计这六大制造行业女工占制造业女工总量的 60.4%（超过半数）。制造业中女性就业岗位量小于 1% 的也有 9 个（分别是工艺品制造、印刷业、废弃资源利用、仪器仪表、有色金属冶炼、文教体育用品、化学纤维、石油加工、烟草行业等，合计岗位供给只有 4.4%）。制造业中这种女性职业与结构优势不一致表现得较为突出，一些男性行业容纳了大量女性就业。

---

① 根据成都市统计局发布的 2014 年成都市城镇工资水平为 51681 元（月均 4300 元），其中，月工资最低的行业分别是居民服务业（2660 元）、住宿餐饮（2840 元）、农林牧渔（2703 元）、批发零售（3630 元）、制造业（3800 元）、建筑业（3630 元）。

3. 当下城市女性就业面临的机遇与挑战

经济结构决定就业结构，就业结构反过来影响经济结构。成都市经济结构不断优化，第三产业占比超过第一、二产业总和，第三产业成为就业带动能力最强劲的领域。第三产业是女性就业优势最明显的行业，女性越来越多地聚集在城市服务业以及轻工（家具制造、家纺服装与制鞋、印务包装等）、食品饮料等领域。技术进步、产业转型、结构调整等所引发的转型阵痛，既是女性就业结构优化的重大机遇，也是女性就业创业面临的重大挑战。技术进步克服了女性体能上的竞争劣势，产业转型升级为女性就业创业提供了新的平台，新兴服务业、新兴业态可适应不同女性的就业创业需求。未来，女性就业创业的优势行业将进一步趋向现代服务业、新兴服务业以及居民服务业。但就业市场中的弱势女性群体持续承受产业转型升级、经济结构调整、技术进步的综合冲击，面临就业再失业、离岗再就业、下岗等问题。另外，新兴服务业（如健康服务、科技服务、信息服务等）和现代服务业的快速发展，使低技能女性无法从业；再者，以居民服务为主的大量岗位需求与女性求职群体的就业需求不匹配，女性从事居民服务业的意愿较低，包括清洁、家政、照护老人等在内的服务岗位长期处于供过于求状态。

三　成都城市人力资源市场女性就业面临的困境及原因

我国是女性就业水平较高的国家之一，建立了较为完善的女性就业保障制度和社会支持体系，但女性在就业实现过程中仍然面临着多种障碍。招聘中基于性别、婚育的歧视广泛存在，在充分竞争的就业市场中形成了一种“保护越多女性就业越难”的现象。“限男性”、“男性优先”等频繁出现在招聘广告之中，工科女大学生就业难，就业女性的怀孕生育受到限制。对此，课题组利用在成都市人力资源市场所获得的189份问卷数据，采用SPSS统计软件的交互表分析手段，对女性在求职过程中面临的就业门槛现状进行解读（见表2）。

表 2　女性在求职过程中遭遇的各种门槛

单位：%

教育背景	年龄	性别	未生育	学历	证书
没上过学	12.5	0	12.5	62.5	37.5
小　学	69.5	26.1	18.2	60.1	43.4
初　中	53.8	20.5	18.9	64.1	38.5
高　中	30.0	25	12.8	52.5	37.5
专　科	29.4	17.6	35.3	41.1	45.4
本　科	19.2	34.6	42.3	19.2	42.3
研究生	0	27.3	18.2	18.2	0
合　计	35.9	23.2	23.7	47.5	38.3

资料来源：根据成都市人力资源市场女性求职群体问卷整理而成。

1. 性别门槛

性别门槛是指女性劳动力在求职和就业过程中受到的与性别相关的限制，包括求职中的隐性性别歧视、劳动报酬中的性别差异、职业培训与职业发展中的性别差异等，表现为直接或间接的歧视[①]。在调查中发现，越是高学历女性群体遭遇性别歧视的程度越严重；文盲半文盲的女性群体甚至没有遭遇过性别歧视。有本科教育背景的女性，34.6%遭遇过性别歧视；研究生学历的女性中有27.3%遭遇过性别歧视；专科和初中教育背景的女性遇到的性别歧视程度较低。一方面，小学及以下文化背景的女性择业范围窄、就业层次低，以技术含量低、收入低的家政服务、保洁、餐饮等女性职业为主，对性别问题不敏感；有本科、研究生等教育背景女性的择业以技术含量较高、就业层次高、收入高的金融、教育、医疗卫生、行政管理、研发等为主，在同等条件下雇主有男性优先的选择（雇主一般认为：男性可放下家庭而全天候工作，女性不仅有“三期”且要长期照顾小孩，不可能全身心投入工作中），女性遭遇的性别歧视问题会更严重。

2. 未生育门槛

怀孕期、产假期、哺乳期三个阶段被俗称为“三期”。“三期”女性的

① 金鑫：《和谐社会视域下的女性就业性别歧视研究》，东北林业大学，2010。

工作量大减但工资等基本福利不能减少，用工单位承担的用工成本增加；另外，“三期”女性主动辞职和离职现象时有发生，用工单位面临新手培训与岗位适应成本；种种原因造成用工单位不愿意招聘未生育女性（有的招聘单位要求应聘女性签订生育期限承诺书）。问卷调查数据反映，未生育门槛广泛存在于文化素质较高的女性群体中，也就是学历越高的女性遭遇未生育门槛的频率也越高，在女大学生（专科生、本科生）求职群体中最为明显。据调查，有42.3%的本科教育女性求职者遇到过未生育门槛，有35.3%的专科教育女性遇到过，有18.2%的研究生女性遭遇过。女大学生毕业年龄普遍在22～25岁，是婚育期的最佳年龄段，普遍面临结婚、怀孕、产假、哺乳问题。从用工成本与员工稳定角度看，用人单位在招聘员工时会优先考虑男性和已生育女性。业主普遍认为，已婚生子的女员工更能稳定地为企业服务，流动性较弱。在我们调查的样本女性中，年龄在21～25岁的女性有66.7%在求职过程中遭遇过未生育门槛，26～30岁的女性遇到未生育门槛的比例为45%，31～35岁的女性遇到未生育门槛的比例为31%。这组数据说明，用工单位普遍将女性的生育问题简单化为女性个人问题，生育成本普遍被转化为女性的个人负担。但女性的生育行为是人口再生产行为，是为社会培育更多的劳动力资源，生育成本不应简单化为女性个人的求职成本。

3. 年龄门槛

在无限供给的劳动力时代，年龄曾经是横亘在“4050”劳动力（下岗人员与农民工）再就业前挥之不去的槛；随着人口老龄化程度的加深、新增劳动力绝对量的减少和农村转移劳动力数量的持续下降，各地持续出现了“用工荒”，年龄门槛在逐渐降低，建筑行业、大众餐饮等行业甚至出现白发劳动力现象，但年龄门槛依然存在且与教育背景密切相关。在调查的女性求职群体中，具有小学、初中教育背景的女性群体对年龄门槛特别敏感，接近七成的有小学背景的女性在求职过程中遭遇过年龄限制，53.3%的有初中背景的女性遭遇过年龄限制；三成左右的有高中和专科背景的女性遭遇过年龄限制；相反，具有研究生背景的女性遭遇年龄限制的比例为零，总体上看，受教育程度越高的女性遭遇年龄限制的比例越低。而受教育程度较低的

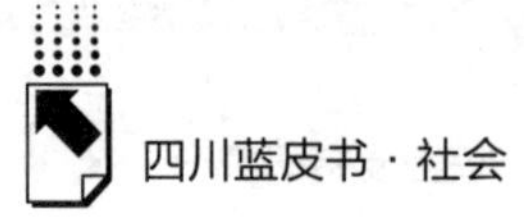

群体大部分来自农村，其中又有一部分为刚从农村转移到城市就业的女性，年龄大、文化程度低，在求职过程中受年龄限制影响较大。

4. 学历门槛

学历不代表能力与技能，学历高不一定人力资本高。但在描述人力资本的指标中，学历是一个极为重要的指标，学历高表示潜在能力强、接受能力强。一个文盲半文盲，不可能在短期内熟练使用现代办公设备、不可能熟练使用机械设备。因而，一些工作岗位需要最基本的学历背景，如初中、高中学历；一些专业性强的岗位，需要经过专业训练如专科、本科教育等。学历成为求职者的敲门砖，学历不够被拒的情况极为普遍。女性整体受教育水平低于男性，遭遇学历门槛的求职女性比重高且随着文化水平的提升而降低。在我们的调查样本中，高中及以下文化背景的求职女性遭遇学历门槛的占相应群体的五成以上，专科背景的求职女性遭遇学历门槛的比例为42.3%；本科生和研究生所占比例较低。当然，各种文化背景的求职女性所遇到的学历门槛是不一样的，文盲半文盲遇到的可能是小学学历或初中学历门槛，初中女性求职遇到的可能是高中或专科学历门槛，专科遇到的可能是本科或研究生学历门槛。求职者在求职过程中是向上选择，也就是选择学历要求相对比较高的工作岗位，从而产生比较大的学历落差。

5. 证书门槛

证书门槛非女性特有但依然有大量女性被证书门槛所阻挡。这里的证书是指各种入职资格证，如家政服务员的家政从业资格证等。尽管我国已取消多种职业资格证，但雇主对职业资格的要求并未完全取消，一些特殊工作岗位对资格证书有特殊的要求，一些求职者因没有资格证书而被阻挡在职场之外。在我们的样本群体中，除研究生外的女性群体在求职过程中都遭遇过各种证书门槛，遭遇证书门槛的人占所在人群的比例都在37%以上，也就是四成左右遇到了证书门槛，在拥有小学、专科、本科等教育背景的女性中甚至超过四成。这就说明，求职女性群体在各个层次上都面临入职资格限制，都有人因为没有相应的资格证书而求职失败。无资格证书的求职者更多是向下选择，在无资格要求的低收入行业择业。

尽管随着传统产业发展动力明显减弱和新兴产业动力不断孕育，职业女性迎来更多新的发展机会，女性弱势开始慢慢淡化，职场女性地位举足轻重，但受教育水平较低、年龄偏大、缺乏技能的边缘女性劳动力在就业市场的弱势地位却有强化趋势。尽管女性均遇到性别、未生育等特殊门槛，但受教育水平较低女性与受教育水平较高女性所遇到的各类门槛有本质不同，有大学生、研究生等教育背景的女性将求职定位于较为体面、收入较高的行业，而有初中、小学背景的女性则将求职定位在低端的传统行业。

四　人力资源市场女性对城市居民服务行业的预判与从业意愿

我国正处于人口城镇化与老龄化的加速期，家庭结构的转变、家庭规模小型化、家庭养老功能的分化等多因素叠加，家政服务和养老服务越来越市场化和社会化，不断催生家政市场与养老服务市场的发展，使其成为解决边缘女性群体就业的重要阵地。近年来，成都家政服务业与养老服务业不断发展，已成为吸纳成都女性就业的重要领域，“川妹子”品牌享誉全国。据2010 年人口普查，家政服务为成都女性提供近 4% 的就业岗位（也就是说，有 4% 的女性劳动力在家政行业工作）。那么，女性求职群体是否看好家政服务与养老服务的发展前景？是否愿意从事家政服务业和养老服务业呢？

1. 求职女性看好家政服务与养老服务发展前景

家政服务是社会为满足其成员的物质生活或精神生活而进行的一种社会性、便民性、服务性三位一体的有偿服务活动，不仅包括家务、保育、装修、搬家、家教等低层次服务，还包括生产经营、投资理财、法律服务、择业就业、心理咨询等高层次的服务①。家政服务是城市第三产业中最具增长潜力和就业容量大的服务行业之一，城市中有近七成家庭有家政服务的需求，高级家政人员极为短缺。成都女性对家政服务业发展前景及其价值的判

① 王瑞：《论家政服务业的潜在社会价值》，《中国职业技术教育》2004 年第 3 期。

断较为乐观，在有小学到本科教育背景的女性群体中均有较高的认可度，但文盲半文盲和研究生女性群体对家政服务业发展前景的认可度最低，近三成有研究生学历背景的女性不看好家政服务业，逾两成文盲半文盲女性不看好家政服务业。如果说文盲半文盲女性对家政服务缺乏认识，那么对家政服务有较多认识的研究生女性群体应该了解家政服务业，但研究生女性群体对家政服务产业发展前景却表示非常不乐观（见表3）。

表3　家政服务行业发展前景预判与从业意愿比较自评

单位：%

教育背景	行业发展前景		从业意愿		差异	
	看好	不看好	愿意	不愿意	看好与愿意	不看好与不愿意
没上过学	25.0	37.5	28.6	57.1	-3.6	-19.6
小　　学	43.5	4.4	65.2	4.3	-21.7	0.1
初　　中	41.0	18.0	35.5	28.2	5.5	-10.2
高　　中	52.5	12.5	32.5	40	20	-27.5
大学专科	61.8	5.9	20.6	55.9	41.2	-50
大学本科	50.0	11.5	3.8	65.4	46.2	-53.9
研 究 生	27.3	45.5	9.1	63.6	18.2	-18.1
合　　计	47.5	14.4	29.4	41.7	18.1	-27.3

养老服务业是为老年人提供生活照顾和护理服务、满足老年人特殊生活需求和精神需求的服务行业。我国已经进入人口老龄化快速发展阶段，2012年底我国60周岁以上老年人口已达1.94亿，2020年将达到2.43亿，2025年将突破3亿。加快发展养老服务业、不断满足老年人持续增长的养老服务需求有利于拉动消费、扩大就业，有利于保障和改善民生，促进社会和谐，推进经济社会持续健康发展。女性特有的细心、耐心、亲和力等决定了女性在养老服务业方面的从业优势。成都女性对养老服务业发展前景的认识较家政服务业更为乐观。看好养老服务业发展前景的女性群体主要集中在有本科、专科、小学等教育背景的群体中，这些群体中均有超过六成的人认为养老服务业发展前景好；仅研究生群体不看好养老服务业（占七成以上）（见表4）。

表 4　对养老产业发展前景与从业意愿比较

单位：%

教育背景	行业发展前景		从业意愿		差异	
	看好	不看好	愿意	不愿意	看好与愿意	不看好与不愿意
没上过学	25	12.5	25	25	0	-12.5
小　学	60.9	17.4	52.2	8.7	8.7	8.7
初　中	36.8	15.8	33.3	23.1	3.5	-7.3
高　中	52.5	12.5	38.5	23.1	14	-10.6
大学专科	61.8	2.9	29.4	29.4	32.4	-26.5
大学本科	73.1	7.7	38.5	42.3	34.6	-34.6
研究生	18.2	72.7	10	60	8.2	12.7
合　计	51.7	15	35.2	27.4	16.5	-12.4

2. 女性家政与养老服务从业意愿偏低

从业意愿是指个体在特定社会背景下，根据自身的实际情况，结合就业市场供求关系的变化，对自己将要从事的工作预先设定的最低期望目标，是个人对能否就业、就业时的职业类型以及工作发展成就的自我希望与期待，是个体对待职业的一种态度和信念①。家政与养老从业意愿是指女性愿意从事家政服务业和养老服务业的意愿。尽管女性对家政和养老服务业发展前景持积极乐观态度，但在是否从事家政和养老问题上要谨慎得多。

愿意从事家政服务业的女性只占调研群体的 29.4%（比看好发展前景的比例低 18.1 个百分点。其中，受教育程度越高的女性越不愿意从事家政服务业，小学文化程度的女性中有超过六成愿意从事家政服务业，有超过两成未上学女性愿意从事家政服务业，初中文化程度的女性愿意从事家政服务业的仅为三成。小学教育背景女性家政服务业从业意愿远高于看好该行业的女性占比，说明文化水平较低的女性择业更符合实际。女性养老服务业从业意愿高于家政服务业，占 35.2% 的女性愿意从事养老服务业。养老服务业

① 曾向昌：《大学生就业期望与实际就业的关联性分析研究》，《高教探索》2007 年第 2 期。

从业意愿最强的是小学，其次是高中和本科，专科、初中等教育背景的女性对养老服务业的从业意愿也比较高，研究生最低，为10%。相较于家政服务业，女性养老服务业的从业意愿较强一些。

女性从业意愿与受教育水平有一定的联系。受教育程度较高的女性，选择从事家政服务业和养老服务业的比重均低于文化程度较低的女性。未上过学（或半文盲）的女性群体既愿意从事家政服务业也愿意从事养老服务业；小学文化程度的女性择业较为实际，对技术含量较低、收入较低的家政服务业从业意愿较强，不少问卷调查对象在求职前就是家政服务员；随着文化水平的提高，择业范围扩大，择业能力增强，对家政服务业和养老服务业的从业意愿降低。特别是大学生女性群体，对行业发展前景的预判很乐观，但从业意愿却非常低。她们认可这一行业但不愿意从事这个行业，原因在于她们有更多的选择，在金融、教育、医疗卫生、党政机构等就业均是不错的选择，家政服务业、养老服务业等在整体就业结构中处于较低层次，对女大学生的吸引力极弱。文化程度较高的女性，在择业上有更大的空间，可在技术含量较高、薪酬较好、相对体面的金融、教育、医疗等领域寻找到发展空间，而养老服务产业是技术含量较低的产业，收入也偏低，也不体面，是文化程度较高群体看不上的产业。初中、小学和文盲等群体则不同，其择业空间非常小，只能在技术含量较低、收入偏低的行业发展，养老服务业是比较适合这部分群体择业的领域。

五　扶持成都女性就业的建议

1. 增加对边缘女性就业群体的就业关注

随着产业结构升级、传统产业比例下降，整体就业结构中的低层次就业空间缩小，就业培训重点转向升级①，边缘女性就业群体在就业市场的弱势

① 成都市职业培训战略从以“4050”人员为主转向以高校毕业生为重点，由下岗失业人员上岗培训转向中高层次技能培训，以传统低端业态为主转向以高新技术产业、现代制造业和现代服务业为主。

地位有强化趋势，就业难度大、就业非正规部门化。因而，关注女性就业问题，不仅要关注女大学生的就业问题，更要关注边缘女性群体①的就业问题。边缘女性群体的就业范围窄、择业能力弱，对就业的需求与愿望却十分强烈。在我们的问卷调查对象中，因丧偶、离婚、土地流转、原行业不景气等原因而进入就业市场的女性，有强烈的工作期望但机会偏少。黄瓦街保姆市场的调查显示，有数位女性两周都未能找到雇主②。这部分群体对就业的需求极为强烈，能否找到工作关系到女性自身发展和家庭稳定。尽管政府对零就业家庭、就业困难群众的就业帮扶出台了很多措施，但女性边缘群体的构成较为复杂、就业需求多样，经济下行、产业结构调整以及城镇化等对这部分群体的冲击较大，是当前和今后一段时间政府关注的就业援助重点群体。

2. 建立针对性更强的就业培训体系，提高边缘女性劳动力的就业技能

尽管存量培训体系已经非常完善，培训对象精准度也在不断提高，培训技能针对性与实用性不断加强，但边缘女性群体在择业时依然缺乏技能。以家政服务为例，在家政市场的求职女性更多是依靠积累的生活经验求职，无论是老人的护理还是家庭清洁做饭，单靠生活经验的积累显然不能满足家政市场需求，缺乏一技之长的家政服务员难以找到工作。可根据女性的就业择业意愿、择业过程中遇到的问题，提供针对性较强的培训；也可依托培训市场，将培训经费直接发放给有需求的女性（经过培训且获得资格的女性可凭借培训费、资格证书等到指定机构报销费用）；开展分类分层次的培训，提供灵活性更强的培训支持。

3. 发展壮大城镇女性社会组织，发挥女性社会组织的就业带动作用

女性社会组织正成为促进社区女性就业创业的重要载体，在社区养老托幼、家政服务、便民服务等适合女性就业创业的项目中发挥着积极带动作用。一是建立与政府、民政、妇联合作促进妇女就业创业的协同机制；二是

① 边缘女性群体主要是指就业市场的弱势群体，以文化水平较低、年龄大、无技能、新增女农民工等为主。

② 2015 年 4 月 28 日在黄瓦街保姆市场调查所获得的信息。

相关部门发挥枢纽作用，为女性就业创业社会组织的孵化培育、合作共享、指导服务搭建平台，在经济新常态下努力提升妇女群众参与意识、不断增强妇女就业创业能力；三是加强对女性社会组织负责人、女性群体领袖的培训，提升社会组织成员的社会化工作专业素养，不断适应外界环境的变化和妇女群体就业创业需求的提高；四是发挥成都女性企业家的带动引领作用，鼓励女企业家积极参与女性社会组织的培育和孵化工作；五是依托农村社区，开展回乡女性农民工和女企业家创业带就业工作，发挥回乡女工和女企业家的创业带就业示范效应。

4. 建立针对边缘群体的创业专项发展基金

城市社区以及城市居民服务具有资金少、风险低、技能低等特点，是城市女性创业较为集中的领域。如社区菜市、浆洗缝补、皮具美容、宠物医院、小饭店、小摊点等，是女性创业就业的主要领域。随着城镇化水平的提升，特别是家务劳动市场化、养老服务社会化的发展，社会对多样化、个性化的居民服务需求不断增多，为女性就业创业提供了发展空间。建立针对边缘群体的就业创业基金，可缓解边缘女性就业群体在创业过程中的资金约束。

5. 营造积极从事居民服务的社会氛围，鼓励女性从事居民服务业

居民服务业和社区服务业是城市服务经济的重要组成部分，近年来得到快速发展并成为解决女性就业创业的重要阵地。成都市在“十二五”服务业发展规划中提出了大力发展生活性服务业，而居民服务业是城市生活性服务业的重要组成部分。居民服务业对从业者的年龄、知识、文化等要求较低，对文化水平偏低、就业竞争力较弱的女性群体有较大的吸引力。目前，社会对居民服务业的认同度低，将居民服务业特别是家政服务业简单视为保姆行业，不利于吸引从业群体。从人力资源市场调查结果来看，文化程度较低、年龄偏大、刚从农村转移到城市的“4050”女性农民工具有较高的家政服务业与养老服务业从业意愿，应在充分尊重其择业意愿，营造良好的社会氛围，在技能培训、创业资金、创业场地等方面提供更多支持，鼓励她们从事居民服务业。

6. 完善女性生育补偿制度提高女性就业竞争能力

城镇劳动力市场是一个竞争性市场，女性劳动力与男性劳动力相较存在明显的弱势，女性生育养育成本成为影响女性就业竞争力的一个重要因素，生育成本内化为女性及其家庭负担，削弱了女性的就业竞争力。因女性生育和照顾未成年子女的成本不能全由女性及其家庭承担，所以应建立一种社会分担机制。一是将企业生育保险转变为社会生育保险，将企业承担的生育保险成本转变为社会成本，降低企业负担。在我们的调研过程中，生育门槛对生育年龄段的女性就业影响比较大。二是对处于产假和哺乳假期的女性，政府应给予企业相应的补贴，以降低企业负担，也间接提高女性的就业竞争力。三是对雇佣女性较多的企业采取适当的奖励或税收减免政策，提高企业雇佣女性劳动力的积极性，逐步消除就业准入方面的性别歧视。

B.4
四川业主委员会发展报告

李冯川*

摘　要：　四川业主委员会发展与全省大中城市及城镇的商品房发展状况和省市相关政策及国家相关法规的出台时间相关，业主委员会的成立、发展趋势基本上是由省会城市向地级城市及县城逐步推进。尽管四川业主委员会正在全省各城市蓬勃发展，但是业主委员会仍然十分稚嫩，助其成长的社区环境有待形成，而全面扶持其成长才能发挥出其应有的社会功能。本文最后有针对性地提出了促进四川业主委员会健康发展的五项政策措施。

关键词：　四川业主委员会　社会治理

一　四川业主委员会发展的历程

就四川省而言，业主委员会一般经历了1999年2月前业主委员会孕育期、1999年2月至2003年9月业主委员会出生期、2003年9月至2012年6月业主委员会缓慢成长期、2012年7月之后的业主委员会全面发展期四个阶段。其中1999年2月发布的《四川省城市住宅物业管理办法》（四川省人民政府〔1999〕第119号令）、2003年9月实施的《物业管理条例》（国务院令第379号）、2007年10月实施的《中华人民共和国物权法》、2012

* 李冯川，成都新兴社区治理中心。

年7月实施的《四川省物业管理条例》成为四川业主委员会发展历程里的几个重要标志。

1. 1999年2月前，业主委员会孕育期

四川的商品房开发，最早兴起于成都。20世纪90年代，成都市区的玉林小区、棕北小区、青羊小区、黄忠小区和城乡接合部机头镇的五大花园等，开始了成规模的商品房开发，而业主委员会组织细胞的孕育源于机头镇的五大花园。因为城乡接合部的商品房开发区存在着市政配套建设的滞后问题，业主们为了维护自身的合法权益，包括要求饮用城市自来水而非地下水、用上城市生活用电而非农用电、有线电话安装费和天然气入户费与市区内同价，特别是领取产权证等诸多事关切身利益的诉求，交大花园、中央花园、皇家花园、红运花园及名流花园五大花园的业主们纷纷自发组织起来进行维权。1996年开始，红运花园、交大花园和皇家花园分别自发成立了业主委员会筹委会。而由开发商牵头、当地镇政府相关负责人负责、业主代表参加筹备、正式选举成立业主委员会的，是1997年10月24日选举产生的成都市中央花园业主管理委员会，笔者被选举为业主管理委员会主任。

当时，全国只有一部《城市新建住宅小区管理办法》（建设部令第33号，1994年3月23日发布，4月1日施行，经2007年9月18日第138次建设部常务会议审议决定即日废止）作为指导性文件，四川省及各地、市、州都没有相关指导性文件，第一个正式选举产生的成都市中央花园业主管理委员会却找不到政府部门批准成立，不能刻制印章，更不能正常开展工作。这个时候，五大花园的各个业主委员会筹委会抱团取暖，自发结成“联席会”，经常一起研究小区业主们的合法权益问题，成为后来的成都市业主委员会联席会的雏形。

2. 1999年2月至2003年9月，业主委员会出生期

1999年2月《四川省城市住宅物业管理办法》的正式发布标志着四川省城市业主委员会的成立和运行有章可循。第一个按照《四川省城市住宅物业管理办法》正式成立的业主委员会是成都市红运花园业主委员会，第

一个选举产生的成都市中央花园业主委员会按照《四川省城市住宅物业管理办法》再次进行了选举。1999 年开始，成都市开发的一些商住小区陆续成立起一批业主委员会。但直到 2003 年国务院发布《物业管理条例》，成都市主城区仅成立几十个业主委员会，全省各市、州、县成立的业主委员会更少。

按照《四川省城市住宅物业管理办法》成立的业主委员会，工作重心基本没有放在管理小区共有物业上，而是主要放在维护业主共有物业合法权益上。从 1999 年 2 月第 119 号省长令发布《四川省城市住宅小区管理办法》到 2003 年 9 月实施第 379 号国务院令《物业管理条例》的四年多时间里，四川的业主委员会具有代表小区全体业主的主体资格，具有不经业主大会授权签订合同、提起诉讼等小区物业管理主体机构的实际地位。

出生期阶段的四川业主委员会，数量不多，但可圈可点。业主委员会维护小区全体业主合法权益的作用引起了开发商以及物业管理主管部门的注意，《物业管理条例》便削减了业主委员会的小区全体业主共有物业合法权益的代表权，不再具有直接的诉请权，而是需要业主大会的专门授权，限制了业主委员会的维权作用。

3. 2003年9月至2012年6月，业主委员会缓慢成长期

2003 年 9 月开始实施的《物业管理条例》第八条这样规定："物业管理区域内全体业主组成业主大会。业主大会应当代表和维护物业管理区域内全体业主在物业管理活动中的合法权益。"自此以后，业主委员会不再具有小区全体业主代表权。2007 年 10 月实施的《中华人民共和国物权法》没有明确业主委员会的地位，但是第七十八条规定"业主大会或者业主委员会的决定，对业主具有约束力。业主大会或者业主委员会作出的决定侵害业主合法权益的，受侵害的业主可以请求人民法院予以撤销"。我们从中还是可以看到业主委员会的权力：除应当由全体业主共同决定的事项外，"业主委员会的决定对业主具有约束力"，这期间，成立业主委员会成为各地房地产行政主管部门的工作常态。各区县房地产行政主管部门负责指导筹备首次业主

大会和选举首届业主委员会的行政职责，两个主要因素制约着业主委员会的成立。一个因素是区县房地产行政主管部门指导业主委员会成立的行政人员太少，精力有限；另一个因素是小区开发商并不积极申请成立业主委员会，绝大部分小区业主不知道怎样启动小区业主委员会的筹备工作。街道办事处和乡镇人民政府以及社区居委会既没有明确的行政职责，又没有被赋予任务，自然不太关心业主委员会的成立和成长问题。因此，这期间业主委员会“营养不良”，处在缓慢成长期。

4. 2012年7月至今，业主委员会全面发展期

2012 年 7 月开始，《四川省物业管理条例》正式实施。其中，关于业主大会及业主委员会的设立和指导、监督等行政责任从区县物业管理主管部门转移到街道办事处（乡、镇人民政府）。其中，“第四条 街道办事处（乡、镇人民政府）组织、指导、协调本辖区内物业管理区域业主大会的设立和业主委员会的工作，督促业主大会和业主委员会依法履行职责；协调社区建设与物业管理的关系，调解处理物业管理纠纷。居民（村民）委员会协助街道办事处（乡、镇人民政府）开展物业管理有关的工作”。从此以后，小区业主委员会的设立备案、工作指导及协调等工作被列入街道办事处（乡、镇人民政府）工作职责。社区居委会基本把本社区的小区成立业主委员会等工作列为协助街道办事处（乡、镇人民政府）工作的重要内容，协调社区内小区物业管理矛盾纠纷成为社区主要负责人的重要工作事项。但是，一个显著的变化是各街道办事处、乡镇人民政府都在积极支持小区成立业主委员会，并且绝大部分街道办事处、乡镇人民政府的主要负责人开始重视小区业主委员会成立和物管纠纷的调处工作，一部分街道办事处、乡镇人民政府开始聘请专业社会组织专业指导培育小区业主委员会的成立和成长、协助政府治理物管小区。

四川全省在《四川省物业管理条例》，特别是党的十八大“社会治理体系与治理能力现代化”战略感召下，社区治理中的小区治理逐步得到各地基层政府的重视。尽管如此，小区业主委员会的成立和孵化任务依然艰巨，需要营造优良的有利于业主委员会成长的社会生态环境。

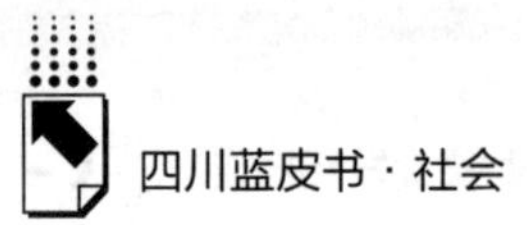

二 业主委员会的发展现状与问题

成立业主委员会管理小区，已有17年发展历程。从中央到地方已经制定了相关法律法规，明确了业主委员会执行业主大会自主管理小区的作用，但是业主委员会的发展现状堪忧。尤其近几年在成都市新兴社区中心专业从事孵化业主委员会开展小区治理活动，承接许多街道办事处、社区居委会及小区业委会购买服务的专业协助成立业主委员会、培育业主委员会能力、调处小区物管矛盾纠纷之类的社会服务中，我们深切感受到城市住宅小区业主委员会成立难、运行难，为此本文结合实践提出突破业主委员会成立难、运行难的一些方法。

（一）小区业主委员会成立难，难在开发商不申请

小区达到召开首次业主大会选举成立业主委员会条件时，小区开发商应当向小区所在地街道办事处或乡镇人民政府申请筹备，并提供小区各项相应的资料和筹备资金以保障筹备工作。《四川省物业管理条例》还对小区开发商不履行申请筹备和提供筹备资金义务设定了5万~15万元的处罚。但在实践中，很少有小区开发商主动履行这个义务。究其原因，其一，如果小区开发商履行申请筹备和提供筹备经费义务，就必须同时向受理机构即小区所在地的街道办事处或者乡镇人民政府提交小区从规划报建到竣工验收的全部资料。小区从规划报建到竣工验收的全部资料里完全可以清楚地显示业主们共有的物业情况，而现实中被小区开发商直接或间接侵占的恰好就是业主们共有的物业中的一部分。其二，小区业主委员会成立之后，只要业委会依法履职，就必须开展两项工作。一项是清理前期物业服务期间小区共有物业产生的收益，另一项是召开业主大会公开选聘物业服务企业。业主委员会履行的这两项法定职责，无一例外地都触及小区开发商及其选聘的前期物业服务企业的既得利益。由此可见，小区开发商不会主动申请。

（二）小区业主委员会成立难，难在小区业主不知怎么办

小区业主缺乏相关信息，根本无法判定小区是否达到筹备首次业主大会选举业委会的法定条件。在彼此没有互通信息的陌生业主入住的小区，业主们即使很想成立业委会，如果没有一个敢于站出来组织业主联名的人，这个小区是不会达到符合业主联名要求筹备首次业主大会条件的。即使一个小区里有敢于站出来组织业主联名的人，常常因为没有公开成型的联名模式，也会被指导部门的口头要求责难住。

（三）小区业主委员会成立难，难在筹备工作阻力大

现实中，许多小区业主因为物业服务质量差，或开发商售房承诺未兑现等多种外因，自发进行维权行动，把组织联名要求成立业委会这一正当的法定权利当作维权事项。业主们好不容易联名要求街道办事处或乡镇政府成立了筹备组，或因筹备组组长组织不力、筹备工作方法违规，或因筹备工作进展中持不同意见的业主（通常是受物业公司或开发公司唆使的业主）的投诉等，最终长达几年成立不起业主委员会。笔者把筹备工作中的这种现象叫作“以筹备的名义阻挠业委会的成立”，究其实质仍然是小区开发商或物业服务公司阻挠成立业委会的另一种表现形式。这种表现形式或者直接间接拉拢筹备组长瞎指导，或者慷小区公共利益之慨拉拢少数业主瞎胡闹，达到首次业主大会召开不成功之目的。

（四）业主委员会运行难

小区业主委员会在艰难中成立起来，一旦依法履职，开展清理小区共有物业及其收益业务，必然遭到前期物业公司、小区开发商的抵制，业主委员会很难获取小区共有物业收益的第一手资料。业主委员会开展选聘物业服务企业工作更是难上加难，前期物业公司有些只接受续聘，有些甚至连续聘都不配合，当业主委员会启动公开选聘物业公司程序时，前期物业公司便制造

各种阻力，鼓动一些业主站出来反对业主委员会，给外界造成没有业主委员会时小区表面平静，业主委员会履职时小区开始混乱的印象。社区、街道、房管甚至市长热线等信访不断，造成一种“业主委员会搞乱了小区”的假象。这个时候，相关官方人士开始出面“维稳”，找业主委员会工作上的瑕疵或纰漏，召开小区物管纠纷协调会，结果基本上维了前期物业公司的稳。业主委员会在没有办公经费支撑、没有任何工作补贴的情况下，艰难地开展工作，遭到官方出面“维稳”之后，基本上筋疲力尽，只能做一个无可奈何的“维持会”或者解散。加之，小区业主委员会委员基本没有业委会工作实践经历，也没有接受相关专业教育，任职之前也没有参加过系统培训，完全是“摸着石头过河”。业主委员会在这种情况下运行，是很难依法合规的。

（五）街道购买社会组织能力弱

四川省人大已将小区业主委员会的成立及业主委员会运行的指导监督职责，从区县房地产主管部门转移下沉给小区所在地街道办事处或乡镇人民政府。这是一项十分切合实际的决定，可以加快小区业主委员会的成立，有利于指导小区业主委员会依法运行，有利于小区建设与社区建设的统筹。但是，街道办事处和乡镇人民政府承接这项任务的准备很不充分，包括内设机构的相应设置与内行人员的配备都不到位。于是，社区居委会便理所当然地协助街道办事处或乡镇人民政府完成这项任务。当前和今后一段时间普遍存在着街道及社区指导小区业委会的成立和运行业务上的“外行”。对此，一些街道及社区开始购买成都市新兴社区发展中心这样的专业机构的咨询（指导培训）服务，专业机构一边帮助街道及社区成立和运行小区业委会，一边为街道及社区相关工作人员提供咨询辅导服务。

三　业主委员会的发展对策

针对业主委员会的生态现状，尽快出台促进四川业主委员会健康发展的政策。

第一，省、市（州）、区（县）人民政府强化民政部门主管社区职能，将商品房住宅小区和老旧院落小区一并纳入社区治理范畴，整合管理老旧小区的院落管理委员会与管理商品房小区的业主委员会的职责。街道办事处、乡镇人民政府应指导社区居委会和小区业主委员会将居民自治组织的居民小组长、院落楼栋长、单元代表、议事会成员等与业主自治组织的业主委员会委员、业主监督委员会委员、楼栋代表、单元代表等充分整合。在保障住宅小区全体业主按照《物权法》及国务院和四川省《物业管理条例》规定自主管理共有物业的同时，加强小区综合建设，营造小区文化氛围，开展小区居民人文关怀。

第二，各级民政部门应将小区业主委员会列入社区社会组织重点扶持发展工作。区县财政应增加扶持社区社会组织发展的专项资金，街道办事处、乡镇政府每年安排专项资金购买专业社会组织培训辖区业主委员会的服务，鼓励社区公共服务资金培育小区业主委员会。

第三，市、州人民政府财政每年应当安排一定资金，由民政部门的社区建设部门组织培训街道办事处、乡镇人民政府社区办公室工作人员和社区“两委”工作人员，提高基层社区工作者指导小区自治水平。改变当前“外行”指导小区业主委员会的局面。

第四，省、市（州）、县（区）建设主管部门要加大对房地产开发企业和物业服务企业的监管力度。建设主管部门用行政执法手段督促小区开发企业全部移交商品房小区资料、及时申请召开小区首次业主大会并足额支付筹备经费。物业主管部门用行政执法手段督促物业服务企业积极支持小区业主委员会依法召开业主大会公开选聘物业服务企业，用优秀的物业服务方案公平参与小区业主大会的依法公开选聘，必须杜绝物业服务企业干扰业主大会的公开选聘物业服务企业或自治管理活动。

第五，省、市（州）、县（区）各级民政部门尤其是区、县民政部门应积极支持业主委员会联合会之类的小区业主自治组织联合体登记。业主委员会联合会之类的小区业主自治组织联合体不但不会影响“维稳”，反而会有

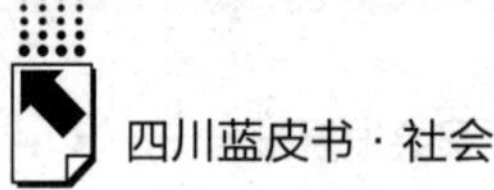

助于疏通和化解小区物业管理方面的矛盾纠纷，有助于提高业主委员会自治小区的能力，帮助基层政府或社区治理小区。不仅如此，各区、县民政部门还应当积极探索小区业主大会法人化登记试点。业主大会登记成法人，才能将建筑区划内的属于全体业主共有的物业登记到业主大会名下，切实维护全体业主共有的物业合法权益。

B.5

四川社会组织体制建设发展报告

刘宗英*

摘　要：　近年来，四川的社会组织得到了快速发展，社会组织体制建设不断加快，涵盖监管、支持、治理、运行以及与政府合作互动的现代社会组织体制逐步构建成型。在这一过程中，无论政府还是社会组织都面临着制度转型时期的困惑，完善现代社会组织体制需要以政府为主体建立监管、政策、法治体制，以社会组织为主导，建立资源、能力、自律体制，以公民为主导建立问责、合作、治理体制。

关键词：　社会组织　现代社会组织体制　体制建设

2012年11月党的十八大和2013年3月发布的《国务院机构改革和职能转变方案》明确提出了“加快推进社会体制改革”。全面的社会体制改革是一个庞杂的系统工程，社会组织体制改革是社会体制改革的第一阶段。2013年3月国务院办公厅发布的《关于实施〈国务院机构改革和职能转变方案〉任务分工的通知》中明确提出，对行业协会商会类、科技类、公益慈善类、城乡社区服务类社会组织实行民政部门直接登记制度，依法加强登记审查和监督管理；健全社会组织管理制度，推动社会组织完善内部治理结构；逐步推进行业协会商会与行政机关脱钩，探索一业多会，引入竞争机制，到2017年基本形成政社分开、权责明确、依法自治的现代社会组织体

* 刘宗英，四川省社会科学院助理研究员。

制。加快建设现代社会组织体制是深化社会体制改革的内在要求。围绕着党中央建立现代社会组织体制的具体目标和工作部署，四川省委十届四次全会通过的《中共四川省委关于贯彻落实党的十八届三中全会精神全面深化改革的决定》将社会体制改革列为六大体制改革之一，提出要激发社会组织活力，按照政府保障的基本原则，建立完善社会产品和服务提供制度。四川省委、省政府办公厅《关于印发〈贯彻落实省委十届四次全会重要部署责任分工方案〉的通知》中明确了社会组织管理发展的任务，即“加快社会组织管理体制改革，限期实现行业协会商会与行政机关脱钩；逐步扩大直接登记范围，简化登记手续，重点培育服务经济、服务民生的组织，鼓励发展与公共利益、基层自治等相关的组织；加强对社会组织和在川境外非政府组织的管理，依法规范其开展活动”。2014 年、2015 年，支持社会组织参与社会服务的相关工作均被列入四川省政府工作重点改革事项。在此之下，全省各地均将社会组织管理改革内容写入了全面深化改革方案，其中一些县（市）以党委政府或两办名义出台了有关社会组织改革发展的文件。全省各地积极探索适应现代社会组织发展的体制，积累了丰富且卓有成效的地方经验，四川省成都市、遂宁市及成都市锦江区被确定为全国社会组织建设创新示范区。

一　四川省社会组织发展概况

四川省位于中国大陆西南腹地，是中国重要的经济、工业、农业、军事、旅游、文化大省。据 2014 年的数据统计，四川省辖区面积 48.6 万平方公里，居中国第五位，经济总量 28536.7 亿元，位居全国第八、西部第一，人均生产总值超过 4000 美元；年末常住人口 8140.2 万人，居全国第四位，城镇化率 46.3%。四川是多民族聚居地，有 55 个少数民族，490.8 万人。与经济、社会发展水平相适应，四川省的社会组织具有较高的发展水平。

（一）社会组织数量增长迅速

四川社会组织的发展客观上“得益于”两次大灾难的推动。2008 年的

“5·12”汶川大地震和2013年的芦山“4·20”地震给四川经济、社会等方面带来严重破坏的同时，也推动了四川社会组织的发展。全省社会组织总数由2007年底的14784个增加到2013年底的35050个,[①] 到2014年底，四川社会组织数量持续增长到了38285个，较2007年增长了158.96%。社会组织总数占全国的6.7%，仅次于山东、江苏、广东。从类别看，2014年底，四川省有社会团体20358个、民办非企业单位17797个、基金会130个。从登记级别看，省级社会组织1717个、省级以下社会组织36568个。其中，省级有社团1079个、民办非企业单位508个、基金会130个，省级以下有社团19279个、民办非企业单位17289个。社会团体和民办非企业主要集中在基层。

（二）社会组织的资源短缺状况有所改变

汶川大地震以后，四川省的各类公募捐赠、个人赞助、基金会资助、网络募款等社会资助资源急剧增大，各级政府用于购买公共服务的基本投入规模同步扩大。在此背景下，四川省新成立了专门的群团组织社会服务中心，充分整合政府、群团以及企业资源，为社会组织提供了参与公共服务的对接大平台。这些条件使四川社会组织可调动使用的各类资源总量大大增大。

（三）愈加适应经济社会发展的需要

四川是自然灾害频发的省份，许多社会组织在抢险救灾中成长、发展，成为政府应对灾害的有力帮手。在“5·12”汶川地震抗震救灾工作中，全省有6000多个社会组织直接或间接参与，占社会组织总数的23%。其中，5600多个社会组织向本组织成员发出了向灾区募捐的倡议，捐赠现金261674万元，捐赠棉被、药品等灾区急需物资折合人民币165839万元。300多个社会组织在第一时间组织突击队深入开赴受灾严重的都江堰市、

① 2007年数据来源于中国社会组织网：http：//www. chinanpo. gov. cn/2202/32107/yjzlkindex. html。

德阳什邡市、绵竹市等地抢救生命，救治伤员，转移安置灾民和捐赠、运送救灾物资，共抢救伤员 173886 人，救助灾民 300902 人，设置灾民转移安置点 32 个，转移灾民 128530 人。2456 个社会组织共组织 157948 名志愿者为抗震救灾服务以及为参与抗震救灾的部队和灾民提供生活服务。总的来说，四川社会组织为四川经济社会发展做出了重要贡献。如四川省教育基金会、四川省儿童基金会、四川省青少年发展基金会主动承担了地震遇难学生的救助任务。四川驼峰越野俱乐部将业余电台改装成灾区应急通信站，对灾区与省上的应急通信指挥中心的联络起到了非常重要的作用。成都市物流协会组织会员企业进驻成都火车东站，配合省民政厅实施抗震救灾物资的抢运工作，在政府运力不足、救灾物资积压、装运现场紊乱的情况下，充分发挥专业物流的优势，极大地提高了工作效率，保证救灾物资及时安全运到灾区。在灾后重建中，四川省心理学会、四川省西南心理咨询培训中心等以多种方式为灾区群众开展心理援助。异地商会组织会员企业向灾区加大投资力度，以实际行动帮助灾区重塑信心。如四川省茶叶行业协会针对地震灾区的具体现实，向省上相关部门提出了恢复四川省高山优质茶叶生产的具体建议，这些极具针对性、专业性、操作性的建议对政府制定科学的重建规划起到了重要的支持作用。

（四）社会组织人才队伍有所保障

四川省将社会工作人才作为《四川省人才发展规划纲要（2015～2020年）》的专项规划之一纳入人才强省的政策体系之中。建立了社会组织能力建设和人才培训的长效机制，完善社会组织专职人员社会保障、劳动合同、人才选拔、职称评定、技能鉴定、表彰激励等政策，注重挖掘和培育社会组织领军人才。配合全省城市街道社区体制机制创新改革，推动社会组织与社区、社会工作联动发展，大力发展社区社会组织，建立一线社会工作者岗位津贴制度，推动社会组织工作人员专业化、职业化，由专业社会组织和专业社会工作人才提供多元化的社区社会服务。2014 年 8 月，四川省成都市锦江区成立了全国首个由党委、政府主导，专门为社会组织及其工作者提供培训的机构——成都社会组织学院，为当地的社会组织发展提供了人才保障。

二　四川省社会组织体制建设现状

现代社会组织体制是党中央为适应经济社会发展的需求提出的社会建设和社会体制改革的新目标。根据王名的观点，省级层面的现代社会组织体制建设主要包括五大方面：现代社会组织的监管体制、支持体制、治理体制、运行体制，以及现代政府与社会组织的合作互动体制。以下将从这五个方面的视角考察四川社会组织体制建设情况。

（一）监管体制

监管本质上是政府对社会组织发展的风险控制，是国家与社会关系的一个侧面。近年来，四川在现代社会治理理念的引导下，主动转变观念，不断促进社会组织发展、不断规范社会组织管理、不断控制社会组织发展的风险，初步探索出了比较实用的现代社会组织监管体制，主要包括登记管理制度改革、备案机制探索，以及监督机制的完善。

1. 改革登记制度

登记是政府对社会组织进行管理的重要手段。长期以来对社会组织实行严格的“双重管理体制”在经济社会发展中已变得不合时宜，且广受诟病。按照党的十八大提出的建立现代社会组织体制的要求，四川省民政厅积极开展社会组织登记管理体制改革试点工作，探索实施直接申请登记制度，于2013年底出台了《关于开展社会组织直接登记的通知（试行）》，规定省、市、区（市）面向社会，为社会建设和发展提供公益服务，具有非营利性的行业协会商会类、科技类、公益慈善类和城乡社区服务类社会组织（以下简称“四类社会组织”）实行民政部门直接登记制度，即新成立四类社会组织不再需要业务主管单位的前置审批，可直接向民政部门申请登记。经过在成都、遂宁两地的试点，2014年11月18日四川省出台了《四川省行业协会商会类科技类公益慈善类城乡社区服务类社会组织直接登记管理暂行办法》；2015 年 5 月，根据《国务院关于取消和调整一批行政审批项目等事项的决定》和《四川省深化行政审批制度改革领导小组关于做好承接国发〔2015〕11 号等文件下放四川省行政审批项目相关工作的通知》要求，又下发了《关于贯彻落实四川省人民政府关于取消全省性社会团体分支机构、代表机构登记行政审批项目的决定有关问题的通知》，进一步简化登记手续，全面实行四类社会组织的直接登记工作。直接登记制度改革，为充分发挥社会组织在服务经济、服务民生的公共服务和基层自治等领域发挥利益调整的柔性管理作用搭建了一个重要的制度平台。实施四类社会组织直接登记以来，四川省各级民政部门已直接登记社会组织 39973 个。

2. 探索备案机制

为加快社会建设步伐，四川省成都市努力创新社会组织培育发展机制，早在 2009 年 12 月 29 日就出台了《成都市社区社会组织备案管理暂行办法》，对暂不具备登记条件的社区社会组织实行备案管理，降低基层社会组织准入门槛，启动资金从最低 3 万元降为 3000 元，社区社团类社会组织会员从 50 人降低为 20 人；并支持备案社会组织开展公益服务性、文体娱乐性活动，参与社区服务和基层治理。到 2015 年 8 月 31 日，成都市备案的社区社会组织达 2200 多个。

在试点基础上，四川省民政厅指导各市州开展社区社会组织的登记和备案工作。各市州结合实际，积极研究社区社会组织的培育发展措施，充分发挥了社区社会组织在拓展社区服务、推进社区自治、促进城乡和谐发展中的积极作用。

3. 完善监督机制

为切实规范社会组织行为，四川省不断完善监督管理机制，主要包括社会组织自律诚信体系建设、评估体系建设、档案管理等。

（1）社会组织自律诚信体系建设。四川省努力构建社会组织自律与诚信建设工作和社会组织行为失信惩戒制度相结合的长效机制，在自贡、绵阳两市试点工作的基础上，出台了《四川省社会组织行为失信惩戒制度》，对社会组织的违法和违纪行为做了明确的惩戒规定。各市州也结合实际，相继制定配套制度，如成都市出台了《关于加强社会团体规范发展的意见》，绵阳市相继出台了《关于促进行业协会改革和发展的意见》和《绵阳市行业协会试行办法》，德阳市相继出台了《德阳市社会团体财务管理暂行办法》、《关于加强民间组织管理工作的通知》以及《关于民办非企业单位使用票据问题的通知》等。目前全省85%以上的行业协会建立健全了法人治理结构，建立了行业自律公约，极大地促进了行业健康有序发展与诚信建设，对社会组织健康有序发展起到了较好的引领作用。

（2）社会组织评估体系建设（第三方评估机制）。依据民政部《社会组织评估管理办法》，四川省结合实际，出台了《四川省社会组织评估管理办法》，并对60家省级社会组织进行了评估。通过评估，建立了社会组织的社会监督与自律机制，提高了社会组织的运作能力和公信力，创造了更加有利于社会组织和公益事业发展的内部环境和社会环境，带动了社会组织建设和管理水平的提高，更好地发挥公益慈善的作用。

（3）建立社会团体档案。2010年4月，四川省民政厅印发了《四川省社会团体登记档案管理暂行办法》，在全省社会团体中建立社团档案，将档案管理作为民政依法对社团进行管理的基础，使全省社会组织从筹建、成立、变更、注销到日常活动情况，都有规范的历史记录。

（4）建设社会组织信息网。四川省多个市州建立了社会组织信息服务网，如成都、遂宁等地。通过网上平台，进一步健全和完善信息公开披露制度，充分发挥社会各界的监督作用，积极吸引各界参与社会组织的监督管理。

（5）积极推行网上年检。年检是政府对社会组织进行监督管理的重要手段。四川省努力搭建网上年检渠道，达州、巴中、阿坝等地已经实现了社会组织网上年检，省本级基金会已全部实现在全国统一管理系统进行年检。2014年参加年检的108家基金会中有77家在《中国社会报》、《四川日报》等报纸上公开了年检信息，公开率达71.2%。巴中市民政局总结出“预防管理、约谈管理、回访管理、跟踪管理、公示管理”五项管理工作法，取得比较好的成效。

（6）开展规范行业协会服务和收费行为的专项治理。四川省民政厅会同省发改委、省纠风办等多部门印发了《四川省规范行业协会、市场中介组织和收费行为专项治理工作总体实施方案》，结合行业协会的实际情况，全面开展了行业协会服务和收费行为专项治理工作。经过自查自纠、集中整治、建制规范三个阶段，对专项治理中发现的问题，进行限期整改纠正。

（二）支持体制

社会组织的支持体制主要是指国家为促进社会组织的发展而制定的各种支持性的政策和制度，主要是在培育社会组织发展、扶植推动社会组织优先参与购买服务、大力提倡优惠税收等方面。经过三十多年的改革开放，我国的市场和政府板块的发育已经比较成熟，而社会力量相对薄弱，成为制约我国整体发展的“短板”。四川的社会组织发展势头迅速，但总体上还处于发展的初级阶段，社会组织的结构、数量、能力、活力等都还有很大的提升空间。

1. 培育孵化机制

为进一步推进社会组织加快发展，2008 年 11 月 5 日，四川省民间组织服务中心、省科协、省社科联等单位发起成立了四川省社会组织促进会，为全省社会组织反映合理诉求、维护自身权益、交流合作提供了良好的服务平台。

四川各市州也积极探索，加大社会组织的发展培育力度。成都市编制发布了《成都市社会组织五年发展规划》和《成都市社会组织设立导向目录》，对社会组织的发展规模、速度、结构和布局进行科学规划，引导社会组织向专业化、精细化方向发展。成都率先成立了成都市社会组织发展基金会，注入首期引导资金 5 亿元，建成占地 4200 平方米的成都市社会组织孵化园，为社会组织提供办公空间、行政经费和能力建设、资金托管、导师辅导服务及最高 5 万元的启动资金等。遂宁市成立了“社会组织服务中心”

和全国首个“社会组织服务市场”，通过资金和项目两方面对社会组织进行扶持性培育，积极探索社会组织与社区自治互联、公共服务与社区服务互补、政府支持与社区资源互动的基层治理新模式。成都、攀枝花、德阳、遂宁、宜宾等地也先后建立了社会组织孵化基地，重点培育关系民生、群众急需的公益类、社区服务类社会组织。特别是成都市锦江区，更是在全国率先建立区（县）级社会组织管理局，在街道新设立了社会组织指导中心，承担起管理和服务职能；出台《社会组织备案管理暂行办法》以及《社区社会组织登记暂行办法》，在成都乃至整个西部地区率先实行了社会组织登记备案双轨制；建成西部首家区（县）层面的社会组织孵化中心，极大地提高了社会组织的发展成活率；成立了全国首家区（县）层面的社会组织发展基金会，为社会组织的发展提供了重要的资源支撑。

为加强社会组织人才队伍的建设，成都市锦江区成立了全国首家社会组织学院，广泛邀请权威科研单位和重点高校的相关专家学者，对学员进行系统全面的培训，为社会组织发展过程中面临的困惑和疑问在理论和实践结合的层面找到了一条重要的衔接途径。社会组织学院的成立对未来四川社会组织的加快发展和规范运作将起到非常重要的促进作用，将会成为中国社会组织发展历程中具有标志性的重要事件。

2. 税收优惠政策

根据《中华人民共和国公益事业捐赠法》和《公益事业捐赠票据使用管理办法》等相关法律法规，社会组织收入的征税及减免税办法已有相应的规定，主要是公益性捐赠者的税前扣除和社会组织自身的税收减免等政策。但在实施过程中，四川省社会组织享受税收减免的覆盖面依然很窄，税负成本比较高。未获得减免税资格的社会组织几乎都要按照与企业相同的标准缴税，主要包括25%的企业所得税和5.5%的营业税，税负甚至高于部分中小企业。社会组织未享受扣减营业税、城市维护建设税、教育费附加、所得税、增值税的政策优惠。2015年8月出台的《四川省人民政府关于促进慈善事业健康发展的实施意见》有利于进一步落实慈善事业公益性捐赠者的税前扣除政策。

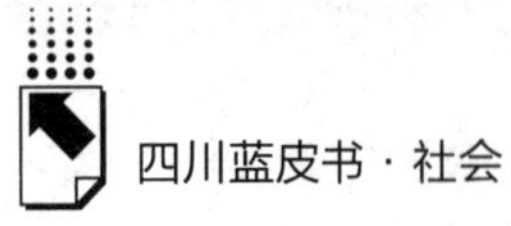

3. 财政补贴支持

四川省积极开展中央财政支持社会组织参与社会服务项目工作，2014年获批项目21个，资金660万元，项目数和资金数连续三年名列全国各省（自治区、直辖市）首位，受益群众累计逾两万人。

为进一步提升社会组织参与社会治理和公共服务的能力，成都市在2014年的财政预算中创新设立了“培育发展社会组织专项资金”，每年拿出2000万元预算资金用于支持社会组织开展社会服务项目，通过扶持项目的方式培育发展社会组织，四类社会组织是重点支持优先发展的对象。仅2014年社会组织参与的扶持项目，在民生服务方面就为29万困难群众提供了帮助和服务，提供了17万个专兼职工作岗位。截至2015年8月底，成都市扶持239个社会组织实施239个项目，受益群众约达195万人次。

4. 促进慈善事业发展

慈善事业是对社会发展事业的公益性补充，对政府主导下的社会保障体系能起到必要的、正面的积极辅助作用，在本质上也可以说是一种社会再分配的创新实现形式。为了促进慈善事业长效机制的建立，2015年8月11日，《四川省人民政府关于促进慈善事业健康发展的实施意见》（以下简称《意见》）出台，提出到2020年，基本实现慈善事业体制机制协调顺畅，扶持政策基本完善，监管体系健全有效，慈善行为规范有序，慈善活动公开透明，慈善组织和服务覆盖城乡，社会捐赠积极踊跃，志愿服务广泛开展，全社会支持慈善、参与慈善的氛围更加浓厚，慈善事业成为社会救助体系的有力补充，成为全面建成小康社会的重要力量。为确保目标的实现，《意见》提出了落实税收优惠、提供金融服务、加大资金支持力度、大力宣传表彰、强化人才保障[①]等五项措施。

（三）互动体制

政府与社会组织之间的关系是现代社会组织体制的核心。受过去长期的

① 《我省建设统一慈善信息平台》，《四川日报》2015年8月16日。

计划经济影响，在我国“强政府－弱社会”的格局下，社会的功能发育和力量发挥严重不足。现代国家治理体系下的政府部门必须要与社会组织进行合作治理。目前的状况下，由于政府与社会组织的力量对比仍然具有高度的不对称性，所以两者之间合作与冲突的关系基调，主要还是取决于政府的决心和行为。《中共四川省委关于贯彻落实党的十八届三中全会精神全面深化改革的决定》中提出要加快政府职能转变，合理构建政府职能体系、深化政府机构改革、深化行政审批制度改革等举措，切实厘清政府职能的边界，以期建构起政府与社会组织合作互动的新型共治关系。

1. 厘清政社关系

早在2007年《国务院办公厅关于加快推进行业协会商会改革和发展的若干意见》出台后，四川省就拟定了《加快推进行业协会商会改革和发展的意见》，并在成都、攀枝花两市开展试点，采取政府部门与行业协会之间的人、财、物脱钩，职能脱钩以及编制脱钩等措施大力推动“政社分开”，通过转换政府职能、部分授权、购买服务等政策扶持方式实现行业协会转型，积累了丰富的经验。为积极稳妥推进四川省行业协会商会与行政机关脱钩工作，2014年，四川省出台《四川省行业协会商会与行政机关脱钩工作方案》，2015年成立行业协会商会与行政机关脱钩联合工作组，指导和督促各地行业协会商会与行政机关脱钩工作；此外，还对退（离）休领导干部在社会团体兼职工作的情况进行了清理、规范，切实解决政社不分、主体不清、职责不明、行政依附性强等诸多问题。

同时，持续推进行政审批制度改革，2015年，四川省共取消调整2批236项行政审批事项，目前省本级保留行政审批项目281项，有16个市（州）保留行政审批项目在200项以下，其中南充市最少，仅为89项。2015年6月，四川省社情民调中心组织开展的四川“简政放权”政策落实情况专题调查结果显示，98.1%的受访者认为政府应该“简政放权”，对当前“简政放权”的满意率达92.8%，对行政审批、资质资格、收费清理、商事制度等“简政放权”的主要改革措施及优化服务政策的满意率均在90%以上。

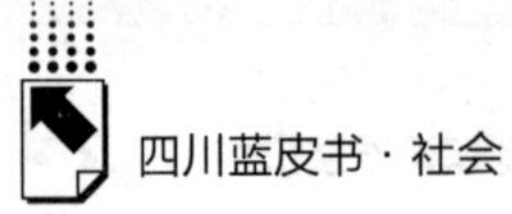

2. 明确购买政策

在逐步明晰政社关系的基础上，可将由政府部门承担的具体的社会事务、微观层面的经济调节职能以及专业技术服务职能归还、转移或委托下放给具有相应能力的社会组织来承担。2014 年 7 月 19 日，《四川省人民政府办公厅关于推进政府向社会力量购买服务工作的意见》及其指导目录，确定了基本公共服务事项、社会管理服务事项、行业管理与协调事项等 7 个大类共计 267 项政府向社会力量购买服务的内容。四川省民政厅据此拟定了《四川省民政厅关于社会组织承接政府购买服务有关事项的通知》，明确了社会组织承接政府购买服务的主体、对象、内容、资质等方面的要求。四川省遂宁市早在 2012 年就提出了分三步走来基本实现公共服务的政府直供、直管到政府购买、监管的转变：2013 年在市级市政管理、公共就业、医疗卫生、文化体育、健康养老等领域开展试点，2014 年实现重点领域突破，2015 年实现应购尽购。经过三年的探索，遂宁市购买项目从 2013 年的 17 项增加到 2015 年的 60 项，购买资金从 4469 万元增加到 3 亿多元，逐步摸索出了政府购买服务的管理制度和操作流程。

2015 年 8 月，《四川省财政厅关于印发政府向社会组织购买服务项目政府采购工作流程的通知》对购买服务进行了进一步的规范。2014 年，四川省共有 11 个市州开展了政府向社会组织购买服务工作，累计购买服务资金达 2.07 亿元，各级民政部门共安排福彩公益金 474 万元用于向社会组织购买养老、助残等服务。

2012 年底成都市提出"采取政府购买方式提供公共服务"的思路，并从 2013 年起在市级市政管理、公共就业、医疗卫生、文化体育、健康养老等领域开展试点。经过近两年时间的探索和实践，成都市政府购买公共服务从 2013 年的 17 个项目扩大到 2015 年的 5 类 34 个项目，整合的购买资金从 4469 万元增加到 20046 万元，并在实践中初步摸索出了政府购买服务的管理制度和操作流程。

四川省还在探索充分发挥市场机制，将适宜于行业协会商会行使的各项职能，通过购买服务，通过依法移交、委托和授权等方式下放给行业协会商会，并积极探索相关事项的备案制度，支持行业协会商会依法开展活动，承担相应的公共服务职能。

（四）现代社会组织的治理体制

治理体制是基于“自治”和“共治”的构想，在政府引导、社会参与的基础上建构并形成的一种社会公共事务的管理制度。就四川而言，“4·20”芦山强烈地震发生后，四川省抗震救灾指挥部及时成立抗震救灾社会管理服务组，创设“雅安抗震救灾社会组织和志愿者服务中心”，探索群团部门与社会力量“跨界”合作，统筹协调社会力量依法、有序、有效参与抗震救灾和灾后重建，初步摸索出“党政领导、群团实施、社会协同、公众参与、法治保障”的工作模式①。

为充分发挥各类群团组织联系服务群众的枢纽作用，有效协调与社会力量共同参与社会治理，四川省委、省政府决定将灾区社会管理服务工作经验从点到面、从应急到常态、从灾区到非灾区拓展，成立省群团组织参与社会治理协调小组，由四川省委常委、省政府分管领导牵头负责，整合财政、发改、民政、教育、公安等16个部门共同运作。在协调小组领导下，四川省总工会、共青团四川省委员会、四川省妇女联合会、四川省科学技术协会、四川省残疾人联合会、四川省归国华侨联合会组建了全国首个由省级群团组织联合成立的四川省群团组织社会服务中心。

四川省群团组织社会服务中心将自己的工作定位为社会组织的“小伙伴”、公益项目的“枢纽站”、公益行动的“加油站”、社会协同的“服务员”。通过建立群团组织参与社会治理工作的协调机制，加强了省级部门与相关群团部门之间的横向联动，集中整合了群团部门所掌握的资源和社会各界的支持性项目，建立起了互通信息、共推项目、共享资源的大协同工作格局，整体上放大了群团部门对各类社会力量的凝聚和协同功能。

在整合资源方面，四川省群团组织社会服务中心2014年累计对接公益

① 《服务民生改善 促进社会和谐省群团中心》，《四川科技报》2015年4月10日。

项目178个，资金2.11亿元；统一整合发布群团购买社会服务项目114个、项目总金额达3500余万元；通过召开公益恳谈会和项目洽谈会，加强与企业沟通对接，累计联系国电大渡河等企业90余家，争取合作资金1.1亿元。

在带动基层组织方面，到2015年11月底，四川省群团组织社会服务中心在全省建立起了省、市、县、乡、村（社区）五级组织体系，其中包括一个省级群团服务中心，12个市级中心，103个县级中心，400余个乡镇、街道（社区）服务点，甘孜、阿坝藏区和凉山州木里县等民族地区试点建设的60个藏区群团社会服务站，推动省、市、县三级中心统筹开展理论研究、项目推介、交流培训等方面的工作，带动了全省社会工作的快速发展。

（五）现代社会组织的运行体制

现代社会组织的运行体制是一种将组织行为管理与运转绩效融为一体的良性循环体系，它需要明确的法治保障、健全的政策支持和完善的社会监督，以保证其内部治理结构、信息流动、专业服务能力符合现代组织运行的需求。其中，“公平、透明、问责、高效”是较为公认的现代社会组织运行体制的四大原则。

近年来，四川省按照民政部的相关工作要求，先后出台了《关于推进行业协会商会诚信自律建设工作的意见》、《四川省社会组织行为失信惩戒制度》、《四川省基金会评估实施办法》、《四川省人民政府办公厅关于推进政府向社会力量购买服务工作的意见》、《四川省社会组织评估管理办法》等政策法规，督促社会组织逐步完善以社会组织章程为核心的社会组织法人治理结构，建立起公开、民主的决策程序；对组织信息、财务信息和活动信息以及与公益相关的其他信息等进行了最大限度的公开。同时引入竞争机制，在政府购买服务中通过公开择优的方式进行资源配置选择，这些措施都推动着四川社会组织逐渐发展专业化、企业化、市场化、现代化的运作体制。

三　四川社会组织体制建设中的问题与思考

社会组织管理体制的改革已呈不可逆转之势。在这样的背景下，四川省按照中央的要求，积极推进相关政策的落实，先行先试，主动探索创新，努力构建适应现代社会发展的新体制，取得了较好的成效。但这一过程也面临着诸多困难和问题，主要涉及政府、社会组织与政社关系三个方面。

（一）社会组织体制建设中的问题

1. 政府的困惑

政府的困惑和担忧很多，如直接登记管理制度出台后，为什么只有负责登记的民政部门要承担监管责任？民政部门缺乏人力、物力、财力，无力承担监管责任该怎么办？登记管理机关和政府其他职能部门职责不明，比起民政部门，原来对应的业务监管部门更加熟悉业务，到底谁担当监管主体更合适？如何监管更科学？监管与登记的责任又如何划分？社会组织到底能不能承接好政府转移的职能？等等。这些困惑和问题，大多涉及对社会组织的发展认可度和相关的法律法规建设。

2. 社会组织的问题

社会组织的健康运行涉及组织战略、专业能力建设、管理制度设计、公信力塑造、人力资源开发与志愿者团队管理以及专业的财务管理等方面的问题。当前我国的社会组织虽然处于飞速发展的进程中，但是“散”、“小”、“弱”的状况仍然是亟须解决的共性问题，其治理结构往往有形无质，规范化制度化建设相对欠缺，专业发展与战略定位模糊，既对政府不信任又对政府有依赖，既缺人才又缺资金，时常处于使命与活命的矛盾之中。这些问题集中凸显了社会组织发展过程中面临的社会责任、服务能力、制度体系、公民素养等因素交织在一起的复杂局面。

3. 社会组织与政府的关系问题

政府与社会组织之间既有合作也有冲突。社会组织管理体制体现的是政社关系，是政府控制社会风险的重要手段。我国的社会组织管理体制先后经历了分散管理体制、归口登记体制、双重管理体制，现在进入直接登记与双重管理体制并存的时期。在现阶段这种体制下，政府与社会组织之间究竟是伙伴关系还是雇佣关系？政府与社会组织各自的职责边界在哪儿？政府如何培养起适应社会发展的社会组织？中国的政社关系和西方的政社关系有何区别？中国的传统文化在现在的政社关系建设中有何功能？怎样运用道德和法治的手段形塑政府和社会之间的良性互动关系？等等。这些问题与社会组织和公民的责任感、社会组织的法律法规不健全有关。

（二）有关现代社会组织体制建设的思考

现代社会组织体制形成的过程，也是国家和社会全面深化改革的过程，政府、社会组织与公民三个层面的主体是最重要的参与者和构建者。因此，现代社会组织体制的建设需要考量这三个层面的有序推进。

1. 以政府为主体建立监管、政策、法治体制

《中共中央关于全面深化改革若干重大问题的决定》指出，“要推进社会治理能力现代化，就要正确处理好政府和社会的关系，充分发挥社会组织在社会治理中的重要作用”，“政府要加强发展战略、规划、政策、标准等制定和实施，加强市场活动监管，加强各类公共服务提供”。就现代社会组织体制建设来说，政府需要注意以下几个方面的问题。

（1）建立事中事后监管体制，做好“放”、“管”结合。为此，要提升监管意识，落实监管责任，改变以前重事前审查重审、轻事中事后监管，权责不清晰的状况；要在国家相关法规的支持下，转变监管的方式，以法治思维和法治方式加强执法，依靠社会信用体系建设加强社会组织监管，引入第三方评估完善对社会组织的监管。

（2）探索社会组织管理新机制，为全国的社会改革提供借鉴。社会体制改革是全国上下面临的一项极其复杂的系统工程，其中许多问题有待进一步探索、寻解。四川省可以充分利用成都市、遂宁市及成都市锦江区被确定为全国社会组织建设创新示范区的机遇，积极探索适应现代社会组织的管理

体制机制建设，比如社会组织的市场化、专业化、企业化的运行体制，为全国的改革提供借鉴。

（3）尽量优化公共服务，建设效能型政府。西方国家的社会发展经验证明，不管是基本的、普通的，还是专业性、技术性的公共产品服务，政府直接提供的成本往往比由社会组织提供的成本更高。因此，政府应逐渐从“大小全包”的全能型政府转变为提供最核心、最具优势的公共服务产品的效能型政府，着重在构建多元化、社会化的公共服务供给体系中，为市场、社会主体创造平等的竞争环境和提供服务。

2. 以社会组织为主导建立资源、能力、自律体制

在社会组织层面，现代社会组织体制建设主要涵盖了专业能力建设、品牌形象推广、组织使命远景设立、战略发展定位、完善治理结构、加强自律等方面。

（1）强化能力建设。随着基本公共服务体系的建设和购买服务的快速发展，政府需要一批“接得住、做得好、放得手”的社会组织来承接服务，对社会组织的能力要求将会越来越高。但目前四川省的社会组织发展仍需不断强化，就全国社会组织建设创新示范区遂宁市来说，2014年，政府购买服务涉及资金超过 2 亿元，但其中社会组织只占 4600 万元，不到 20%。

（2）逐步引入效果投资市场。丁元竹对 42 个国家的研究发现，非营利组织收入的 50% 来自自己的运营，36% 来自政府，14% 来自慈善捐赠。当前，我国社会组织发展面临的主要困难之一是缺乏资金。在这个问题的解决方面可以借鉴国际经验，2000 年出现在英国的效果投资市场正在广泛扩张，在经济社会变迁中发挥着越来越重要的作用。社会问题常常是复杂的系统性问题，一般都需要长期可持续的投资来深入解决，不仅需要政府或慈善资金的支撑，更需要取得社会取向的专业性公司的长期资金承诺。但对社会取向的专业性公司来说，它们需要对社会效益进行计量。因此，效果投资市场可以为这些把社会效益作为核心目标的企业提供平台。

（3）加强自律联盟建设

节约交易成本的市场规律会促成社会组织在发展中不断地形成自发的联合型组织，自律联盟是重要代表。社会组织可以通过发展自律联盟，以多种方式提升社会组织的自我规范能力，可以通过行业倡导、声誉保护、统一标准、互相合作等方式来不断地加强自我规范。这样的自律联盟对提高社会组织的公信力有着极为重要的意义，对其长远发展将产生战略性的影响。

3. 以公民为主导建立问责、合作、治理体制

我国社会组织的发育客观上面临着先天不足的文化基因缺失。历史上长期“大一统”的中央集权统治传统使我国相对缺乏公民文化的基因，公民参与、监管、合作的意识和能力距离现代社会治理体制的要求有较大差距。因此，在现代国家治理的架构下，国家需要着重培育统一的核心价值观念，激发公民个体的治理力量，大力培养公民的法治意识、规则意识与责任意识，推进社会治理的个体基础不断发育。

参考文献

丁元竹：《现代社会组织体制建设的国际视角》，《中国社会组织》2013 年第 2 期。

王名、张严冰、马建银：《谈谈加快形成现代社会组织体制问题》，《社会》2013 年第 3 期。

石国亮：《中国社会组织成长困境分析及启示——基于文化、资源与制度的视角》，《社会科学研究》2011 年第 5 期。

王名：《我国社会组织改革发展的前提和趋势》，《中国机构改革与管理》2014 年第 Z1 期。

杨丽：《推动政府与社会互动合作 加快形成现代社会组织体制——第三届中国社会管理论坛之“加快形成现代社会组织体制”分论坛综述》，《学会》2013 年第 6 期。

彭澎、吴保生：《创新社会组织管理机制研究》，《中共四川省委党校学报》2011 年第 1 期。

朱巍巍：《建立现代社会组织体制：社会建设和社会体制改革的重要目标——建立

现代社会组织体制专家座谈会综述》，《中国民政》2013 年第 1 期。

2014 年四川省人民政府工作报告：《扩大社会参与，加大社会组织培育引导力度，构建与社会组织发展相适应的登记管理、购买服务等制度》。

2015 年四川省人民政府工作报告：《加快行业协会商会与行政机关脱钩，加大中介机构监管力度，支持社会组织参与社会服务》。

隆敏：《四川省群团组织社会服务中心促进社会和谐 服务民生》，据央广网：http：//sc. cnr. cn/sc/2014fz/20150409/t20150409_ 518278908. shtml，2015 年 4 月 9 日。

B.6

四川群团服务中心发展现状调研报告

张雪梅　方璐堃　陈 序*

摘 要： 为充分发挥群团优势、整合社会力量、切实解决服务群众“最后一公里”问题，2014年3月，四川省群团服务中心成立。同时，四川省部分市州开始探索群团服务中心工作推进方式。随着四川省不断增强对群团服务中心工作的组织领导和经费支持，经过近两年的发展，四川省已基本搭建起省—地市州—区县—社区四级联动的群团服务中心工作平台和组织架构，努力服务社会组织，积极开展各类活动，为进一步明确群团服务中心法律地位、理顺群团服务中心工作机制、完善群团服务中心工作内容、提高群团服务中心工作能力奠定了有力基础。

关键词： 四川　群团服务中心　工作体系

一 调研情况

（一）调研背景与目的

2013年4月20日四川省雅安市芦山县发生7.0级地震后，大量社会组

* 张雪梅，四川省社会科学院青少年发展研究中心副主任，副研究员；方璐堃，四川省社会科学院社会学专业研究生；陈序，四川省社会科学院社会学所实习研究员。

织和志愿者参与到抗震救灾工作中，为引导社会组织依法、有序、有效参与抗震救灾，四川省抗震救灾指挥部社会管理服务组成立了社会组织和志愿者服务中心。基于雅安社会组织和志愿者服务中心在抗震救灾及灾后重建中发挥的作用，2014 年 3 月四川省群团服务中心成立，同时部分市州开始探索群团服务中心工作推进方式。经过近两年的发展，群团服务中心工作现状如何，群团服务中心是否已经建立完善的工作机制，不同层级的中心如何发挥各自应有的功能，如何更有效地运行，从而在新形势下整合群团部门资源，充分发挥党委政府和人民群众的有效联结作用，成为常态社会治理中的重要一元，成为本研究的重要问题。

（二）研究内容、过程及方法

1. 研究内容

根据本课题研究的目的，研究内容主要包括四个方面：一是各市（州）、县、乡（镇）建立、运行群团服务中心的基本情况；二是雅安群团服务中心的运行经验总结，特别是从应急状态向常态社会转型的条件和工作机制；三是按照利益相关方的情况，分析各级群团服务中心的功能定位、权责职能、工作路径和方法；四是梳理群团服务中心与群团部门和政府职能部门之间的关系，分析并提出其协同发展的工作机制、工作体系架构。

2. 调研过程

根据调研内容，在全省范围内选取七个具有代表性的地点，包括自贡、宜宾、雅安、乐山、甘孜州、广元和成都；实地调研时间为 2015 年 5 月下旬至 8 月底。

3. 研究方法

根据课题研究内容，本课题调查对象为群团服务中心工作人员、群团部门工作人员、相关政府职能部门（如民政部门）工作人员、入驻群团服务中心的社会组织（含公益慈善类社会组织和基金会）、社区受益群体（在各级群团服务中心工作中受益的社区及居民）。调研方法采用半结构访谈法和焦点组访谈法（见表 1、表 2）。

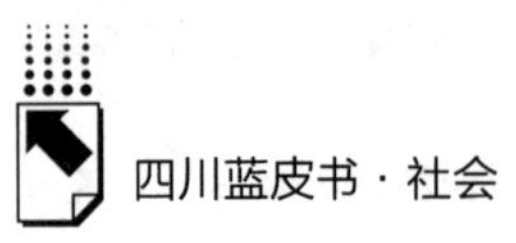

表1 半结构访谈

调查对象	抽样方法	访谈人数
群团服务中心	在七个调研地点的群团服务中心进行 BEI 深度访谈，总体上应当涵盖市(州)、县、乡三级中心，即自贡(乡镇)、宜宾(县、乡镇)、雅安(市、县、乡)、乐山(市级)、甘孜州(县级)、广元(市级)和成都(市级)，下同	10
社会组织	在每个调研地点的各级群团服务中心分别选取 2 个社会组织，及 1 个当地未入驻中心的社会组织进行 BEI 深度访谈	30

表2 焦点组访谈

调查对象	抽样方法	访谈人数
群团服务中心	在每个调研地点的群团服务中心选取工作人员组成 7～9 人小组，进行焦点组访谈	10
政府职能部门	根据每个调研地点的情况，对当地建立群团中心涉及的重点政府职能部门进行 BEI 访谈，涉及工、青、妇、残、侨和科协等 6 部门	7
社区受益群体	在每个调研地点选取群团中心直接或间接服务的社区居民组成 7～9 人小组，进行焦点组访谈	10

二 群团服务中心工作体系建设现状

通过对四川省 7 个地（市、州）群团服务中心工作体系的实地调研，我们了解到，现阶段根据各地群团服务中心直接服务对象的不同，可以将已建立的群团服务中心分为两大类：第一类是以社会组织为直接服务对象，通过培育、孵化、管理和服务社会组织来服务普通群众的群团服务中心；第二类是以村社居民为直接服务对象，依托居民活动中心开展各类形式的主题活动的群团服务中心。

（一）以社会组织为直接服务对象的群团服务中心发展现状

以社会组织为直接服务对象的群团服务中心主要建立在社会组织数量较多的地区，例如雅安市、广元市、成都市、乐山市等，这些地区社会组织发育情况良好，组织类型多样化，涵盖教育、环保、养老、社区治理等多种服务内容，多数村社级活动已由社会组织来开展，因此群团服务中心主要负责为已有的社会组织提供服务，在它们开展活动时协调场地、人员支持，培育本土新兴的社会组织，帮助本土新兴的社会组织入驻中心，为其提供办公场所，引导其注册、登记、申请项目等。

1. 雅安市群团服务中心

目前，雅安市的群团服务中心发展建设工作走在了全省各市州前列。如表3所示，截至2015年7月，雅安市共建成1个市级群团服务中心、8个县（区）级群团服务中心、116个乡（镇）街道群团服务中心，覆盖了市、县（区）、乡（镇）三级行政区域。上述中心建设资金主要来源于灾后重建专项资金，工作人员现由各群团部门抽调人员作为专职领导层，同时向社会招聘专职人员（志愿者）共156名，其中各乡镇服务站点1名专职人员（志愿者）（共116名），每个县（区）服务中心四个部门各部门1名共4名专职人员（志愿者）（共32名），市级服务中心四个部门各部门2名共8名专职人员（志愿者），办公大楼由政府划拨，为中心正常运转提供了资金、场地和人员保障。

表3　雅安市群团服务中心基本情况

单位：个，人

项目	市级群团服务中心	县（区）级群团服务中心	乡（镇）街道群团服务中心	专职工作人员（志愿者）	现轮值单位
雅安市	1	8	116	156	市妇联

（1）组织框架和组织管理

如图1所示，雅安市群团服务中心在雅安市群团组织参与社会治理协调小组领导下开展工作，市群团组织参与社会治理协调小组定期召集各成员单位及市级相关部门联席会议，就群团服务中心重要事项进行专题研究，并负责建立、健全群团组织社会服务中心体制机制、规章制度和体系建设。市级群团服务中心主任由工、青、妇、残、侨和科协六家主要群团组织负责人轮

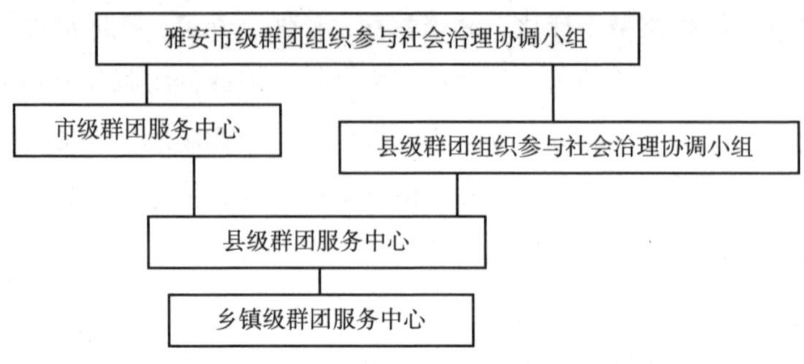

图1　雅安市群团服务中心基本架构

职担任（现由妇联主席担任），中心副主任是由具备相当专业水平和相关工作经验的人员以及各群团部门抽调一名副职担任，选聘群团组织社会服务专项志愿者为专编工作人员。在市群团组织参与社会治理协调小组的领导下，市群团服务中心负责整合和承接政府购买服务资源、群团部门自身资源、社会组织和企业公益资源，建立社会公共服务资源库；搭建党委政府、群团部门、企业、社会组织和志愿者沟通平台，建立健全服务社会组织和志愿者的规章制度，指导社会组织建立党群组织，搭建社会组织有序参与突发事件应急平台；制定社会组织培育发展总体规划和实施方案，联系引进专业化社会组织到雅安开展工作，引导本地社会力量登记注册，为社会组织成立发展提供保障，加强本地社会组织能力建设；建立社会服务项目需求库，定期发布社会服务需求项目，推动项目需求有效对接；推动购买社会服务，协同社会服务项目落地实施；开展项目绩效评估，建立以群团组织为枢纽的社会组织体系。

雅安市县级群团服务中心在县群团组织参与社会治理协调小组领导下开展工作，同时接受市级群团服务中心的业务指导。县级群团服务中心主任由共青团县委书记兼任，县级群团服务中心副主任由具备相当专业水平和相关工作经验的人员担任，选聘专项志愿者为专编工作人员。县区群团服务中心负责有效承接政府购买社会服务资源、上级群团部门资源、社会组织和企业公益资源；收集群众需求，并将其归纳整理为社会公益项目；加强与党委政府有关部门的沟通协调，提供项目实施要素保障；依托承接和整合的各界资源，推动购买社会服务；有效协同项目实施，强化项目管理，引导本地群众建立行业协会类、公益慈善类、社区发展类、生计发展类的社会组织和志愿服务团队，并在登记注册、项目支持、能力发展、党群组织建设等方面予以帮助和支持。

雅安市乡中心由乡（镇）街道群团组织组成单位共建，乡级群团服务中心主任由乡（镇）街道分管群团工作的班子成员兼任，乡级群团服务中心副主任由乡（镇）街道团委书记担任，选聘专项志愿者为专编工作人员。乡（镇）街道群团服务中心负责合理配置项目资源，确保公益项目有效实施；收集群众在生计发展、精神文化生活、社区服务、权益维护等方面的需求；广泛发动基层群众成立社区互助互益性各类组织，参与城乡社区治理、基层公共事务和公益事业。①

（2）中心部门分工

雅安市群团组织社会服务中心下设服务部、项目部、综合部、宣传部4个部门，各部门相互联系、各司其职。

服务部主要职责包括：社会组织和志愿者（团队）登记、报备，收集社会组织和志愿者（团队）信息材料；对登记报备的社会组织和志愿者（团队）的资质进行审核，办理相关入驻手续；及时对接、联系、协调社会组织，收集社会组织和志愿者（团队）在村（社区）开展活动等工作的信息材料，并对社会组织情况进行摸排，按需协调组织社会组织开展志愿服务，并发放志愿者服务证和志愿服务证书；为新兴社会组织提供免费的办公场所、前期运行经费和项目资助费，并对孵化期社会组织项目进行督导，协助出壳社会组织落地社区；围绕行政管理、项目管理、法律法规、财务管理和网络技术对社会组织展开培训，指导新兴社会组织进行内部制度建设，为社会组织推介专业人才，协助新兴社会组织与基金会和其他政府机构建立联系，发展和完善外部支持网络；引导社会组织之间开展经验交流与分享、业

① 资料来源：雅安市群团服务中心工作手册。

务互助和项目合作活动，协助社会组织与社区服务项目资源共享，促进项目对接，协助新兴社会组织进行服务宣传与成果展示，为创建本地社会组织品牌和社会服务项目品牌提供平台。

项目部主要职责包括：项目需求调查，着眼基层需要、党政关注、群众关注，搞好灾区群众项目需求调查、咨询接待、登记、报备、统计项目基本信息，建立项目信息数据库；项目发布对接，整合公共建设、社会组织、灾区群众三方项目需求，不定期发布项目供求信息，实现有序高效的项目对接；项目协调实施，做好项目的协调服务和后续支撑，确保快速、高效地推动项目实施；承接政府购买项目，积极承接党委政府、灾后重建社会管理组、基金会等委托购买的社会服务项目，建立科学的规章制度和操作流程，组织实施购买服务，监督指导项目执行。

综合部主要职责包括：综合协调，负责对内、对外的联络、沟通、协调工作；公文流转，负责中心公文流转、信息报送等工作；后勤保障，负责中心正常运转的后勤保障工作；会议服务，负责中心相关会议的通知，会议服务等工作；档案管理，负责中心档案资料的收集，整理存档工作；组织人事，负责市、县、乡三级中心组织人事信息建设，专项志愿者培训、考核、奖惩、保险、教育管理等工作。

宣传部的主要职责包括：中心新闻信息的采编；网站、新媒体等信息发布审核；管理中心网站、新媒体等新闻信息的管理维护；负责对接外界宣传媒体和内外宣传工作及理论研究等工作。

（3）日常工作和活动的开展

雅安市群团服务中心日常工作主要包括以下五个方面：一是，整合和承接政府购买服务资源、群团部门自身资源、社会组织和企业公益资源，建立社会公共服务资源库，为社会组织参与社会治理提供人力、物力、智力资源保障。二是搭建党委政府、群团部门、企业、社会组织和志愿者沟通平台，建立健全服务社会组织和志愿者的规章制度，指导社会组织建立党群组织，为社会组织提供专业化服务，引导社会组织和志愿者有序参与社会建设。三是，研究、制定社会组织培育发展总体规划和实施方案，联系引进专业化社会组织到雅安开展工作，引导本地社会力量等级注册，为社会组织成立发展提供保障。加强本地社会组织能力建设，培育出一批成长型社会组织，孵化一批草根型社会组织，建设一批品牌型社会组织，引导社会组织健康有序发展，市群团服务中心现有55个公益伙伴，培育本地社会组织40余家。四是，项目协同。收集整理群众需求，建立社会服务项目需求库，定期发布社会服务需求项目，推动项目需求有效对接；依托社会各界资源，推动购买社会服务；协同社会组织，推动社会服务项目落地实施；开展项目绩效评估，提升项目工作成效。五是，推动建立以群团组织为枢纽的社会组织体系，有力推动群团组织专业化、社会化、开放式发展，充分发挥“大群团”在社会治理中的枢纽作用。

（4）日常活动及活动方式

近两年，雅安市各级群团服务中心工作主要围绕三个项目展开：雅安志愿服务体系建设及群众心理抚慰项目、雅安灾区人文关怀项目、雅安社会工作人才培养和社会组织培育项目。雅安志愿服务体系建设及群众心理抚慰项目目的是建立覆盖市、县、乡三级的社会管理服务工作体系，健全社会管理服务基层网络，进一步延伸党委政府工作的手臂，搭建协同社会力量的平台，有效服务灾区群众生产需求；培育孵化专业性强、社会化程度高的本地社会组织，培养本地社会工作人才队伍，推动雅安专业社会工作力量本土化、专业化、社会化发展，使其在参与社会治理和社会公共服务中发挥积极作用；收集群众生产生活需求，建立社会公益资源对接和实施机制，引导社会力量服务群众生产生活需要，协同社会力量开展群众喜闻乐见的活动，积极推动灾区志愿服务工作，助力灾区群众精神重建，引导灾区群众在灾后重建中树立自力更生、自主重建的意识。雅安灾区人文关怀项目的工作目标是建立健全地震灾区购买公共服务的标准体系，逐步拓宽灾后重建中购买公共服务的范围，提升政府购买服务的质量；通过购买公共服务的方式推进灾区“特殊人群关爱”、“就业创业培训”和“社区关系建设”项目的实施；通过项目支持的方式加快发展一批服务专业、作用明显的本地社会组织，提高其承接政府公共服务职责的能力，使灾后重建中的社会管理服务在范围、数量、规模和质量上适应芦山地震灾区灾后重建的总体要求，有效满足灾区民众个性化、多样化、专业化的需求。雅安社会工作人才培养和社会组织培育项目的工作目标是引导各类社会组织加强自身建设，增强服务社会能力，壮大社区工作专业人才队伍，发挥社区在基层社会服务管理中的积极作用，大力培育孵化本地社会组织和培养本地社工人才，提高社会组织和社会工作者专业化、社会化程度以及整体能力水平，助力灾区社会治理水平全面提升。

2. 广元市群团服务中心

2014 年，广元市依据四川省委要求开始组建广元市群团服务中心。广元市群团服务中心是由广元市市总工会、团市委、市妇联、市科协、市残联、市侨联等六家群团组织共同组建，旨在凝聚社会各方力量，全面有效服务广大群众，推动广元公益事业发展，打造集“公益项目打造、公益产品开发、公益服务供给、公益文化传播”于一体的公益服务平台。①

如表 4 所示，截至 2015 年 7 月，广元市共建成 1 个市级群团服务中心、10 个基层（社区）群团服务中心。2014 年，广元市 6 个群团部门分别出资 2 万元共计 12 万元用于市级群团服务中心的建设。此外，群团服务中心办公场所由广元市团市委提供，团市委另筹集了 9.4 万元用于市级群团服务中心基础设施建设和社会组织入驻房屋装修。2014 年，广元市基层群团服务中心的建设费用由省科协划拨，每个基层站点 10 万元，共计 100 万元。2015 年，广元市财政拨款 10 万用于市级群团服务中心运营，包括支付人员经费、活动经费、日常办公经费等。目前，广元市市级群团服务中心办公场地由政府提供，位于广元市青年创业大楼内，设有 2 间专门办公室用于日常办公。每个基层群团服务中心由两名以上西部志愿者负责日常工作的开展。

表 4　广元市群团服务中心基本情况

项目	市级群团服务中心	基层(社区)群团服务中心	市级群团服务中心建设费用	2015 年市级群团服务中心年运营经费	基层群团服务中心建设费用	现轮值单位
广元市	1 个	10 个	21.4 万元	10 万元	100 万元	团市委

① 资料来源：广元市群团服务中心宣传手册。

（1）组织框架和组织管理

现广元市群团服务中心已在广元市民政局注册为群立公益，法人由团市委1名事业编制人员担任。如图2所示，在组织架构上，广元市群团服务中心共分两级，市级群团服务中心和基层群团服务中心。市级群团服务中心设主任一名，由各群团部门的主要领导轮值担任，任期一年，现由团市委书记兼任；常务副主任1名，由团市委副书记兼任；中心成员由群团部门相关科（部）室负责同志组成。

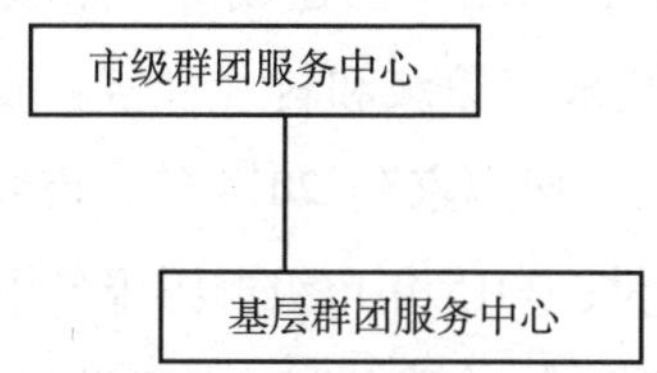

图2　广元市群团服务中心基本架构

（2）中心部门分工

广元市级群团服务中心下设综合服务部和项目发展部。基层群团服务中心主要设在社区便民服务大厅。市级群团服务中心指导基层群团服务中心工作的开展。

综合服务部的主要职责包括对外联络指导、信息收集整理、信息发布咨询和后勤运转保障等。

项目发展部的主要职责包括资源筹募、项目包装、购买社会服务、伙伴计划和培训交流等。

（3）日常工作和活动开展

广元市市级群团服务中心的日常工作主要是收集群众需求，经过整理后反馈给相关群团部门设立社会服务项目，并整合社会资源，面向社会组织发布服务项目，邀请具有专业资质的社会服务机构和团队参与项目实施，为有需要的广大群众提供专业的社会服务。目前已有78个合作伙伴入驻市级群团服务中心。基层群团服务中心日常工作与社区工作结合开展。

3. 乐山市群团服务中心

2014 年 7 月，由乐山市总工会、团市委、市妇联、市科协、市残联、市侨联等六家群团组织共同组建的乐山市群团服务中心成立，中心旨在通过政府购买服务、整合各类公益资源、培育孵化本土社会组织、推动社会项目需求有效对接，建设成为以群团组织为枢纽的社会组织体系，形成“大群团”格局的工作阵地，凝聚社会各方力量全面有效地服务广大群众，切实解决服务群众“最后一公里”问题，推动公益事业发展，促进社会和谐。

经过近一年半的发展，乐山市已建成 1 个市级群团服务中心，在全市 15 个乡镇（街道）试点建成乡镇级和村（社区）群团服务中心（站），同时配套试点建设 2 个社区“妈妈家”。2014 年，市级群团服务中心的建设资金 20 万元，由市财政拨付；2015 年市级群团服务中心运营经费为 20 万元，同样由市级财政拨付。2014 年，乐山市试点建设的 15 个基层群团服务中心的建设经费由市、县两级财政支付各 5 万元，共计 10 万元，2015 年乐山市基层组织社会服务中心的运营经费均已纳入地方财政预算，具体由地方财政安排解决。社区试点建成的两个“妈妈家”，每个由市财政安排开办经费 20 万元，运行经费由所在县财政安排解决。目前，乐山市市级群团服务中心在市政务服务中心设有窗口，工作人员包括 2 名专职人员和 2 名西部计划志愿者，其中一名专职工作人员是某一社会组织的负责人（见表 5）。

表 5　乐山市群团组织社会服务中心基本情况

项目	市级群团服务中心	乡镇级或村（社区）群团服务中心（站）	社区“妈妈家”	2014 年市级中心建设费用	2015 年市级群团服务中心运营费用	乡镇中心建设费用	现轮值单位
乐山市	1 个	15 个	2 个	20 万元	20 万元	10 万元	团市委

（1）组织框架和组织管理

根据课题组调研所得，乐山市群团服务中心由市妇联和市政务服务中心牵头，市总工会、市团委、市残联、市科协、市侨联具体负责，依托市政务服务中心，整合现有的“工、青、妇”服务窗口，成立乐山市群团服务中心。

乐山市群团组织社会服务协调小组由市委常委、市总工会主席和市政府副市长、市妇儿工委主任担任组长；市委副秘书长，市政府副秘书长、市政府政务服务中心主任，市政府副秘书长担任副组长；市总工会、团市委、市妇联、市科协、市残联、市侨联主要负责人以及市级相关部门分管负责人为成员；办公室设在市妇联，市妇联主席担任协调小组办公室主任。乐山市群团组织社会服务协调小组负责领导乐山市市级群团服务中心工作。乐山市级群团服务中心负责人及工作人员由市群团部门轮值担任，现由团市委书记担任主任，团市委副书记担任常务副主任，负责对县级群团服务中心工作进行指导。各县（区）成立群团组织社会服务协调小组，由分管群团工作的县（区）委领导任组长，县级群团部门主要负责人及相关部门负责人为成员，负责与省市群团服务中心对接工作，领导协调本地乡镇（街道）、村（社区）群团服务中心（站）的建设、运行（见图3）。①

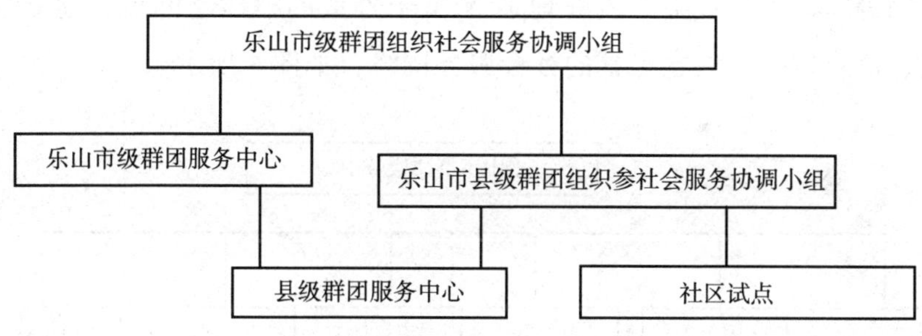

图3　乐山市群团服务中心基本架构

（2）中心部门分工

乐山市级群团服务中心下设综合服务部和项目发展部。基层中心主要设在社区便民服务大厅。市级群团服务中心指导基层群团服务中心工作的开展。

① 资料来源：中共乐山市委办公室、乐山市人民政府办公室《关于印发〈乐山市群团组织社会服务中心建设方案〉的通知》。

综合服务部的主要职责包括：为社会组织和志愿者提供培育孵化、培训交流、法律政策咨询等服务，加强与社会组织和志愿者的联系；整合多方资源，凝聚各界力量，探索建立全市群团服务中心网格化服务机制和“时间银行”等服务形式，推进服务品牌建设等。

项目联络部的主要职责包括：动态收集基层需求，定期或不定期发布社会服务项目，有效对接社会资源；科学编制公益项目库，探索完善公益项目开发、储备、对接、争取、实施和评估的工作体系；承接并发布政府委托群团组织购买社会服务项目，推进与社会组织的项目协同等。

（3）日常工作和活动开展

乐山市市级群团服务中心的日常工作和活动开展主要依托“1 + N”阵地进行。“1 + N”阵地是以乐山市群团服务中心为主阵地，依托现有的困难职工帮扶中心、青年志愿者服务站、反家庭暴力庇护中心、残疾人康复就业服务中心、留守学生（儿童）之家、科普教育基地、归侨侨眷之家等阵地，形成1个主阵地加N个子阵地的枢纽型阵地，建立各具特色、形式多样、内容丰富的社会服务网络，如图4所示。

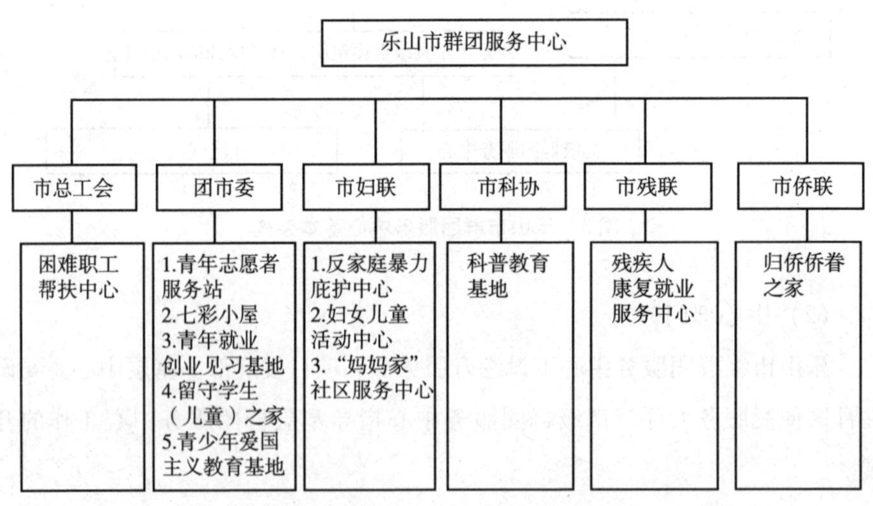

图4 乐山市“1 + N”阵地

4. 成都市群团服务中心

2015 年 1 月 1 日成都众仁社会工作服务中心承接成都市群团服务中心项目，负责成都市群团服务中心的日常运营工作。成都市群团服务中心位于成都市总工会东郊职工群众惠民服务中心，共有 6 名专职工作人员，资金来源为该项目一年运行经费 15 万元和自己公司提供的资金补助。

（1）组织框架和组织管理

在组织架构上，成都市群团服务中心由工、青、妇、残四个部门分管，中心工作分别设在市工会法律部、市工会团委治工部、市妇联组织部和市残联组联处，现由成都市群团中心项目执行主任分别向 4 个部门汇报中心工作情况。中心下设事业发展部、项目管理部、综合服务部、外联宣传部和社会组织部共 5 个部门，如图 5 所示。

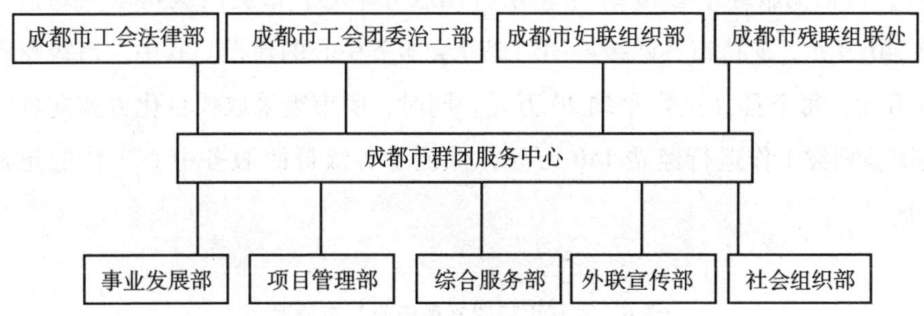

图 5　成都市群团服务中心组织基本架构

（2）日常工作和活动开展

成都市群团服务中心日常工作主要包括群团资源整合平台、社会组织服务枢纽、群团工作延伸载体、群团品牌展现窗口等。现中心的社会组织库里已有 500 家社会组织。成都市把群团服务中心日常运营作为项目承包给社会组织是一项创举，既能加强与社会组织的沟通合作，也能提高中心运行的专业性和高效性。但问题在于目前社会组织承接行政资源能力较弱，与行政部门的沟通协调还有待加强。

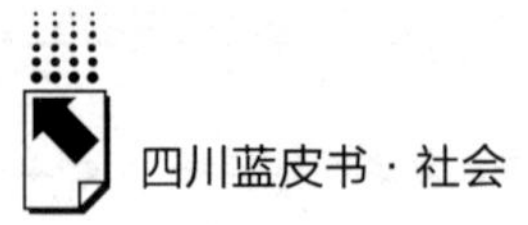

（二）以村社居民为直接服务对象的群团服务中心

以村社居民为直接服务对象的群团服务中心主要建立在社会组织数量较少的地区，例如甘孜州、宜宾市、自贡市等，这些地区的群团组织通过群团中心整合资源，直接面向人民群众开展服务，活动内容多为各群团部门原有的项目，同时活动场所多依托社区活动中心或便民大厅。各级群团中心主要负责整合社区资源，宣传社会主义核心价值观和法制思想，解决居民生活中存在的具体困难，丰富居民业余生活，倡导社会正能量。

1. 宜宾市群团服务中心

截至 2014 年 10 月，如表 6 所示，宜宾市试点建成群团服务中心 32 个，并启动运行。其中，1 个市级群团服务中心，全市各区县分别建成 1 个县级和 2 ~ 3 个基层［乡镇（街道）或村社区］群团服务中心，共计 10 个县（区）级群团服务中心和 21 个基层群团服务中心。市县两级财政共划拨经费 240 万元，支持市县两级群团组织社会服务中心的建设。其中，市级财政 40 万元，每个县（区）平均 20 万元。同时，团市委采取项目化方式向各区县团委划拨工作运行经费 140 万元，保证了各级群团服务中心工作的正常开展。

表 6　宜宾市群团服务中心基本情况

项目	市级群团服务中心	县(区)级群团服务中心	基层群团服务中心	2014 年宜宾市县两级群团服务中心建设费用	运营费用	现轮值单位
宜宾市	1 个	10 个	21 个	240 万元	140 万元	团市委

（1）组织框架和组织管理

宜宾市级群团服务中心下设县（区）级群团服务中心和基层群团服务中心。宜宾市群团服务中心直接接受宜宾市群团组织参与社会治理协调组领导，负责指导各县（区）、基层群团服务中心的建设和业务水平的提升，督促县（区）和基层群团服务中心不断完善工作机制、内部管理制度，并对中心工作人员进行培训。县（区）和基层群团服务中心接受市级群团服务中心的指导和安排，主要负责收集民意，反映人民需求，定期开展活动，保证与群众的密切联系，承接社会服务项目，培育社会组织和完成党委、政府安排的其他工作（见图6）。

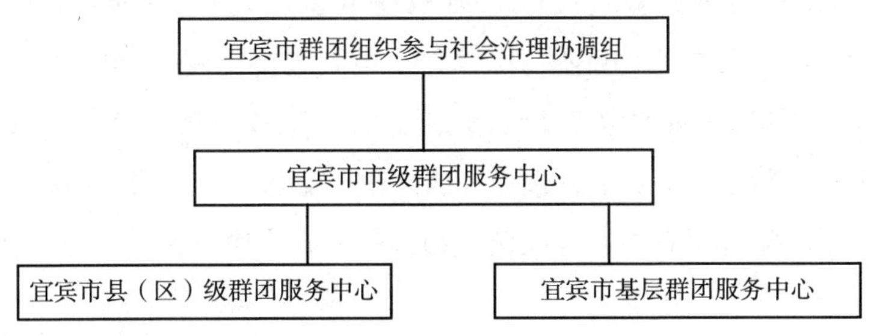

图6　宜宾市群团服务中心基本架构

宜宾市各级群团服务中心工作人员均由群团部门工作人员兼任（筠连县专职人员一名），市级群团服务中心下设主任1名、常务副主任1名，副主任2名，普通工作人员3名。各县（区）、基层群团服务中心设主任1名，其余工作人员由群团部门工作人员和西部计划志愿者担任。六家群团组织对中心工作进行轮值管理，工作人员主要由当年轮值单位成员构成，轮值顺序为团市委、市总工会、市妇联、市科协、市残联、市侨联，周期为1年。目前，宜宾市群团服务中心工作由团市委负责。

（2）中心部门分工

宜宾市群团服务中心下设三个部门，分别为综合部、项目部、服务部。

综合部主要负责管理中心日常工作、与市群团组织参与社会治理协调组等相关部门的联络工作、收集基层群团服务中心反馈的群众需求、定期向项目部和服务部发布中心项目推进状况等四方面的工作。

项目部主要是负责整合群团资源，承接政府委托项目，定期发布社会服务项目通知，资助社会组织开展公益项目，并对社会组织项目进行评估。

服务部要为社会组织的发展提供政策咨询，搭建社会组织间的交流平台，为社会组织提供专业理论、实务知识讲座，重点培养和凝聚一批社会组

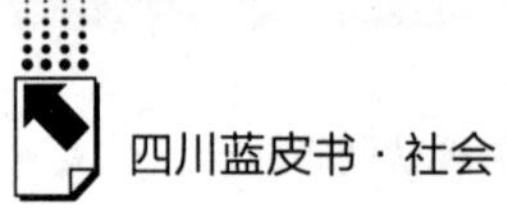

织骨干，利用已有资源进行活动策划，完善应急状态下的社会组织协同机制。

（3）日常工作和活动开展

已建成的32个群团服务中心均拥有固定的办公场所。其中，县级中心面积超过50平方米，各基层中心面积基本超过20平方米，总面积超过4200平方米。各级中心均配有办公桌椅、电脑（能上网）、电话等基本的办公设施设备。有条件的地方，配备有摄像头、电视机等开展活动所需的设备。对于没有新建服务中心，仅依托当地政务服务中心、惠民帮扶中心、便民服务中心和党群服务中心等联建、共建的中心，均设有专门的办公区域或窗口。

各级群团服务中心日常工作主要包括：通过互联网、微信、微博等途径，动态发布社会服务信息，为社会组织及群众提供法律和政策咨询，承接政府购买社会服务项目专业指导等；发挥群团组织联系服务群众的枢纽作用，承接政府委托群团组织购买社会服务项目，协同党政部门、群团组织、社会组织和志愿者参与社会治理；以基层群团干部、社会组织骨干和志愿者为重点，定期开展社会服务业务培训；举办主题活动；项目运作，动态收集基层需求，定期发布社会服务项目，有效对接社会资源；科学编制公益项目库，不断探索完善公益项目开发、储备、对接、实施和评估的工作体系。

（4）日常活动及活动方式

在宜宾市团市委的领导下，宜宾市各级群团服务中心积极整合资源，重点打造各类富有特色的活动，赢得了基层群众的大力支持。2014年，宜宾市各级群团组织服务中心结合地方实际，积极开各类爱心活动，举办了留守学生（儿童）关爱活动、“春霞”关爱女童公益活动、“快乐成长沙龙”；招募“爱心使者”；募集爱心助学金，资助贫困学生；免费向青少年开展声乐、舞蹈等艺术特长培训等活动。基层群团服务中心针对不同年龄群体推出了“社区志愿者服务汇项目”，并实施了“长腿图书”、“居家养老”、“社区影院”等项目。为社区老人建设了“夕阳红日间照料室”等服务场所。为更好地服务社会组织、推动项目工作的发展，中心推出了“青年就业培训项目”宣传青年小额贷款、青年创业等优惠政策，引导组织青年创业。

2. 自贡市群团服务中心

2015 年，自贡市试点建成并启动运行的基层群团服务中心共计 33 个，分别由市总工会、团市委、市妇联、市侨联、市残联和市科协等 6 家群团组织指导建立。2014 年，在自贡市启动首轮的基层群团服务中心建设工作中，市总工会、市科协联合指导建立的中心有 4 个，团市委、市侨联联合指导建立的中心有 4 个，市妇联、市残联联合指导建立的中心有 3 个，共计 11 个。2015 年，自贡市继续开展“大群团工作”工作，新建 22 个基层群团服务中心。其中，市总工会、团市委和市妇联分别指导建立的中心有 5 个，市残联、市科协分别指导建立的中心有 3 个，市侨联指导建立的中心有 2 个。2014 年，由牵头指导单位拨付各基层群团服务中心的建设和试点期间运转费用 10000 元，确保服务中心活动的政策开展。2015 年，中心工作进入常态化阶段，每个试点乡镇按照辖区人口每人不低于 2 元的标准纳入预算，为服务中心日常工作的开展提供经费保障。6 家群团组织也通过项目形式下发专门的经费，推动中心工作开展（见表 7）。

表 7　自贡市群团服务中心基本情况

项目	市级群团服务中心	乡镇(街道)级群团服务中心	基层群团服务中心	2014 年自贡市群团服务中心建设、运营费用	运营费用	现轮值单位
自贡市	1 个	13 个	20 个	11 万元	140 万元	团市委

（1）组织框架和组织管理

2014 年，自贡市专门成立了基层群团服务中心试点建设工作协调小组，乡镇（街道）建立的 13 个群团工作部和各基层群团服务中心都要在领导小组下统一开展工作。其中，组长由市委副秘书长担任，副组长由 6 家群团组织主要负责人担任。协调小组下设办公室在团市委，由 6 家群团组织书记担任办公室主任，市总工会、市妇联、市残联、市科协副主席/副调研员担任副主任。随着自贡市2005年大群团工作力度的加大，目前小组组长由市常委、市总工会主席担任，副组长由市政府副市长担任，执行副组长由市政府副秘书长担任，成员由群团工作相关单位主要负责人组成。领导小组办公室设在市总工会，办公室主任仍由市级群团部门主要负责人兼任，每季度轮换一次（见图7）。

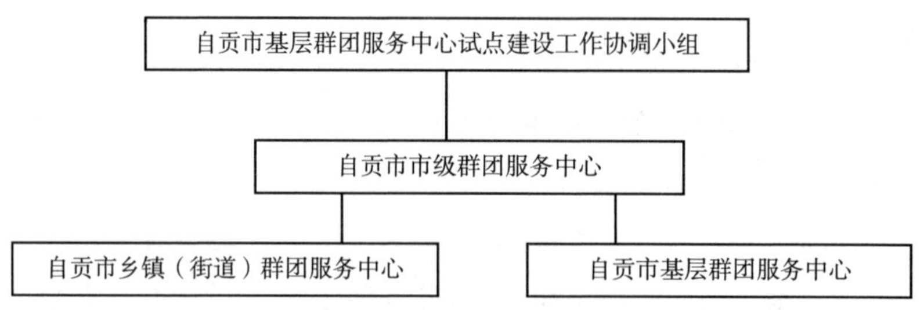

图7 自贡市群团服务中心基层框架

自贡市各级群团服务中心工作人员由群团部门工作人员兼任，并由志愿者、政府公益性岗位人员和社会招聘人员等进行补充。自贡市基层群团服务中心协调小组办公室设主任1名、副主任4名、专职工作人员2名，主任由群团部门主要负责人轮值兼任，每季度轮换一次，两名专职工作人员由市总工会明确落实。乡镇（街道）组建的群团工作部设部长1名，由乡镇（街道）书记或副书记兼任，1名专职副部长和3~4名工作人员，工作人员主要是地区群团组织原有工作人员。社区（村）群团服务中心工作人员主要由原有村（居）委会工作人员兼任，并聘用社会人员和志愿者进行补充。

（2）日常工作和活动开展

已建成的33个群团服务中心都拥有固定的办公场所。乡镇（街道）组建的群团工作部和部分没有新建群团服务中心的地方均依托当地政务服务中心、惠民帮扶中心、便民服务中心和党群服务中心等联建、共建中心，并设有专门的办公区域或窗口，配置专门的办公设备，中心的各种制度和开展各项工作的宣传栏均上墙。部分社区（村）居委会为基层群团服务中心提供了专门的办公室、会议室和图书阅览室等工作和服务场所。

各级群团服务中心日常工作重点有所不同，协调小组每季度都召开一次专题会议，研究基层群团服务中心工作中遇到的重大事项，全面了解群众所思、所想、所盼、所需，调配力量集中解决群众最关心的问题。协调小组办公室主要是整合群团和其他部门资源，指导各群团工作部和基层群团服务中心的建设、业务水平的提升，督促县（区）和基层两层群团服务中心不断完善工作机制和内部管理制度，并对中心工作人员进行培训。建立各群团工作部定期向小组办公室报送工作制度，通报试点工作开展情况。督促基层群团服务中心工作的有效推进。

（3）日常活动及活动方式

在自贡市团市委的领导下，自贡市基层群团组织社会服务中心积极整合资源，重点打造各类富有特色的活动，赢得了基层群众的大力支持。自贡市基层群团服务中心利用微信、微博、QQ 群等新媒体手段及时发布公益项目，扩大群团组织的社会知名度和社会向心力，引导居民、社会组织共同参与。加强法制宣传，加强对社会组织的政治引领、示范带动，组织开展了多项群众性法制文化活动，加强普法教育。组织开展各类文体和教育实践活动，关心慰问留守学生生活、学习现状。为五失青年建立台账，以家庭和学校为纽带，教育引导其保持健康人格。组织农村妇女进行两癌筛查，提高农村妇女自我保健意识和健康水平。邀请心理教育专家开展暑期家庭讲座，满足了家长、学生的需要。

3. 甘孜州群团服务中心

按《甘孜州群团社会服务方案》，截至 2015 年 7 月，甘孜州建设并运转的乡镇一级群团服务中心有 30 个，占全省试点的 50%。其中，城镇社区模式 8 个，占 26.7%；农区模式 12 个，占 40%；牧区模式 6 个，占 20%；景区模式 4 个，占 13.3%。如表 8 所示，甘孜州没有设州、县一级群团服务中心，但在基层依托群众工作站、村级活动中心、政务中心等建立了 30 个群团服务中心站点。按站点规划，2014 年每个基层站点有 20 万元建设资金用于场地内装，其中要求省里配套 10 万元，州里配套 3 万元，县里配套 7 万元。

表8　甘孜州群团服务中心基本情况

项目	州级群团服务中心	乡镇群团服务中心	乡镇中心建设费用	现轮值单位
甘孜州	0	30 个	600 万元	团州委

（1）组织框架和组织管理

如图 8 所示，甘孜州虽在本级和各县尚未建立群团服务中心，但已设立群团社会服务工作协调小组办公室领导乡镇群团服务站工作。在人员安排上州级群团社会服务工作协调小组办公室工作人员由群团部门轮值，现由团州委轮值。其他 30 个基层工作站点采取“1 +2 +2 + N”模式组建队伍，即“1”为该乡镇联系县级领导干部；“2”为工作站站长，由试点地区党组织书记和群团部门主要负责人兼任，实行双负责制，另外，有 2 名专职工作人员和“N”个志愿者服务小队队长。现由康定县团委书记兼任站长，负责日常管理和项目协调推进工作。2 名专职人员为西部计划志愿者。组织架构上，州级群团社会服务工作协调小组办公室负责上传下达，将各基层服务站工作情况反馈到办公室，同时 6 个群团部门分管 30 个基层服务站点，服务站搜集基层群众需求后反馈给各分管群团部门。

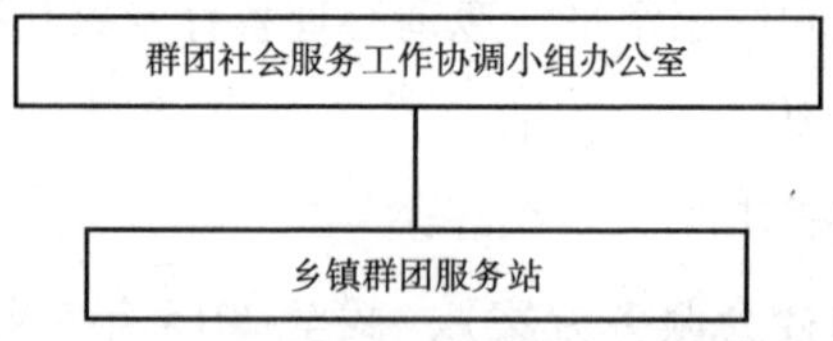

图8　甘孜州群团服务中心基本框架

（2）日常工作和活动开展

州级群团中心联络办公室平时主要负责一些联络工作，并且将各基层服务站工作情况反馈到办公室。各基层群团服务站点日常主要负责组织开展各种形式的基层惠民活动；针对社区特色主力开展与妇女儿童相关的帮扶、教育、娱乐活动；针对农牧区特色开展农牧技术培训等活动；承接社会组织藏区社会服务项目；落实对口联系的群团部门有关工作（便民服务岗）。

目前各个地（市、州）群团服务中心根据不同层级群团服务中心的目标和实际情况有序开展工作，并取得了积极成效，通过各类活动的开展和项目的落实，丰富了居民生活，解决了居民生活的实际困难，充分发挥了群团组织的纽带作用。通过四川省各地群团服务中心的发展现状，我们可以发现受地理环境、气候、文化等不同因素的影响，群团服务中心的工作开展自发形成了两种不同的模式，一是以社会组织为直接服务对象，通过培育、孵化、管理和服务社会组织来服务普通群众的群团服务中心；二是以村社居民为直接服务对象，依托居民活动中心开展各类形式主题活动的群团服务中心。

在两种模式的比较中，我们可以看出最大的区别即为两者的服务对象不同，一种以社会组织为服务对象，一种以村社居民为服务对象。最直接的原因就是各地社会组织发育情况不同。社会组织数量较多的地区，例如雅安市、乐山市等，社会组织发育情况良好，组织类型多样化，多数村社级活动由社会组织开展成效更好，因此群团中心主要负责为已有的社会组织提供服务，同时孵化培育本地社会组织，利用社会组织的专业性、针对性和高效性，间接服务于人民群众。而甘孜州等这些社会组织较少的地区，受地方维稳等因素的影响，社会组织发育受到一定限制，当地群团服务中心没有社会组织这一帮手，必须提升自身能力建设，直接面对村社居民开展服务活动。另外，由于某些地区群团组织与当地社会组织、志愿者等社会力量联系少、交流少，群团服务中心的主动性不够。例如宜宾市、自贡市等地区，社会组织虽然发育不完善，数量较少，但并不是完全没有，群团服务中心只是整合了群团组织的资源，并未完全发动社会的力量，因此服务活动直接面向村社居民展开。

两种模式下群团服务中心的服务对象不同，服务方式也有所不同。以社会组织为直接服务对象的群团服务中心主要通过整合和承接政府购买服务资源、群团部门自身资源、社会组织和企业公益资源，联系引进专业化社会组织开展服务活动，并引导本地社会力量登记注册，为社会组织成立发展提供

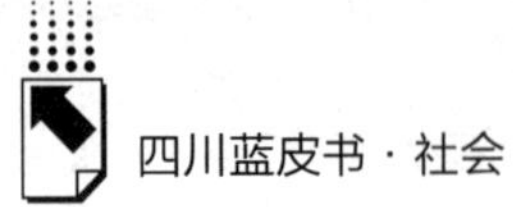

保障，加强本地社会组织能力建设。以村社居民为直接服务对象的群团服务中心，通过整合各群团组织的原有活动内容，由群团服务中心的工作人员直接到村社面向群众开展活动，这一服务方式对群团服务中心工作人员自身能力提出了很高的要求，即既要高效也要专业。

三　群团服务中心工作体系建设中取得的积极成效

经过近两年的努力，四川省群团服务中心工作体系建设取得了显著成效，具体表现在以下四个方面。

（一）组织领导力增强，切实推进中心建设

本次调研的7个地（市、州）的党委政府均高度重视群团服务中心工作体系的建设。各个地（市、州）通过抽调市、县（区）、乡镇政府主要领导干部和各级6个主要群团部门的领导组成工作小组/协调小组，通过定期召开会议，切实解决中心工作体系建设过程中的实际问题，通过财政划拨、群团部门筹集、民主协商等方式，解决了中心工作体系的资金和场地问题，通过调配人手、增加公益岗位、招募志愿者等方式有效地保证了建设群团服务中心所需的人员、经费和场地，使中心建设工作迅速落地。

（二）工作平台搭建，初步形成组织架构

经过调研，我们发现7个地（市、州）基本已经建立起由市级群团服务中心协调小组统一领导的市级群团服务中心，并已经完成市—区县—乡镇、市—乡镇或者市—社区三级或两级驱动的群团服务中心工作平台的搭建，由上一级群团服务中心协调小组领导下一级群团服务中心的工作，并由上一级群团服务中心负责指导下级群团服务中心的工作。明确各个层级群团服务中心的工作内容和范围，根据不同的责任分工，成立不同的组织部门，各部门专门负责不同的工作内容，初步形成了三级或两级联动的群团服务中心的工作机制，初步完成了工作平台的搭建。

（三）阵地建设落实，提供基本物质保障

目前，四川省各级群团服务中心通过政府划拨专门的工作场地、依托政务服务中心设立专门窗口、借用村居委会公共场所和募集社会资源，基本解决了办公场所问题，使办公场所均已达到规定的标准。并配有电脑、打印机等基本办公用品。部门群团服务中心不但满足基本条件，还配有图书阅览室等公共活动场所，方便居民活动。各项规章制度上墙工作已经完成，做到中心建设工作的规范化、专业化，为下一步工作的开展，提供了丰富的物质保障。

（四）工作开展有序，确保中心正常运行

目前各个地（市、州）群团服务中心根据不同层级群团服务中心的目标和实际情况有序开展工作。以雅安为例，村（社区）一级的群团服务中心主要负责收集基层群众的需求，反映居民诉求，通过各类活动的开展和项目的落实，丰富居民生活，解决居民的实际困难，充分发挥了群团组织的纽带作用。县（区）群团服务中心通过有效承接政府购买社会服务资源、上级群团部门资源和社会组织、企业公益资源，增强了党的凝聚力。市级群团组织主要负责政府项目的公布和评估，督促县乡、社区群团服务中心工作的完成和质量的提升。

群团服务中心是由各地工会、共青团、妇联、科协、残联、侨联等群团组织联合组建而成，目的是整合资源，提高各部门工作效率，形成“大群团”的工作格局。我国的群团组织既与国际公认的非政府组织有所不同，也与我国在民政部门登记的民间社团或社会组织不同，它有着历史延续下来的双重角色身份和因此而产生的双重功能。双重角色是指它们既是代表不同群体利益的群众团体，又是在党和政府直接领导下成立的组织。因此，在社会功能上也表现出双重性：一方面，作为群众团体，它们有各自的章程，要按各自的章程开展活动，要维护其所代表的那部分群众的利益；另一方面，它们又在不同程度上承担了党政有关部门的某些职能。因而，群团服务中心

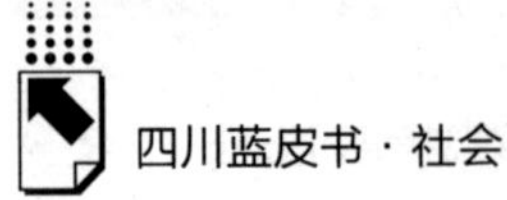

作为各家群团组织联合成立的载体，也继承了群团组织这一双重角色和双重功能。长期以来，群团组织在联系群众、反映民意、扶贫济困和化解矛盾方面做了不懈的努力，显示了很大的优势。在迅速发展变化的社会浪潮中，如果群团组织不能及时调整自身的工作理念、组织结构和工作方式，就极有可能导致其社会影响力有所下降，甚至面临被边缘化的风险。因此，群团服务中心作为群团组织改革的一大创新之举，必须去粗取精，有选择地继承和吸收群团组织与党政有关部门相联系的先天优势，摒弃群团组织工作中所表露的行政化、官僚化作风，明确法律地位，加强对自身的认识，改进工作方式，提高服务意识和服务能力，为进一步发挥群团组织作用提供有力的组织保障。

B.7

社区治理背景下四川城市社区基金会发展现状

胡 勇*

摘 要： 在国内外文献与成都市社区基金实证资料的基础上，本课题研究运用社区治理理论探讨了四川城市社区基金会的发展现状。我们发现，四川省一些社区进行了社区基金运行试点，取得了一定的成效，但是，总体仍处于刚起步阶段，存在一些问题，如注册门槛高。我们建议，要大胆创新社区基金会的发展机制、制度，充分发挥社区基金在治理社区中“润滑剂”与“和谐剂”的重要作用。

关键词： 社区基金 社区基金会 社区治理 成都

一 前言

社区基金会（community foundation）起源于1914年美国的克利夫兰，其基本做法就是将募集来的专项基金用于社区治理，弥补了政府的不足。历经一个多世纪的发展，其以项目为载体的运行理念与运行效果日益被世界各地接受。其服务范畴从最初的社区特定领域或特定人群，扩展到了社区治理层面，既满足了社区居民的多样化需求，也促进了社区和谐。

* 胡勇，四川省社会科学院社会学所助理研究员。

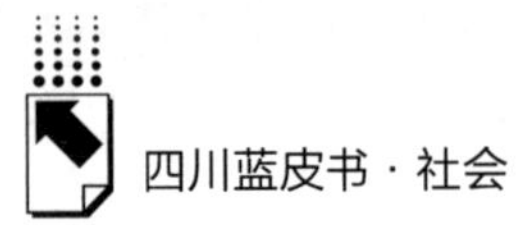

在我国，社区基金会的发展处于起步阶段，无论在理论上还是实践上，发展不足的问题都较为明显，因此，需要用创新思维方法形成具有中国特色的本土化的社区基金会运行方式，四川也是如此。

（一）理清社区基金会相关的几个问题

首先，我们需要厘清如下几个问题：什么是社区基金和社区基金会、社区基金对当前我国社区治理的现实意义、社区基金与城乡社区发展专项基金的差异。

社区基金是指基于社区辖区，由政府部门、企事业单位、社会组织、居民个人等通过捐资形式汇成的基金池，池中的基金专项用于支持社区项目，解决社区问题，服务社区居民，促进社区和谐。

社区基金会在我国理论界目前没有统一的定义，主要因为我国社区的概念本身就有别于西方社区的概念，但是各种定义的基本精神是一致的，主要包括：为了更有效地解决本区域内社区居民面临的公共问题，满足社区居民多样化需求而设立的基金组织；该组织是非营利性的、非公募性质的独立组织机构。由此，我们可以把社区基金会定义为："依据我国法律规定依法登记成立的服务社区居民和社区发展的基金组织机构，资金来源于自然人、法人或者其他组织机构捐赠的财产，具有明显的公益性、慈善性。"

城乡社区发展专项基金是指"为了解决社区问题，提升社区治理水平，满足社区基本需求或者特殊专项需求，由政府财政部门预算划拨的基金"。它与社区基金会不是一回事，在社区治理目标上，二者有共同之处。差异之处主要体现在三个方面：一是基金来源渠道不同；二是基金使用范围不同；三是基金监管主体不同。在社区基金来源方面，成都市城乡社区发展专项基金由政府财政预算划拨，区县、街道根据自身的财力，预算划拨款在30万元左右；而社区基金会的基金来源是多元的，除了财政配套资金或者划拨的种子基金外，个人、企业等组织机构都是捐赠者。在基金使用范围方面，社区发展专项资金限于社区发展的基本需求，主要用于社区基本面的项目支持，或者通过购买社会服务落实社区项目；而社区基金会的基金项目范围较为宽泛，是多样化、多层次的，可以是解难济困，可以是社区文体活动，也可以是培育社区本地社会组织项目等。在基金监管方面，社区发展专项基金主要接受政府主体监管；而社区基金会却不同，既接受基金的主体监管，又接受利益相关者监管。

（二）建立社区基金会意义重大而深远

随着我国小康社会、国家治理体系与治理能力现代化的快速推进，人们逐步认识到，政府这只手对日益复杂化的社区服务管理有些力不从心，其中资金瓶颈就是一个大问题，这就为社区基金与社区基金会发展提供了巨大的发展空间。实践表明，发展社区基金可以弥补政府在社区服务管理方面的资金不足，社区基金会的小基金可以撬动社区的大服务，激发社区的大活力，实现“小政府，大社会”的职能转变与良好的社会效应。

目前，我国一些基层政府组织与非政府组织在现行《基金会管理条例》框架内，进行了社区基金（会）的实践尝试，取得了良好的社会效果，深受各界关注。例如，从 2014 年开始，深圳市政府大力倡导并探索试点培育社区基金会，首批试点的 8 家社区基金会运行良好。其中，桃源居社区基金会的成功经验，凸显了社区基金对社区治理的现实重要性。2014 年，上海市鼓励街道、乡镇探索设立社区发展基金会，为社会资金参与社区治理创造了积极的条件。其中，上海江浦街道社区基金会的发展效果明显，从制度、机制上创新了社区基金的发展模式。2015 年，南京市民政局出台了《关于推动南京市社区型基金（会）发展的实施方案（试行）》，为社区基金（会）的成立进行了规划指导，明确了社区基金会的基本原则、未来目标、发展步骤与保障机制。

先行实践、大胆创新的试点经验，充分发挥了社区基金会在社区治理中“润滑剂”、“和谐剂”的重要作用，值得我们借鉴推广，为四川省社区基金会发展提供了方向。

二　研究思路

（一）文献梳理

通过梳理，关于社区基金（会），概括地看，国内外主要从四个方面进行了研究。

第一，关于国内外社区基金会概念的介绍。主要介绍了社区基金会发源地（美国）的社区基金会，其他国家和地区的成功经验做法以及对我国社区发展、社区治理的重要启示。

第二，关于我国建立社区基金会的重大意义。主要阐释了社区基金会有助于社区治理，能够弥补政府服务管理不到位的问题，主要研究深圳、上海、北京等地的社区基金会的实践经验以及存在的问题。

第三，比较国内外社区基金会的差异性。主要结论是，我国社区基金会发展处于起步阶段，需要不断地借鉴国外的成功经验，基于我国现实，不断地创新与健全社区基金会的发展制度。

第四，四川社区基金（会）研究文献不多。关于四川社区基金（会）的研究文献很少，主要与之前四川省社区基金会处于萌芽状态、可供研究的实证素材缺少有关。目前，在成都市民政局的推动下，社区基金试点探索在有条不紊地开展，类社区基金会[①]的建设也取得了一些经验，对四川社区基金（会）进一步发展具有重要的意义。

（二）研究方法

1. 资料来源

梳理了国内外关于社区基金会的文献资料，同时从四川省级有关部门、

① 类社区基金会是相对成熟的社区基金会而言的，是指还没有真正发展到西方社区基金会的水平，处于社区基金会的雏形阶段。在我国，类社区基金会的形式多半是由社区基金体量不够，基金支持的项目较少，募集资金、管理资金等技术不成熟导致的，更多的是由于没能够跨越注册基金不低于200万元的门槛。

成都市有关部门尤其是民政局获得了一些文献资料；调研了成都市的NPI成都社会组织、爱有戏社会组织、武侯区玉东社区，通过半结构访谈方式获得了第一手实证资料。

2. 研究方法

本课题运用社区治理理论，采用文献分析法、实证研究法，对成都市NPI成都社会组织、武侯区玉东社区、爱有戏社会组织等相关人员进行了半结构访谈和深入访谈，总结了案例经验，分析了不足之处，提出了对策建议。

三　案例分析：成都本土化社区基金运行方式

社区是社会的“细胞”，“细胞”的状态将直接反馈到社会层面。从现实情况看，四川城乡社区治理现代化的目标任重道远，要实现8000多万人口一起小康的目标仍需要下大气力。从国内外社会治理经验看，成都市社区治理经费仍然是制约社区发展的普遍问题，财政划拨的社区发展专项基金难以满足社区居民不断增长的多样化需求，距离社区治理现代化要求还有时日，发展社区基金（会）、创新社区治理经费的供给形式是提升社区治理水平的重要途径。

通过对省有关部门、成都市有关部门、水井坊街道慈善会、武侯区玉林东路社区、NPI成都社会组织等调研发现，概括起来，目前四川省社区基金运行方式有三种：以街道慈善会为载体的社区基金运行模式，以水井坊街道慈善会为代表；挂靠市级慈善会的社区基金运行模式，以武侯区玉林东路社区“睦林公益基金”为代表；“企业捐助+政府配套”的社区基金运行模式，以NPI成都社会组织为代表。这三种社区基金运行模式，在称谓上，或者说在概念上，尽管各有差别，但是，其运行方式、工作内容符合了社区基金会的内在特征，三个具有代表性的组织在服务社区的进程中实实在在地做了社区基金会的事情，无论是资金募集、基金使用，还是基金监管等方面。例如，以项目为载体开展社区活动、扶危助残、教育培训、养老助困等方面，都在彰显社区基金会的精神实质。

（一）四川省社区基金来源的三种路径

根据国务院《基金会管理条例》规定，基金会分为公募基金会与非公募基金会。在注册社区基金会时，全国性公募基金会的原始基金不低于800万元，地方性公募基金会的原始基金不低于400万元，非公募基金会的原始基金不低于200万元。对于一般的社区而言，200万元的数字有些大，难以达到这个资金注册条件。可是，为了实现社区基金募集，没有经过审批注册的任何组织都不可以以独立财团法人资格去募集资金，不可以接受任何单位、个人的捐资，这就涉及募集资金合法主体身份明确的问题。

鉴于社区基金会成立受到制约，目前四川省社区基金会在发展进程中，采用国内通常使用的变通手段与创新形式，形成了三种基金来源模式："企业捐资＋政府配套"、"街道层面慈善会"、"挂靠市级慈善会募集资金"。

1. "企业捐资＋政府配套"NPI社区基金池

恩派公益组织发展中心（NPI）成立于2006年，以助力社会创新、培育公益人才、推进社区发展为目标。2012年9月，NPI成都社会组织在高新区发起并成立了安逸舍社区服务中心，宗旨是推进高新区社区发展。2014年，吸纳了汇丰银行爱心捐助资金30万元，成立了服务中和街道社区的社区基金池，为中和街道的里仁、姐儿堰、东寺、双龙社区开展服务项目，提供社区基金支持。同时，中和街道按照1∶1基金配比，增加了社区基金体量。[①] 通过一年多的运行，社区基金项目运行良好，形成了具有本土化特点的"企业捐资＋政府配套"的社区基金运行模式（见图1）。

① 由NPI成都社会组织提供。

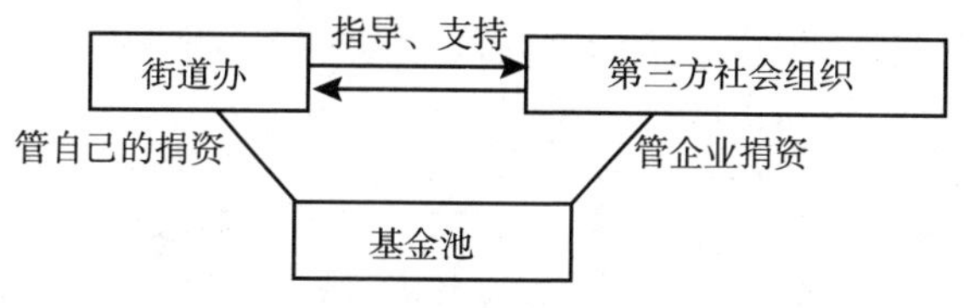

图 1　NPI 社区基金池

2. 成立“街道层面慈善会”募集社区基金

2011 年 12 月，锦江区水井坊街道成立了全国首家街道层面的慈善会组织——水井坊街道慈善会，目的是通过街道慈善会募集资金，解决财政经费治理社区经费不足的问题，同时解决募集资金的合法主体地位问题。三年多来，水井坊街道及辖区社区以街道慈善会为平台，不断创新社区基金募集路径，积极倡导辖区企业、居民等积极参与爱心捐资，共收到捐资 40 多万元，为社区开展 60 多场各类公益活动提供了 30 多万元的基金支持。2014 年，水井坊街道慈善会举办了锦江“体彩杯”阳光新业首届社区运动会，“阳光新业”作为运动会冠名单位，主动向运动会提供价值 18 万元的款物支持，辖区其他单位也积极捐赠，进行志愿服务，平安银行主动找到街道捐赠 6000 元，广发银行捐赠 1000 元，七中育才、十七中、蓉上坊恒温游泳池等单位积极免费为赛事提供场地、设备，“爱有戏”、“与孩子一起成长”、“水井坊乒乓球协会”等组织提供裁判和志愿服务者 500 余名。整个社区运动会结束后，结余募捐款近 3 万元，都汇到街道慈善会账目内，专项设立了今后开展文体活动的专项基金（见图 2）。[①]

3. 挂靠市级慈善会获得社区基金合法身份

除了上述两种社区基金募集方式外，成都市还采用了目前国内通行的做法：把某社区基金挂靠在市级慈善会下，为募集社区基金寻找合法身份。

2014 年 4 月，成都市武侯区玉林东路社区设立了全市首只社区微基金“睦林公益基金”，挂靠在成都市慈善总会下，获得了募捐合法身份。具体

① 由“爱有戏”社会组织提供。

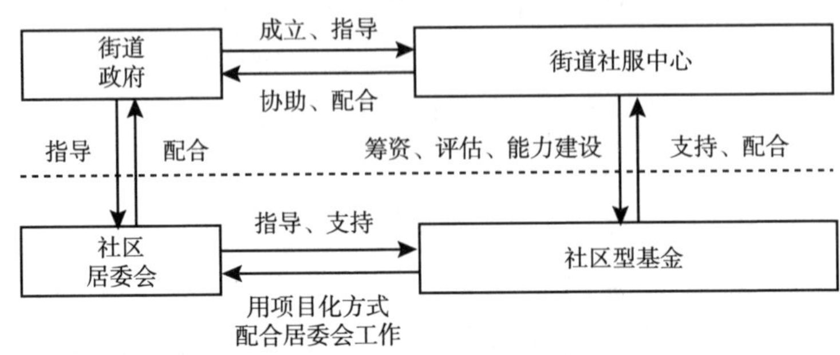

图2　水井坊街道慈善会路径

的做法：第一，在市慈善总会开设了睦林公益基金专门账户，对外募集资金的主体是成都市慈善总会，不是玉林东路社区，但是募集到的每笔善款直接进入市慈善总会设立的睦林公益基金专门账户，玉林东路社区分文不留；第二，使用社区基金时，由玉林东路社区根据社区项目的需求向市慈善总会申请，经市慈善总会审核同意划拨项目基金，全程接受市慈善总会规范性指导、监督，并向社会公示，接受社区居民的监督；第三，睦林公益基金账户中的经费定向用于玉林东路社区的基金项目，包括帮扶救济、志愿服务培育与公益服务项目等，专款专用，充分体现捐资者的明确意愿，从而激发辖区单位、辖区居民、爱心人士的积极捐资与积极参与社区活动的热情。

玉林东路社区提供的资料显示，依据市慈善会公益性的影响力，玉林东路社区打破了“杀熟”与“杀情”的老套路，立足社区资源，发挥社区基金的重要作用，截至2015年10月，睦林公益基金面向社会募集了近8万元社区服务基金，定向用于玉林东路社区的基金项目。例如，玉林东路社区与某实业有限公司合作，让川味调料作为爱心产品在院落挂架义卖，义卖资金进入社区基金池，宣传了产品，彰显了爱心，凝聚了人心。另一个案例，某小面馆开张营业时，有做慈善的想法：两天为辖区居民提供免费面食。于是，社区基金组织通过慈善项目设计，顾客免费消费时向社区公益基金池捐献2元以上，这项活动为社区公益基金池募集了近4000

元资金①，既培育了居民的慈善参与意识，也收到了良好的社会效应，为四川省社区基金（会）持续发展提供了可以借鉴的经验（见图3）。

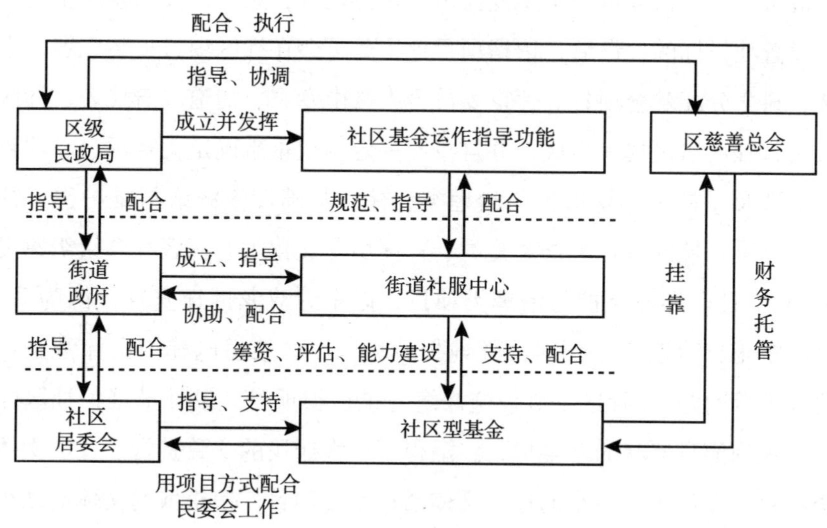

图3 挂靠市级慈善会

（二）以项目为载体科学分配社区基金

在社区基金使用方面，玉林东路社区睦林公益基金、水井坊街道慈善会与NPI社区基金有共同的特点：以项目为载体，依据居民需求与社区治理的轻重缓急，科学分配社区基金。在项目选定、基金分配上，这三个基金组织基本上是按照图4的流程实施的。

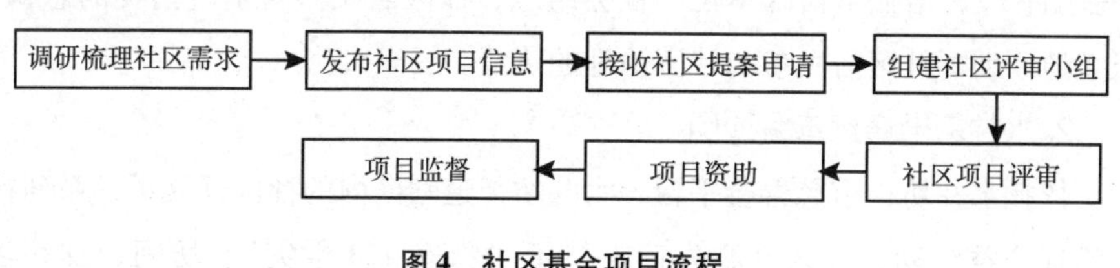

图4 社区基金项目流程

① 由武侯区玉林东路社区提供。

1. NPI成都社会组织项目

在项目确定时，首先对街道辖区内姐儿堰社区、东寺社区、双龙社区的居民诉求的公共议题进行了反复梳理与多方调查；然后，按照差序格局实际需求设置项目标的；最后，依据项目评审委员会在社区项目提案大赛中进行筛选，科学分配基金项目。评审委员会人员由专家、街道政府代表、社区工作人员、社区居民代表组成，并且按照一定的权重来确定大赛项目。项目内容主要涉及“社区环境保护与治理类、社区基础设施修缮与维护类、社区文体活动类、社区特殊人群关爱类、社区历史文化类、社区社会组织建设与发展类”。社区环境保护与治理类项目，以东寺双龙拆迁安置社区为重点，侧重于矫正与治理“个别居民随地扔垃圾，小区楼道电梯内乱涂乱画，不文明养犬等问题”。社区基础设施修缮与维护类项目，设计了维护社区配套设置、维修健身器材的基金项目，赢得了广大居民的一致赞赏。社区文体活动类项目，设计了一些小的社区文体活动基金项目，使松散的文体活动小组焕发了青春活力，手工艺品制作、舞龙舞狮等特色社区文化丰富了社区居民的生活，同时增进了睦邻关系，营造了社区和谐氛围。特殊人群关爱类项目，通过社区基金项目设计，通过组织关爱、组织互助等方式，关爱和服务残障、疾病、高龄、孤寡等特殊人群。社区历史文化类项目，通过设计寻找社区共同记忆项目，记录社区历史、文化传统、生活方式，增强了社区居民的归属感与责任感，形成了“社区是我家，和谐靠大家”的融洽氛围。培育辖区本土化社会组织成长项目，需要用社区基金项目激活社区内生力。2014～2015年，最终通过大赛筛选，确定了NPI成都社区基金项目13个（见附件1），增强了辖区单位、社会组织、社区居民参与基金捐资的意识，极大地调动了社区居民参与社区治理的热情。

2. 水井坊街道慈善会项目

依托水井坊街道慈善会平台，水井坊街道辖区内的社区开展了一系列社区治理公益活动，社区基金先后支持了“雅安420救灾”、坊间、友邻学院、第一届水井坊街道社区运动会、新春送温暖、辖区困难老人慰问等项目。2014年，水井坊街道举办了锦江“体彩杯”阳光新业首届社区运动会，参加居民近2000人次，主动报名参加组委会单位20余家，市体彩管理中心、4个区级部门（区检察院、金融街道商务区管委会、区旅游局、区信访局）、辖区3所学校、2个社会组织、10余个辖区企业承担了大量赛事志愿服务工作，对运动会给予大力支持，有钱的出钱、有场地的出场地、有裁判的出裁判、有志愿者的出志愿者等，街道在没有出1分钱的情况下，成功举办了社区运动会。[①] 这种依靠街道慈善会平台创新社区活动项目的做法，得到了辖区单位、居民群众的由衷好评。

在帮扶特殊群体方面，水井坊街道创建了“1+N”社区基金筹集模式，按照捐赠方意愿，实现精准帮扶，效果由捐赠方评价。街道向慈善会投入资金，负责街道慈善会日常工作人员费用，确保爱心企业捐赠的每一分钱都花在受助对象身上。截至2014年12月，爱心企业先后为特殊困难群体捐助20余万元，街道投入资金10余万元，帮扶困难群众72户、困境儿童家庭32户。[②]

3. 玉林东路睦林公益基金项目

武侯区玉林东路睦林公益基金结合辖区实际，创新了社区基金的使用方式，目前主要支持两个方面的项目。一是助困解贫。开展贫困老人医疗救助、特困人员住房救助、临时困难补助项目，将社区微基金定位在救急不救贫上，发挥基金四两拨千斤的作用，既预防了居民福利依赖的习惯，又避免了竭泽而渔使用社区基金的不好现象；既体现了基金的救急作用，又较好地表达了社区的人文关怀，受到了社区各界的好评。二是推进玉林东路社区公益机构发展项目。玉林东路社区有18家公益机构，这些机构在向政府申报项目购买服务前期调研时需要经费，于是睦林公益基金就扮演了孵化器组织的角色，给予它们一定的经费支持，促进了这些社区公益机构的健康成长。社区内的公益机构先后成功申报了14个市级项目、7个区级项目，引进服务资金近百万元进入社区[③]，为玉林东路社区和谐发展做出了巨大的贡献。

---

① 由“爱有戏”社会组织提供。

② 由“爱有戏”社会组织提供。

③ 由玉林东路社区提供。

（三）“全程跟踪+定期检查”的监管模式

在基金监管方面，NPI成都社会组织、水井坊街道慈善会、武侯区玉林东路社区基金尽管来源渠道差异明显。但是，三者的监管目标是一致的，透明公开，基本上是按照三步进行的。

第一步，事前，筛选基金项目绝对不囫囵吞枣，绝对不看人下菜打自己的小算盘，真正做到社区基金随着需求项目转，项目落地由全体评委说了算，基金理事会也好、街道官员也罢，都得根据社区的实际需求来定项目。所需项目基金的多少，根据标的确定划拨，做到不截留、不额外列支，真正把社区基金用在刀刃上，把每一分钱都用在项目上。第二步，事中，要求每月定期提交项目月度总结与项目月度财务报表，做到账目清晰明白，真正体现对基金捐赠人负责，对项目本身负责，真正做到项目按质按量完成。第三步，事后，基金项目完成后，全面审计总结社区基金项目的完成情况，做到财务公开透明，不盖丑、不护短，充分发挥社区基金治理社区的作用。

（四）对四川省社区基金运行方式的思考

四川省三种代表性社区基金运行方式有值得总结的经验，也有值得反思的问题。创新、务实、本土化特征的社区基金运行方式符合了四川省省情与成都市现实，发挥了社区基金应有的作用，在一定程度上推进了四川省社区发展，提升了四川省社区治理水平，满足了居民的多样化需求。

结合国内外社区基金发展经验，我们认为，四川省三种代表性社区基金运行方式有需要进一步完善的地方，要做到与国际接轨，与其他先行的省市看齐，就需要大胆创新，突破制度上的障碍，不论在机制体制上，还是试点实践上。

比较图3、图2、图1发现，这三种社会基金来源路径是由繁到简的，结合调研实际，我们发现，越复杂的路径，越不利于基金捐赠与基金项目的开展；越复杂的路径，离社区居民越远，对辖区单位、组织机构与社区居民捐赠的意识影响越弱。例如，NPI 成都社会组织在汇丰银行设立的社区基金由它自己代管，而政府配套的社区基金由街道办事处在管理，导致一个基金池的基金被人为分治，增加了不必要的协调成本，降低了基金的运行效率；在街道层面设立慈善会管理社区基金的做法，往往会混淆社区基金与慈善基金的界限，限制了社区基金的多元化用途，在形式上不利于社区基金会的正面宣传，也不利于鼓励社会、企业、居民、组织等有针对性地进行捐赠。

实际上，理想型的社区基金会，是简化了不必要中间环节的基金会，是设在社区层面的基金会，是捐赠主体与居民可以看得见、摸得着的基金会，是可以激发社区居民参与社区治理热情的基金会。这种社区基金会具有持续生命力，是目前国内外比较成熟、比较成功的社区基金会模式，也是四川省社区基金会未来前进的方向。

四　对策建议

针对四川省社区基金与社区基金会发展存在的不足，我们认为应该从以下几个方面加以推进。

（一）增强社区基金会对社区治理重要性的认识

随着我国创新改革、治理现代化的快速推进，以及四川省社区治理快速发展，社会对社区资源的要求越来越多，所需的资金也越来越多，我们应该增强社区基金对当前四川省社区治理重要性的认识，积极引导社区基金会发展，增强推进四川省社区基金会发展的决策意识。

（二）创新机制降低社区基金会注册门槛

在我国，目前社区基金会多为非公募性质基金会，其注册资金根据国务院《基金会管理条例》规定，不低于 200 万元人民币，这对四川省的西部城市社区来说，门槛过高。建议大胆地创新机制，破解注册资金过高与制约四川省社区基金会发展的现实问题。

（三）建立适应四川省社区基金会发展的长效机制

实践表明，四川省社区基金来源主要是各级政府财政资金投入、社会组织与社区居民自愿捐资。实际上，激发企业积极参与社区基金捐资热情，增强社区基金的保值增值能力是四川省社区基金会发展的重中之重，需要建立适应四川省社区基金会持续发展的长效运行机制。

（四）设立市级社区基金会专门服务管理机构

四川省类社区基金会三种社区基金运行模式在称谓上不叫社区基金会，不利于社区基金会的发展。我们建议，在市级民政部门设立市级社区基金会专门服务管理机构，同时财政预算设立种子资金和工作经费，以引导四川省社区基金会有序健康发展。

（五）促进社区基金会朝良性运行健康发展

社区基金会对四川省社区治理的重要性是明显的。本着对捐资者高度负责的态度，本着对居民高度关怀的真情，在推进社区基金会发展进程中，需要强化社区基金在公正、公开、透明的环境下运行，充分发挥社区基金在社区治理中的“润滑剂”与“和谐剂”作用。

参考文献

付娆：《社区发展基金：中国农村社区发展的创新性探索——基于四川省仪陇县社区发展基金的实证研究》，《农村经济》2010年第10期。

王劲颖：《以社区基金会为载体构建社区治理平台》，《中共青岛市委党校、青岛行政学院学报》2014年第5期。

《姜力副部长出席桃源居公益事业发展基金会成立仪式》。

《深圳首批6家社区基金会正式挂牌登记成立》，中国社会组织网。

资中筠：《散财之道——美国公益基金会述评》，上海人民出版社，2003。

王建军、叶金莲：《社区基金会：地位与前景对一个类社区基金会的个案研究》，《华中师范大学学报》（人文社会科学版），2006。

Agard，K. A.，H. Monroe，and E. Sullivan，Community Foundation：An Outline for Discussion and Initial Organization Start-up K it. Report，Council of Michigan Foundations，Washington D. C. 1997.

C. S. Mott Foundation，Community Foundations：Building a New South Africa through Community philanthropy and Community Development. Report，South Africa，1998.

滕尼斯：《共同体与社会》，林荣远译，商务印书馆，1999。

章敏敏、夏建中：《社区基金会的运作模式及在我国的发展研究——基于深圳市社区基金会的调研》，《中州学刊》2014 年 12 月。

附件 1　13 个 NPI 成都社区基金项目

社区	序号	项目名称	组织名称	类型
双龙社区	1	“爱的帮帮”老年志愿者服务项目	“爱的帮帮”老年志愿者服务队	特定人群服务类(老年)
	2	“净”在双龙“美”在社区	环境维护志愿者服务队	社区环境保护与治理类
	3	倡全民健身 弘武术之魂	双龙太极拳辅导站	社区文体活动类
	4	弘扬龙文化 传承龙精神	成都高新龙腾龙狮艺术团	社区文化类
	5	双龙社区“庆元旦”趣味运动会	双龙社区老年人协会	社区文体活动类
	6	读书原来可以这样玩——双龙社区亲子读书会	灵慧读书文化中心	特定人群服务类(亲子)
姐儿堰社区	7	中老年广场交际舞	姐儿堰社区中老年广场交际舞队	社区文体活动类
	8	你我的合唱团,大家的姐儿堰	姐儿堰社区老年合唱团	社区文体活动类
	9	邻里一家亲,互助姐儿堰	中和街道姐儿堰社区老人之家	社区组织建设发展类
	10	重阳节趣味运动会	中和街道姐儿堰社区老年人协会	社区文体活动类
东寺社区	11	南新七色馆	中和街道东寺社区南新七色馆	特定人群服务类(儿童青少年)
	12	广场舞规范管理	中和街道东寺社区娱乐健身队	社区基础设施维护及秩序维护类
	13	趣味运动会	东寺社区老年协会	社区文体活动类

资料来源：NPI 成都社会组织提供。

B.8
四川省流动青少年的城市适应与社会融入现状及对策建议

张祥荣　吴泓阳*

摘　要：　四川是全国流动人口大省。近年来四川省在流动青少年关爱工作方面取得了较为突出的成绩。本文通过文本分析方法对四川省流动青少年城市适应和社会融入方面的现状及特点进行了描述；对四川省的流动青少年关爱工作进行了分析评估；总结了四川省流动青少年关爱工作取得的成效；并对建设四川流动青少年的社会支持体系提出了对策建议。

关键词：　流动青少年　四川省　关爱工作　城市适应　社会融入

一　引言

随着中国经济的发展和城市化进程的深入，伴随着大量人口从农村向城市转移，从中、小城市向大城市转移，截至2012年10月1日零时，全国流动人口总量约为2.34亿人。由于户籍制度改革的严重滞后，城市里的“流动人口”（非本地户籍人口）无法成为城市的新移民，与此同时，城市流动青少年的数量也在快速增长。四川省义务教育阶段就读随迁子女数量在全国

* 张祥荣，四川省社会科学院社会学研究所副所长、青少年研究中心主任；吴泓阳，四川省社会科学院社会学研究所在读研究生。

居第六位，共计约有70万随迁子女。[①] 截至2010年底，全国正在上学的流动青少年，在流入地入读公办学校的比例仅为69%，流动青少年在流入地无法入读公办学校的现象依然存在。据推算，截至2010年底，全国约有205万流动青少年在民办打工子弟学校就读，此类学校在软硬件、教学质量方面都与公办学校存在较大差距。[②]

四川省作为流动青少年大省，全省各级党委政府、相关部门以及社会组织都曾围绕流动青少年的社会融入、学习生活、心理健康、法律权益等问题，建立了众多关爱阵地，招募了大量志愿者，整合了多方资源展开相关工作，探索总结出了“以社区为主体的社会支持模式”等创新工作机制。

可以说，在流动青少年问题上，四川省的态度是重视的，工作是踏实的，成效是显著的。但是，伴随着城镇化的快速发展、城市的快速扩张、城市流动人口的急剧增加，城市流动青少年数量也会相应增多。现有的工作机制是否已经成熟？未来的流动青少年问题是否能够得到有效应对？这就要求我们与时俱进，不断研究新问题，总结新经验，对已有的经验进行补充、提升、完善，不能止步不前，安于现状。

课题组针对四川省的流动青少年问题，从实证的角度出发，开展了资料梳理、专家咨询和田野调查三方面的工作，以确定研究的框架。首先，在资料梳理方面，课题组梳理了学界以往的相关研究，总结了以往研究的成果，并结合四川省委十届三中全会精神，调研了区域经济社会发展现状，查阅和分析了相关统计资料。其次，在专家咨询方面，课题组多次组织相关领域的专家，在上述梳理出的成果的基础上，联合敲定主题调研的地点、方式和方法，论证调研过程中涉及的技术性和伦理性问题。最后，在田野调查方面，课题组以问卷法、访谈法以及观察法的方式，对部分市（州）的流动青少

① 2010年第六次全国人口普查数据显示，截至2010年11月1日，全国0~17岁儿童有27891万人，其中流动青少年数量已达26992万人；2012年全国教育统计数据显示，截至2012年底，全国义务教育阶段在校生总数14459万人，城镇义务教育阶段在校生人数7415万人，其中进城务工人员随迁子女1394万人，即在城镇每100个义务教育阶段学生中就有约19个是进城务工人员随迁子女。

② 《中国流动儿童数据报告（2014）》。

年、流动青少年监护人以及相关关爱阵地进行了实地调查。

经过以上程序，课题组决定采取两种方式进行关于流动青少年的调研。第一，以“我的新家”、“不一样的城市”、“我的城市生活”等为主题，向四川省内的流动青少年征集作文，然后对收集到的文本进行分析，从主观的层面，即流动青少年对自身处境的感观来研究其城市适应和社会融入的情况。第二，以成都市“蒲公英家园”为例，通过对以社区为主体的社会支持模式进行评估分析，客观地了解流动青少年城市适应和社会融入的改善情况。

二　流动青少年的相关概念界定及研究回顾

（一）相关概念的界定

1. 流动青少年

目前，国内学界关于“流动青少年”概念的界定尚不一致，其争论主要集中在流动青少年的年龄范围上。① 根据课题组的实地调查和四川省的现状，本文所界定的流动青少年为：从农村跟随父母一方或双方一起流动到城市，但未获得城镇户籍、处于义务教育阶段的7～18周岁的青少年。

2. 城市适应和社会融入

目前，国内学界在讨论城市流动人口对城市新环境的适应情况时，使用的术语并不一致，如“城市适应”、“社会融入”、“社会融合”、“社会调适”等。这些术语的含义虽有差异，但都表达了研究者所关注的重点，即流动人口进入城市后在物质生活与精神生活方面的适应过程。

根据课题组对流动青少年的观察，本文采用“城市适应”与“社会融入”这两个术语，从物质生活与精神生活两个方面来描述流动青少年对城

① 王慧娟：《城市流动儿童的社会融合》，《重庆理工大学学报》（社会科学版）2012年第6期。

市新环境的适应情况。“城市适应”是指流动青少年进入城市生活后，对迥然于农村的物质环境的身心适应。“社会融入”是指流动青少年进入城市生活后，与周围群体的互相配合、互相适应的过程。“城市适应”着重描述流动青少年的物质生活，“社会融入”着重描述流动青少年的精神生活。

（二）流动青少年相关研究的回顾

就文献所见，学界针对流动青少年的研究可分为两大类。

1. 针对流动青少年自身问题的研究

这方面的研究主要包括对流动青少年所处困处境及其所引发的各种问题的研究。研究发现，由于我国长期实行相对封闭的城乡二元体制，农村和城市的发展具有巨大的差异，流动青少年进入城市面临着诸多问题。

首先，城市里的公共教育资源是有限的，并且这种公共教育资源的分配体系是以城市居民的需要为基础建立的，流动青少年很难平等享受到。

其次，由于城市家庭和流动青少年家庭在占有社会资源、社会地位、生活习惯上存在差异，城市群体对流动群体产生一定的社会排斥。这种群体间的社会排斥也影响到了流动青少年。

最后，流动青少年往往无法获得一个良好的家庭教育环境。流动青少年的家长往往无法在城市中为流动青少年创造一个良好的生存环境，并对流动青少年进行良好的教育、引导。甚至，有的流动青少年家长疲于生计，常常忽视了对孩子的陪伴，从而在孩子的成长中缺位。

基于上述一系列无法回避的问题，流动青少年在城市生活中呈现一些负面表现。

首先，在心理健康方面，流动青少年出现了焦虑、孤独、缺乏自我意识等负面情绪。[①] 流动青少年在很多方面存在着问题，如更低的自我意识、较低的自尊水平和更多的消极人格品质，且学习效能感不足。[②] 其中，最为突

① 顾唯页：《城市流动儿童心理问题分析和对策》，《文教资料》，2006。

② 胡进：《流动人口子女心理健康存在的问题及教育干预》，《教育科学》2002 年第 11 期。

出的问题是流动青少年的孤独感严重，甚至强于留守儿童。

其次，在社会融入方面，流动青少年缺乏与其居住的社区以及新学校（特别是迁入地的公立学校）中的同伴之间的交往整合能力，表现出被排斥的相对封闭特征。这种社会排斥阻碍了流动青少年的社会融入。①

再次，在家庭关系方面，流动青少年缺乏父母的陪伴，导致其产生情感表达方面的困难，从而造成了僵硬的亲子关系，甚至使其对父母萌生出厌恶的情绪。

最后，基于上述一系列的负面影响，有的流动青少年处于严重的“失范”状态，最终产生了“越轨”行为；有的甚至一发不可收拾，从此走上“越轨”生涯。

2. 针对流动青少年问题改善和解决的研究

这方面的研究主要是以上述流动青少年所处的劣势处境及其所引发的各种问题为基础，提出各种改善和解决的方法和策略，大致有以下几类。

第一，提倡从户籍制度、就近入学、教育经费拨款制度等宏观方面着手，从制度层面完善相关政策，并且督促各个地方贯彻执行好相关教育政策。②

第二，提倡政府要保障流动青少年的基本受教育权利，还应建立流动青少年学校弥补公立教育资源的不足，并对教师进行流动青少年专项技能培训，以此促使流动儿童在校与老师、同学的关系更加融洽，从而正确疏导流动青少年心理问题。同时，还需对流动青少年进行额外的学业辅导。③

第三，提倡全国人大和各级人大通过立法保障流动青少年的受教育权利等基本权利，或者提倡各级政府制定相应政策，通过拓展公共服务，使城市的公共资源向流动青少年适度倾斜。也有学者提倡学校改革教育体

---

① 周皓、章宁：《流动儿童与社会的整合》，《中国人口科学》2003 年第 4 期。

② 吴新慧、刘成斌：《出路与保障——农民工子女教育的国家政策》，《中国青年研究》2007 年第 7 期。

③ 李雅儒、孙文营、阳志平：《北京市流动人口及其子女教育状况调查研究（上）》，《首都师范大学学报》（社会科学版），2003。

制，转变办学理念和教学模式，从而满足流动青少年对公共教育的特殊需求等。

三　流动青少年对自身处境的感观——针对四川省流动青少年的文本分析

文本分析法是对各种信息交流形式的明显内容进行客观、系统和定量描述的一种研究技术，具有非干扰性的特征，不会对研究对象产生干扰、影响。

课题组以“我的新家”、“不一样的城市”、“我的城市生活”等为主题，向四川省内的流动青少年征集了200份作文，采用文本分析法来分析流动青少年对自身处境的感观（见表1）。

表1　流动青少年作文部分摘录

编号	对家乡的感观	对城市的感观	总体评价
1	热爱家乡的自然环境，亲近自然，与动物、植物很亲近	对城市的交通便捷，商店的便利由衷赞美	家乡和城市各有各的好处，各有各的特点
2	家乡交通不便，空气清新，接近自然，风景漂亮	城市交通便捷，网络方便，但是空气污染严重	总之城市有城市的好，农村有农村的妙，各有缺陷与不足
3	家乡空气清新，风景优美，农村人勤劳平易近人	房子变多变高、马路变宽、汽车变多、行人变多、学校变漂亮。与父母在一起活泼开朗了	城市带来的亲情使得与农村相比城市更加美好，城市比农村更便利
4	远离父母，成绩一般，每天背着沉重的书包，走很远的路，心情不好，没有宽阔的操场，老师在黑板上写，自己在下边做笔记	生活条件提高了，每天早上一瓶牛奶和两个鸡蛋，学校远比想象中的漂亮美丽，自主能力提高，成绩大幅度提高	感觉城市比家乡更加美丽，特别是学校，在城市有父母在身边，感觉到父母的关心和爱，更喜欢城市
5	家乡贫穷、吃饭不方便，老师责任心不够，同学身上脏，环境不好	老师更加负责和友好，成绩大幅度提高，同学衣服干净整洁，环境好，草树花培养得好，饭菜更加可口，吃饭方便	喜欢城市，不喜欢农村

续表

编号	对家乡感观	对城市感观	总体评价
6	家乡交通不便,物质紧缺,住房条件差,不美观,老师少	交通方便,商品琳琅满目,楼房宽敞明亮,小区环境优美,老师各有分工,学生学习动力更足	喜欢城市,感叹社会发展快
7	学校简陋,下雨老师、学生就成落汤鸡,上学道路艰辛而漫长,翻山越岭,同学结伴回家,在昏暗灯光下看书	学校精美,走廊明亮,下雨不会影响上课,路灯明亮,开心回家,在明亮台灯下写作业,累了舒服地休息	城市生活更加美好
8	房屋破旧,空气清新,都是老年人,厕所条件差,很多虫子,有无公害蔬菜	高楼大厦,空气河流污染严重,房屋干净,厕所明亮便利,蔬菜有农药,有乱吐痰现象	家乡、城市各有优缺点
9	没有父母陪伴,养成独立习惯,学校很破,自己带饭在学校吃	有父母陪伴,生活更加美好	城市比家乡更加美好,有父母陪伴获得心里安慰
10	过去道路泥泞,房屋破烂;现在是宽阔柏油路,两边是枝繁叶茂的大树,有绿油油的稻田,房子宽敞明亮	没有谈及,但是能感觉对城市环境的喜欢	虽然农村发生了翻天覆地的变化,但与农村比,更喜欢城市
11	爷爷奶奶很关爱自己,在老家很自由,奶奶会准备很多水果和零食,在家乡暑假可以自由玩,抓田螺,去河里划船,做自己喜欢的事情	有爸爸妈妈的陪伴,成绩不好会被骂,看电视被严格规定和监管,没做完作业会被骂,暑假没有时间去玩	更喜欢家乡的自由,不受太多约束,有玩耍时间,没有父母的逼迫。城市反而不自由,太枯燥
12	空气新鲜,交通不便	城市变化大,立交桥很多,有很多历史名胜,很多美食,高架桥很多,交通便捷,高速公路四通八达、高楼林立,有地铁、电动公交车,空气不好	家乡虽然空气好,但更爱城市
13	家乡的学校又破又旧,空间小,厕所小、不方便,空气好,爷爷奶奶给自己更多自由	学校很大,有数栋教学楼,教室设施比较好,汽车太多,空气污染严重,父母管理很严格,不自在	对农村和城市的自我感觉一样,各有特点,有得有失
14	农村没有汽车、飞机、人行道,亲近自然捉蝴蝶,农村更加自由,可以自由玩耍,外出方便	方便,可以看电视,玩电脑,逛公园,学校变得更加好了,有了饮水机,环境好。天天忙着学习,睡眠时间少了	觉得农村更好,那里有自己的欢笑

续表

编号	对家乡感观	对城市感观	总体评价
15	很孤独,爷爷奶奶不能给自己学习上的指导,爷爷奶奶接送上学,其他同学是爸爸妈妈接送,过生日也与平时无差别,会想爸爸妈妈,穿旧衣服	校园更大,校园环境更好,爸爸妈妈接送上学,有新衣服穿,吃完晚餐会逛街,成绩提高了许多,爸爸指导学习,过生日爸爸妈妈会买蛋糕、给礼物	更喜欢城市,有父母的陪伴、关爱,物质条件更好,精神关爱更多
16	农村生活,可以随意奔跑,亲近自然,随手摘野花,有小狗陪伴,与同学自由嬉戏,活泼,天真可爱,融入自然	没有野花等美丽的风景,性格变得内向,不愿交朋友,只有一个朋友	更喜欢农村,在城市不自由
17	十分快乐,家里没有篱笆,家禽都放在林子里,自由,想干什么就干什么,粗茶淡饭却很有感情,敬重大自然,与自然亲切,乡下的天空是晴朗干净的,穷的有骨气,乡下是互助的	城市是灰色,不快乐,为鸡毛蒜皮的事情相互猜忌,斗个你死我活,想方设法地获得利益,城市人不真诚,享受科技失去自然	更喜欢农村的真诚,自由自在,自然环境优美舒适
18	空气清新、绿草茵茵,自然环境好,鸟儿清脆鸣叫,没有山珍海味,却有浓浓的爱,没有车却能悠闲地散步	房子华丽,楼盘雄伟,生活方便,汽车尾气污染大气,车祸很多,食品不安全有激素,工业废水污染河流	农村环境更好,生活质量很高,自然环境好,食品安全,空气清新,更喜欢农村
19	在农村生活得很快乐,有青山绿水,春有鲜花,夏可嬉戏,秋有收割,冬有鞭炮,欢乐自由	城市压力大,父母因为性格问题经常争吵,心理压力大	更喜欢农村
20	各自有各自的美	到处都是高楼大厦,各种汽车和自行车、电瓶车	更喜欢家乡的自然环境

课题组先将作文中写到的内容以“物质生活相关”和“精神生活相关”为标准，划分为两个变量，每个变量有若干指标（见表2）。

表2　变量及指标

变量	物质生活相关	精神生活相关
指标	自然环境 学校条件 交通 日常生活条件	与家人之间的交往 与非家人之间的交往

然后，课题组为流动青少年对变量的评价或描述进行赋分。由于作文当中这方面的用词、描述相当繁杂，课题组采用了较为简单的赋分方式，具体如下。

若流动青少年对某个指标的评价或描述含有褒义，记“+1分”；若流动青少年对某个指标的评价或描述含有贬义，记“-1分”；若流动青少年对某个指标的评价或描述不含褒义也不含贬义，则记“0分”。变量的得分即为该变量下指标的总分。

经过统计，城市方面得分如表3所示，家乡方面得分如表4所示。

表3 城市方面得分

变量	指标	平均得分
物质生活相关	自然环境	-0.2
	学校条件	0.3
	交通	0.25
	日常生活条件	0.25
	总分	0.6
精神生活相关	与家人之间的交往	0.25
	与非家人之间的交往	-0.1
	总分	0.15

表4 家乡方面得分

变量	指标	平均得分
物质生活相关	自然环境	0.45
	学校条件	-0.2
	交通	-0.4
	日常生活条件	-0.3
	总分	-0.45
精神生活相关	与家人之间的交往	0.05
	与非家人之间的交往	0.25
	总分	0.3

由表3和表4可知，流动青少年进入城市后，除了对自然环境不甚满意外，其他物质生活方面均得到了极大的改善。而在精神生活方面，流动青少

年进入城市后与家人之间的交往更加密切了，得到了比以往更亲密的体验，但与非家人之间的交往得分却下降不少。

结合上述结果，课题组对文本进行了更深入的分析和理解，总结了四川省流动青少年的以下几个特点。

第一，绝大多数流动青少年对城市的感观较好，城市生活适应度高。课题组分析发现，仅有不到10%的流动青少年表现出对城市强烈的厌恶及不满，其余的都表达了对城市的喜爱，对城市生活认同度较高。深入分析其原因，课题组认为主要有两点。首先，很多流动青少年都提到了，和父母生活在一起了，有了父母的陪伴，感受到了父母对自己的爱，精神上得到了极大的满足。其次，流动青少年得到的物质条件较以往大大提升，且城市学校的软硬件较以往更好地满足了流动青少年在学习和情感上的需求。

第二，流动青少年对农村持有深厚的情感。虽然一部分流动青少年提到农村在基础设施等方面与城市存在巨大差距，但也提到了很怀念远优于城市的自然环境条件。同时，这种对自然环境的怀念呈现一种温馨的感觉。

第三，流动青少年在城市的社会关系网络较狭窄，社会融入度有待提高。课题组通过分析发现，大部分流动青少年在城市的人际交往关系仅限于自己的父母、学校的老师及同学，几乎没有提到学校或家庭居住社区的情况，以及更大范围的群体交际情况。同时，部分流动青少年在自述中表现出一种对城市人的疏离感，如有的在作文中提到城市人“斤斤计较”、“一点鸡毛蒜皮的事也要算计”、“人心难防”等。

可以说，四川省流动青少年中大部分对城市生活的认同度和适应度较高，但是其社会融入度还有待提高。

四　四川省流动青少年关爱工作取得的主要成效

针对课题组发现的流动青少年社会融入度低的问题，课题组进行了跟踪调查，发现目前四川省各级部门都不同程度地开展了相应的关于流动青少年

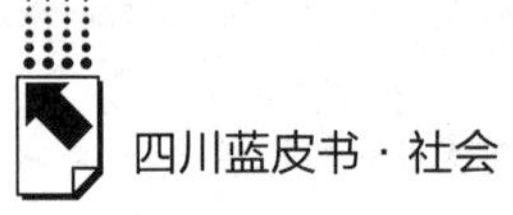

关爱的工作，以求提升流动青少年的城市适应及社会融入程度，从而解决由此引发的各种问题。

（一）全省范围内的基本工作及成效

第一，各级相关部门高度重视，发布了相关的工作意见。如《四川省妇联2013年深入推进关爱留守（流动）儿童工作意见》、《四川省妇联2014年深化关爱留守（流动）儿童工作意见》等。文件中提出，全省各级妇联组织将针对留守（流动）儿童在亲情缺失、家教缺位、安全缺护等方面存在的突出问题，重点抓好"五大"关爱项目，扎实推进农村关爱留守儿童服务体系试点工作，帮助留守（流动）儿童健康成长。所谓"五大"关爱项目，是指"家庭团聚送亲情项目"、"父母大课堂送关爱项目"、"快乐成长送帮扶项目"、"安全保护送平安项目"以及"免费体检送健康项目"。这"五大"项目恰好弥补了城市流动青少年最需要的亲情关怀、家庭教育以及安全健康三个方面，为城市流动青少年城市适应和社会融入程度的提高做出了实实在在的贡献。

第二，各级相关部门基本把握了关爱工作的主体，形成了一些相对成熟的工作机制。各级相关部门在日常关爱工作中有主体、有客体、有中心、有外围，把握了服务主体的真正需求，使得关爱工作既切实有效，又分清了主次，条理有序、效率较高。

第三，关爱资源得到了有效整合，社会组织、"五老"志愿者等被纳入了关爱工作体系。各级相关部门积极转变工作思想，将向社会购买服务这种新的治理模式运用到流动青少年的关爱工作中，使得社会上的大量资源，如专业的社会组织、"五老"志愿者等，得以有效整合。

第四，社会风气正在好转，公众、媒体关注度较高。随着各级相关部门对流动青少年关爱工作的大力开展，大量传统媒体和新兴媒体对这方面的关注度愈发高涨。这为流动青少年的城市适应和社会融入带来了两个显著的好处。首先，随着媒体的广泛关注和报道，社会上的各界人士、组织得以知晓流动青少年的情况，积极参与到对流动青少年的关爱活动中。其次，随着媒体对流动青少年情况的深入挖掘，社会上对流动青少年的误解和歧视愈发减少。

（二）部分地区的主要经验——以成都市流动青少年示范基地“蒲公英家园”为例

成都是我国区域中心城市（西南），是国务院确定的西南地区的科技、商贸、金融中心和交通、通信枢纽，更是四川省的政治、经济和文教中心。成都所拥有的政治、经济文化资源，作为经济发展极点所展现的强劲的发展势头和前景以及巨大的人才、劳动力资源需求的影响力辐射整个中西部地区乃至全国。同时，成都更吸引着大批人口的流入，特别是西南地区的人才、劳动力不断流入成都寻求发展、建设成都。据 2013 年统计，成都市总人口超过 1400 万人，其中，市区人口 330 多万人、流动人口 240 多万人，其中，流动青少年 25 万多人。因此，成都更面临着流动问题的巨大挑战，其中关注和解决流动青少年问题对成都的经济持续强劲发展、社会的和谐稳定具有重要的现实意义，因为，今天的流动青少年，就是未来成都的新市民和劳动力。他们的社会融合问题关系到他们所在城市未来的经济社会发展和稳定。

在此社会背景之下，2014 年，成都市委、市政府把关爱流动青少年纳入民生工程，由成都市妇联牵头具体实施这项民生工程，2013 ~ 2015 年市妇联建立“流动青少年示范基地”10 个，涉及区县 13 个，为推动流动青少年“平等融入 共享蓝天”奠定了扎实基础。

1. 点位特点

所选点位都是在成都市一、二圈层内流动人口集中、家庭教育工作基础扎实的城市社区及二圈层中个别特殊区域内流动人口集中、家庭教育工作特别突出的区县。

2. 主要点位介绍

高新区桂溪街道双和社区：该片区面积约 3 平方公里，人口密集，紧邻新会展中心、环球中心、孵化园及软件园，该选点地处双源、双和、双桂、双祥、双吉社区中心。五个社区常住人口 28795 人，流动人口 13550 人，流动青少年1300余人。“蒲公英家园”选址在其流动人口聚居小区内，占地200余平方米，充分满足打造“家园”硬件需要，为流动青少年及其家庭提供了教育、卫生、社会心理支持等多项服务。

锦江区双桂路街道通慧社区：锦江区流动人口34.26万人，占实有人口总数的43%。其中流动青少年近10万人，流动家庭和子女占据着人口很大的比例。双桂路街道流动人口13530人，社区16岁以下流动青少年294人。双桂路街道办事处是锦江区重点街道之一，由区委书记对口联系，直接分管，各项工作基础扎实。国家民政部副部长姜力、四川省委书记王东明、成都市委书记黄新初都曾亲临双桂路街道办事处调研社会管理创新和基层群众工作，对双桂路办事处各项工作开展情况给予极高评价。街道党委高度重视妇联工作，成功建立了锦江区“妇女之家”和“儿童之家”示范点。

青羊区西御河街道西华门社区：青羊区西御河街道现有18岁以下儿童2884人，占户籍人口的6.3%。截至2013年末，辖区内有中小学在校学生4385人，其中流动青少年285人。青羊区西御河街道西华门社区位于成都市中心城区，流动人口占总人口的52%。辖区内有天府广场、省科技馆、省图书馆、省美术馆等重点地区和单位，有省、市伊斯兰协会、皇城清真寺等重点宗教组织和场所，有武警四川省总队等省、市、区重要国家机关。青羊区西御河街道西华门社区同时具有流动青少年多、少数民族儿童多的特点，通过建立“流动青少年示范基地”引入专业的社会组织开展系列培训和实践活动，帮助了当地流动青少年有效地融入城市生活，使其健康、快乐地成长。其中，回民小学有大量的进城务工人员和少数民族子弟，全校538名学生，少数民族79人，流动青少年占80%以上（400余人）。

3. 工作成效

课题组对“蒲公英家园”的成效进行评估时，采用了问卷调查的方式。在问卷的设计中，课题组以“是否经常参与‘蒲公英家园’的活动”为标准，将被调查者区分为“参与”组与“非参与”组，每一组都包含相应的流动青少年及其家长，通过这一标准以分组对比来考察“蒲公英家园”对流动青少年群体的相关影响，其分组对比统计数据结果如表5和表6所示。

表5　家长卷分组对比

单位：%

项目	经常参与	非经常参与
您的青少年成绩(非常好及比较好)	66.1	47.7
您的青少年受欢迎程度(非常好及比较好)	66.8	55.6
您的青少年与家人相处情况(非常好及比较好)	89.5	78.5
您的青少年喜欢现在这个地方吗(喜欢)	60.2	47.8

在问及“您的青少年成绩情况”时，选择青少年成绩非常好及比较好的被调查者中，“经常参与”组占66.1%，“非经常参与”组占47.7%，“经常参与”组比“非经常参与”组高18.4个百分点。可以看出，对于流动青少年的学习能力的提高，“蒲公英家园”的活动有明显的正向影响。原因在于针对流动青少年普遍开展的“放学后课堂”对青少年学习的辅导，可以及时解决青少年在课业学习中所遇到的困惑，使接受基地服务的青少年不会出现学习掉队的情况。

在问及“您的青少年受欢迎程度”时，选择非常好及比较好的被调查者中，“经常参与”组占66.8%，“非经常参与”组占55.6%，“经常参与”组比“非经常参与”组高11.2个百分点。可以看出，对于流动青少年的交往能力，“蒲公英家园”有好的影响。青少年通过参与基地的活动接触了更多的同龄人，以及社区中的居民。青少年更加外向、活泼，更乐于与人交往。同时，“蒲公英家园”开展的礼貌用语、文明行为以及道德素质的培养使得青少年的行为习惯更礼貌与文明，因此也就更容易受欢迎。

在问及“您的青少年喜欢现在这个地方吗”时，选择喜欢的被调查者中，“经常参与”组占60.2%，“非经常参与”组占47.8%，“经常参与”组比“非经常参与”组高12.4个百分点。这说明，对于流动青少年与外部环境相处的能力，“蒲公英家园”的活动有比较好的影响。流动青少年对迁移地的喜爱情况是评价流动青少年与外部相处情况的综合反映。一方面，具有较高的与外部环境相处能力的青少年能够积极地面对新环境；另一方面，这种良好的适应能力能够获得新环境中的人的认可，这种认可会反向影响青少年对新环境的喜爱。从此因素考察，“蒲公英家园”培养了青少年与外部环境相处的能力，基地工作人员以及社区其他人与青少年的沟通，也使得青少年感受到了被环境的认可。这对流动青少年的城市融入具有关键和积极的影响。

在问及“您的青少年与家人相处情况”时，选择非常好及比较好的被调查者中，“经常参与”组占 89.5%，“非经常参与”组占 78.5%。“经常参与”组比“非经常参与”组高 11 个百分点。这说明，对于流动青少年与家人相处的能力，“蒲公英家园”活动具有好的影响。家庭是青少年的最基本的环境，“蒲公英家园”促进了流动家庭的和谐。拥有一个良好的家庭环境、畅通的家庭沟通、温馨的家人交往是流动青少年得以成长的基础。

综上，家长卷的分组对比分析表明，“蒲公英家园”对于青少年学习能力、交往能力、环境融入能力（与家人相处、与外部环境相处）都有好的影响。

表 6　儿童卷分组对比

单位：%

项目	经常参与	非经常参与
居住意向 (喜欢现在这个地方以及都喜欢)	87.3 (现在:56.2)	70.5 (现在:35.1)
成绩(很好与比较好)	62.7	50.0
认为自己受家人喜欢	95.7	84.5
愿意和同学放学一起回家	94.4	90.2
愿意请同学到家中做客	95.8	91.7
愿意和小区里的小朋友一起玩耍	95.9	88.4
愿意邀请小区里的小朋友到家里做客	90.8	81.3

在问及“你喜欢现在的地方还是老家？（居住意向）”时，选择喜欢现在这个地方的青少年中，“经常参与”组占 56.2%，“非经常参与”组占 35.1%，“经常参与”组比“非参经常与”组高 21.1 个百分点。这表明参加“蒲公英家园”活动有利于青少年主观上对迁入地产生好感。对于流动

青少年来说，在习惯一个新环境的时候最大的困难在于无法找到一个融入的节点，由于自身的特殊性，他们无法去习惯迁入地的方方面面。需要一个为他们而打造的窗口，代表新环境去迎接他们，为他们提供一个去融入的节点，“蒲公英家园”恰好扮演了这样的角色。因此，“蒲公英家园”的服务对青少年的正向影响，通过移情效应反映到了青少年对整个迁入地的喜爱。

在问及“你的成绩怎么样?”时，选择很好与比较好的青少年中，“经常参与”组占62.7%，“非经常参与”组占50.0%，“经常参与”组比“非经常非参与”组高12.7个百分点。这表明“蒲公英家园”对青少年学习能力的培养具有好的影响。

问及“认为你的家人喜欢你吗?”时，选择喜欢的青少年中，“经常参与”组占95.7%，“非经常参与”组占84.5%，“经常参与”组比“非经常参与”组高11.2个百分点。这个问题反映了流动青少年与家人相处的能力。这种能力包括了感受家人的爱的能力，也可以表示为“懂事”的能力，能够理解父母，对青少年来说就是简单地认为父母是否爱我，是否能够懂得父母的所作所为是为了自己。而“蒲公英家园”让青少年更加“懂事”，更能理解父母，从而感受到父母对自己的爱。

“是否愿意和同学放学一起回家?”以及“是否愿意请同学到家中做客?”这两个问题主要是测试流动青少年与学校环境的融入意愿，绝大多数的青少年都回答愿意，但是组间差别不大。这说明，被调查的接受“蒲公英家园”服务的流动青少年总体上都呈现积极的融入意愿，这种积极的意愿也侧面反映出融入情况较顺利。

“愿意和小区里的小朋友一起玩耍?”以及“愿意邀请小区里的小朋友到家里做客?”这两个问题主要是测试流动青少年与社区环境的融入意愿，在回答愿意的流动青少年中，“经常参加”组分别占95.9%与90.8%、“非经常参加”组分别占88.4%与81.3%，分别相差7.5个与9.5个百分点。整体上，被调查群体都有积极的融入意愿。同时，可以看到社区里的融入相对于学校里的融入差别更大，学校融入在整体中更顺利，社区的融入相对困难，更需要社区支持。

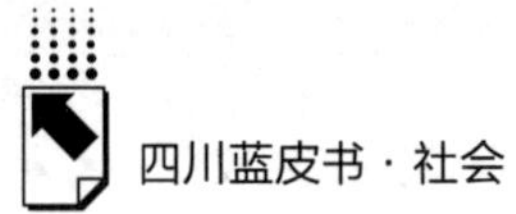

综上，儿童卷更多的是反映被服务的流动青少年的主观意愿状况，这个主观意愿的测量反映了流动儿童初始社会化中的心理健康程度（特别与环境融入相关）。从分组对比的结果来看，儿童卷的数据呈现这样的特点：接受“蒲公英家园”服务的整个群体具有很高的融入意愿，这种高融入意愿有别于此前研究中流动青少年主观融入困难的结论，说明接受了“蒲公英家园”服务的青少年主观的融入意愿有很大的提升。这是因为“蒲公英家园”为青少年的城市融入提供了一个专门为他们所打造的窗口。

“蒲公英家园”所服务的青少年们不再从心里抗拒他们现在的迁入地，大多数青少年不再沉溺于对老家的怀恋。课题组认为这是因为他们在这里获得了同样的快乐。同时，在成绩和受家庭喜欢的问题回答中，整个群体大多数选择了正向的答案（成绩好、被家长喜欢），这表明这个群体的青少年对自我具有信心，相信自己是好样的，能够感受到家长的爱意也是其情感健康的表现。在学校与社区的融入意愿方面，大多数青少年选择了积极的回答，课题组相信这是与学校及社区良好融入互动的结果。从儿童卷来看，整个群体通过问卷所呈现的积极、快乐的心理状态使人感到欣慰。这种积极、快乐的心理状态是“蒲公英家园”的服务工作所带来的成果。

“蒲公英家园”是流动青少年从户籍地迁入成都后进行城市融入时所面临的积极引导因素。由成都市妇联牵头建立的旨在“平等融入 共享蓝天”的10个“蒲公英家园”代表成都迎接了迁入成都的小朋友，成为流动青少年融入成都的窗口。这个窗口依据他们的需要和特点打造，所提供的服务使流动青少年感受到成都这个新环境给予他们的关注和关爱，使他们获得了快乐和温暖。从而，流动青少年具有了很高的融入意愿，为他们顺利实现融入打下了基础。

有针对性的服务和活动设计、完备的基地设施以及趋于专业化的服务人员，使得“蒲公英家园”对流动青少年具有较高吸引力，较高的吸引力带来了较高的参与率，也让社会的支持可以高效、顺利地进行。通过科学、系统的实证研究调查，成都市“蒲公英家园”对流动青少年的城市融合和全面发展产生了积极的引导效果。“蒲公英家园”所服务的流动青少年群体在心理健康、情感健康上的积极表现超过了流动青少年的平均水平。“蒲公英家园”使得流动青少年的学习能力、交往能力、环境融入能力都有显著提升。在“蒲公英家园”的帮助下，流动青少年与成都社会环境的方方面面都实现了良好的互动。

五 四川省流动青少年问题及对策建议

（一）针对现有流动青少年关爱工作的建议

第一，将流动青少年关爱工作纳入总体规划之中。流动青少年这一特殊的社会现象还将持续存在相当长一段时间，问题的难度可能会加大，做好中长期规划尤为必要。在社会治理精细化、网格化的今天，应继续将流动青少年关爱工作划归民生工程。梳理和测算当前各部门分散的人财物投入，进行总体打包规划、调配资源和对口服务。具体而言，就是四川省在关爱流动青少年注重具体实际工作之外，还应该注意谋划未来，做好中长期发展准备。要将完善流动青少年关爱工作纳入四川省经济社会发展和民生改善的总体规划之中，把关爱工作作为一项重要的民生工程，使各级政府切实把群众关切作为工作的出发点和落脚点，真正将工作做扎实、做细致，把关爱送到需求者手上。同时，四川省作为流动人口相对较多的省份，有力量和勇气在创新、升级关爱流动青少年工作中作西南的表率，当全国的先锋。

第二，注重流动青少年关爱工作的资源整合。四川应立体利用专业资源解决本土难题，充分利用辖区内重点院校、科研院所林立的资源优势，将人才专家的储备资源转化为财富。建立健全政策举措出台和实施的征询和评估制度，有效保障其科学性和可操作性。四川省的优质科研资源应该受到重视并得到利用，发挥专业人员在关爱领域的作用。积极吸纳专家学者科学合理的意见建议，有利于承办流动青少年关爱工作的部门、组织得到科学指导，同时还可以有效规避风险，进一步推进流动青少年关爱工作的顺利实施。具体而言，建立健全征询和评估制度，发挥相关领域专家脑力资源，实现科学关爱；培育承办流动青少年关爱工作的相关部门、组织及工作人员，提高其专业素质及工作能力。

第三，加大并规范对流动青少年关爱工作的资金支持力度。流动青少年关爱工作实施以来，在日常工作中有主体、有客体、有中心、有外围，有必要继续把握流动青少年及其家长的需求，创新活动的方式，完善相应的设施、设备和场地，并继续加大对相关工作的监督指导力度，促进流动青少年关爱工作再上新台阶。首先，各级相关部门在资金投入、政策规划及统筹协调上要发挥主导作用，积极完善向社会购买相关服务的方式、过程，确保事实有据、结果公正、过程透明。其次，健全相应的考评、激励机制，加强动态监管，规范过程行为。最后，建立相应的反馈机制，并对流动青少年关爱工作中反馈的需求做出积极的响应。

（二）流动青少年相关政策应该注重的方面

1. 流动青少年产生的根本原因

户籍制度是流动青少年产生的根本原因，也是决定流动青少年城市适应和社会融入的最为关键的结构性因素。在目前建设和谐社会、实现包容性增长的社会目标之下，四川省应逐步破解二元区隔的社会制度，加强制度的融合，逐步将城市公共福利体系向流动青少年开放，保证发展成果平等地为所有人所共享。

2. 家庭和社区的重要作用不应被忽视

家庭和社区是流动青少年长期生活的地方，是流动青少年社会化过程中的重要主体，也是流动青少年提升城市适应和社会融入能力的重要场域。在制定流动青少年相关政策时，不应忽视两者的重要作用。

首先，家庭作为一个初级群体，具有亲密的面对面交往和合作等特征，流动青少年在其中投入了大量的个人情感，在形成其社会性和思想观念等方面起到了初始作用。家庭的物质环境、教育环境等都是影响流动青少年的重要因素。因此，提升流动青少年父母的能力，增强他们自身的城市适应和社会融入能力，对流动青少年的家庭成长环境以及情感支持等有积极影响，将促进流动青少年在城市的融入。[①]

其次，根据课题组对成都市“蒲公英家园”的研究发现，社区的资源是相当丰富的，不应忽略它在流动青少年城市适应和社会融入过程中的积极作用。政府要重新寻找和了解社区内的资源、资产和能力[②]，增强流动青少年与其他社区成员之间的依赖感和对社区的归属感，消除流动青少年及其家庭与城市居民之间有形和无形的隔墙。因此，政府要注重在城市内部发现社区资源，培育社区成员良好关系，增进社区成员之间的相互了解，促进社区的良性发展。

3. 去标签化

一般而言，对流动青少年进行界定是有其现实意义的。通过界定，政府和研究者会更清楚地了解留守儿童，更有针对性地为其提供帮助。然而在实际生活和工作中，明确划分出流动与非流动，只要是流动青少年就区别对待，这些做法是值得商榷的。

根据标签理论，流动青少年一旦被贴上标签，就会在不知不觉中修正其自我形象，逐渐接受社会对其的不良评价，并开始认同这些观点，确认自己是不正常的，是区别于非流动青少年，进而被迫与周围的“正常人群”相隔离，从而产生一些不良的影响。久而久之，流动青少年愈陷愈深，最终无法很好地进行城市适应和社会融入。

4. 针对流动青少年和非流动青少年的双向思维

政府在制定流动青少年相关政策或是开展流动青少年相关工作时，应该具有从流动青少年和非流动青少年两个方面进行考虑的双向思维。

首先，政府在制定流动青少年相关政策或是开展流动青少年相关工作时，往往过于注重流动青少年方面，而忽视了非流动青少年。这样容易产生两个问题。一是如前面提到的，会在隐隐中给流动青少年贴上标签，使其被

① 黄晓燕：《外来工子女的城市融入状况与政策调适》，《江西师范大学学报》（哲学社会科学版）2009 年第 1 期。

② 〔美〕Saleebey Dennis：《优势视角——社会工作实践的新模式》，李亚文、杜立婕译，华东理工大学出版社，2004。

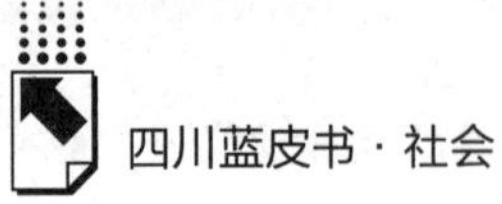

区别开来，产生不良影响。二是过于注重流动青少年，往往会反过来造成对非流动青少年的歧视，使其产生一种相对剥夺感，从而对流动青少年产生抗拒心理，反而对流动青少年的城市适应和社会融入不利。

其次，课题组在对收集到的流动青少年作文进行深入分析时发现，有的流动青少年在自述中表现出一种对城市人的疏离感，在作文中提到城市人"斤斤计较"、"一点鸡毛蒜皮的事也要算计"、"人心难防"等。课题组认为，这与非流动青少年在日常生活中对流动青少年的排斥有关。政府在制定相关政策或开展相关工作时，也应从非流动青少年着手，消除其对流动青少年的误解与排斥，从而由反方向促进流动青少年的城市适应和社会融入。

5. 公办学校与打工子弟学校并重

课题组在对与流动青少年相关的文献和政策意见进行梳理时发现，当前研究者对打工子弟学校中的流动青少年关注较多，对公办学校中的流动青少年关注较少。正如前文所言，截至2010年底，全国正在上学的流动青少年中，在流入地入读公办学校的比例为69%，可以说是占流动青少年多数的。而公办学校与打工子弟学校意味着两种不同的社会环境，因为这两种教育安置方式意味着不同的文化、价值观和社会支持。因此，流动青少年在公办学校和打工子弟学校的社会适应情况可能会有所不同。政府在制定相关政策或开展相关工作时，应该意识到这一点，使公办学校与打工子弟学校并重。

B.9

四川安全社区建设治理发展报告

罗玮珂　李 颖*

摘　要：　安全社区关乎社会治理。安全社区可理解为已建立一套组织机构和程序，社区有关机构、志愿者组织、企业和个人共同参与伤害预防和安全促进工作，持续改进以实现安全健康目标的社区。在借鉴和总结国内外实践经验基础上，四川省将安全社区建设作为促进民众民生改善的一项工程。安全社区在构筑公共安全网、减少各类事故与伤害、保障人民群众生命安全健康方面发挥的作用日益明显。但存在政府主导性强、社会力量参与不足，尤其是社会组织活力还未释放的问题。要站在公共安全和社会治理高度，将其作为构筑公共安全的重要平台及创新社会治理的重要载体，更新观念，加强领导，转变职能，促进基层治理体系和治理能力现代化，为四川全面建设小康社会提供坚实的安全保障。

关键词：　安全社区　公共安全　四川

社区是社会的细胞，社区安全是保障城乡安全的基础。安全社区建设强调全人类在保持自身健康及安全方面均享有平等权利。目前，国际上对安全社区还没有一个确切的定义，安全社区可理解为已建立一套组织机构和程序，社区有关机构、志愿者组织、企业和个人共同参与伤害预防和安全促进

* 罗玮珂、李颖，四川省安全社区建设推进办公室。

工作，持续改进以实现安全健康目标的社区。在借鉴和总结国内外实践经验基础上，四川省将安全社区建设作为促进民众民生改善的一项工程。自2012年全面推进安全社区建设以来，随着党和国家关于公共安全一系列新决策和部署的深入实施，四川进行了一些探索和实践，取得了明显成效。安全社区在构筑公共安全网、减少各类事故与伤害、保障人民群众生命安全健康方面发挥的作用日益明显。如何在“十三五”期间建设具有四川特色的安全社区，全力保障人民安居乐业、社会安定有序，既面临着新机遇，也是一个新的挑战，需要深入研究、持续加强。

一　四川安全社区建设的主要工作与成效

截至2015年10月，全省共备案省级安全社区1064个、国家级安全社区301个；2015年底计划建成省级安全社区501个、国家级安全社区46个。覆盖21个市（州）的143个县（市、区），惠及1800余万人口。其中，成都市锦江区建成西部首个以县级区为建设单位的国家级安全社区，金牛区建成四川省首个以县级区为建设单位的省级安全社区。

（一）党政齐抓推动建设

按照“党政同责、一岗双责、齐抓共管”的要求，省、市（州）、县（市、区）、乡镇（街道）均成立了领导小组。安全社区建设被纳入全省十项民生工程，省财政通过以奖代补的方式，从2012年到2015年，累计补助资金9775万元，地方各级财政专项投入5.68亿元。建设单位成立了安全社区建设促进委员会，由党委书记亲自挂帅，班子成员全体上阵，构建“一把手工程+班子工程”。全省上下形成了“党委领导、政府负责、安办牵头、部门联建、公众参与”的良好工作格局。

（二）政策先行规范建设

2014年四川省在全国率先出台省级安全社区建设地方标准《安全社区

建设与管理基本规范》（DB51/T 1795－2014），制定了《安全社区备案管理办法》、《安全社区建设持续改进办法》等一系列配套政策，安全社区建设水平不断提升。

（三）突出“双基”统筹建设

一方面，立足夯实安全生产的“双基”工作，将基层安全生产的阶段性中心工作、重点任务以及企业安全标准化建设等内容，纳入安全促进项目一并推进。另一方面，安全工作由以生产安全为主向包括居家安全、防灾减灾和社会治安的“大安全”拓展。组建了以安监部门离退休领导、高校及科研院所专家、基层建设单位业务骨干为主的技术团队，保障了安全社区建设的专业性和可操作性；依托全国安全社区成都支持中心建立全省培训技术支持体系，四年来共进行了25期4100人的集中培训；依托各级各部门的专业技术人员，面向生产经营单位、居民开展分层次、分类别的专业培训，进一步提高全民安全意识和安全技能。

（四）整合资源协同建设

省安办成立了安全社区建设推进办公室，负责全省工作的统筹推进和协调督促，并依托全国安全社区成都支持中心和四川省安全社区建设专家组，为建设单位提供技术支撑和智力保障。各级安办作为牵头单位，积极协调公安、交通、教育、民政、团委、工会、电力、天然气等部门的政策倾斜和资金支持，帮扶乡镇（街道）排查治理安全隐患，形成共建格局。通过搭建跨界参与平台，政府部门、社区组织与机构、居民等都参与到社区安全治理中来，形成了齐抓共管的良好局面。

近四年来的探索和实践证明，安全社区建设在排查和整改安全隐患、宣传普及安全知识、夯实“双基”工作、预防和减少事故与伤害等方面成效明显。据统计，建成区道路交通事故起数、工作场所事故起数、火灾事故起数及社会治安案件起数分别下降47.17%、56.93%、47.61%及37.75%。安全社区的社会影响力和群众认可度不断提升。一是推动了隐患排查整治。

各建设单位在安全社区建设过程中，紧紧围绕事故与伤害预防的目标，将排查整治安全隐患作为重要任务，持续推进、动态消除。据不完全统计，2012年以来全省各基层建设单位共实施促进项目1.1万余个，排查整改各类隐患20万余条。二是搭建了为民办实事的重要平台。安全社区建设是一项系统工程，涉及生产安全、道路交通安全、消防安全、居家安全等方方面面，在预防和减少事故伤害的同时，四年来整合资金317.9亿元，带动了大量城乡基础设施建设和公益服务项目的同步发展。三是拓展了群众参与社会治理的有效途径。基层建设单位通过发动群众排查隐患，由群众讨论确定安全社区建设项目，再将确定的促进项目按职责下达给有关部门或单位实施，整改落实情况由群众监督。这样，既满足了群众的安全需求，又真正让他们行使了发言权、监督权，群众的主体地位和作用在安全社区建设中得到发挥。

二　安全社区建设的主要问题与不足

（一）部门协作有待加强

资源整合既是安全社区建设的重点也是难点，各地均不同程度地存在资源整合困难、部门联动不够的问题，表现在相关职能部门认为安全社区建设与己无关，是牵头部门和建设单位的事，导致部门之间沟通协调不够，参与度不高。

（二）群众参与意识有待提升

一些居民认为，安全社区建设工作是政府的事情，与己无关，缺乏对社区的归属和参与意识。创建活动主体还传统地依赖政府推动，居民向心力不足，对社区建设认可程度不高，还没有成为安全社区建设的主体力量。

（三）持续改进有待加强

由于缺乏对建成单位的刚性考核，一些已授牌的安全社区缺乏工作的主动性，尚未形成长效机制。市、县安办也将在建单位作为工作重点，对于已建成的单位缺乏持续关注和检查督促。

三 安全社区建设的治理对策与措施

推动新时期安全社区建设工作，要站在公共安全和社会治理高度，将其作为构筑公共安全的重要平台及创新社会治理的重要载体，更新观念，加强领导，转变职能，促进基层治理体系和治理能力现代化，为四川省全面建设小康社会提供坚实的安全保障。

（一）牢固树立过程治理理念

安全社区并非单以一个社区的安全水平高低作为衡量标准，而是取决于该社区是否有一个实现了资源整合的、跨部门合作的组织机构，是否建立并不断完善了有效的运行机制和工作模式，是否持续地改善社区居民的安全与健康状况。这要求我们在安全社区建设中，必须把工作的切入点从事故转移到可能威胁公共安全的各种可能因素上；把治理的视线从问题处置拉长为公共安全问题的预测、预防、处置、善后和恢复等各个环节。

（二）坚持合作共治，探索实施“8 + N”建设模式

不同的社区有不同的区域特点，危险源、高危人群和高风险环境也不尽相同，要紧密结合本社区实际，把安全社区的建设理念与地方标准转化为易懂、易学、易操作的行动指南，突出高危人群、高风险环境以及弱势群体的安全需求，准确定位本社区的重点人群、重点场所和重点问题，科学策划实施安全促进项目，形成“8 + N”（一套安全管理制度、一个安全文化阵地、一条安全示范街、一个安全示范校园、一批安全标准化企业、一批安全促进项目、一张隐患排查表、一支应急救援队伍 + 各个建设单位的特色亮点做法）。

（三）大力推进网格化建设

安全社区建设要围绕精确、高效、全时段监控、全方位覆盖的城乡公共安全管理新模式，要实现安全社区干预对象的全覆盖，避免安全社区管理中的“死角”和“盲点”；要促进安全社区建设中的资源高效整合，共享基础数据信息，建立科学系统的管理机制，做到发现问题、处置问题、过程跟踪、结果反馈四个步骤形成一个闭环，实现组织管理结构的扁平化；要依托信息化的监测手段，进行制度化的长期、持续、系统地运作，全面、及时、详细地发现社区内的安全问题和危险源，并进行有效预警和处置；要借助统计分析工具或地理信息系统的空间分析功能，科学地分析出社区安全问题的主要根源、发展趋势、影响范围等，在此基础上有针对性地采取措施，以保障持续改进目标的实现。

（四）积极创新社区安全教育方式

适应当今社会需求个性化、多样化和新颖化的大趋势，充分发挥体验式、互动式的宣传教育功能和作用，推动宣传教育从大规模无差异性走向了个性化，更加准确地在每一个参与者身上实现宣传效果，提高宣传教育的生动性、趣味性和针对性。适时总结社区安全体验中心试点工作，在总结试点经验的基础上，做好规划、争取资金、因地制宜、分步实施，在全省所有区县（市）、重点乡镇及重点园区（企业）逐步推广。同时，建设“互联网+安全社区”，树立互联网思维，建设安全社区的App平台，依托安全科普网，采用群众喜闻乐见的方式，提供最全面、最权威、最及时的安全知识和安全服务。加强宣传推广，让群众愿意下载、愿意使用并长期使用。

（五）切实改进安全社区建设管理工作

要通过政府向社会组织购买服务，改进安全社区建设的备案、现场指导及评定验收等技术服务工作，逐步实现公共服务由“政府直接提供、直接管理”变为“政府购买服务，实施评估监管”；要充分发挥社会组织具有非营利性、志愿性、自治性的特性，具有整合社会资源、专业人才集聚、机制灵活、反应迅速等不可替代的组织优势和制度优势，培育支撑安全社区建设的社会组织；要强化专家队伍管理，严格监督考核，吸纳更多安全专业领域及社会学领域的专家，不断增强专家队伍的专业性和权威性，带动广大群众积极参与到安全社区建设中来，实现共建共享；要加大财政资金支持力度，鼓励社会资金投入，探索建立不同类型的公共安全治理基金，拓宽经费来源，实施有针对性的安全促进项目；要按照“党政同责、一岗双责、齐抓共管”的要求，充分发挥安办职责，强化督促检查、指导协调，切实加强对安全社区建设的监督管理。

B.10
参与式社区治理的成都创新报告

江 维*

摘 要： 当前，城乡社区作为保障和改善民生的重要依托、加强社会管理和公共服务的重要平台、巩固党在城乡基层执政地位的重要基石，在社会治理领域中发挥着日益重要的基础作用。但是，居民社区参与不足、缺乏活力、共同体衰落、公共产品的供给与需求不匹配的现象在社区中普遍存在。成都市自2009年以来，在城乡社区创设社区协商议事机构，实施社区公共财政制度，开展院落居民自治，创新了社区公共产品有效供给机制，通过民主参与的方式实现公共服务供需两端有效对接，激发了居民主体意识，增强了社区活力，构建了民生促进民主、民主保障民生的社区发展模式。

关键词： 社区协商议事　社区公共产品　院落自治　社区参与　基层治理

一 社区参与式治理理论和成都实践背景

1960年，阿诺德·考夫曼首次提出“参与式民主”概念，并广泛运用于微观治理单位（如学校、社区、工厂）以及政策制定等领域。1970年，美国的卡罗尔·佩特曼教授出版专著《参与和民主理论》，将参与式民主从

* 江维，成都市民政局政权处。

微观领域扩展至政治领域。对于微观民主，佩特曼予以高度关注，她认为，公民参与政治最恰当的领域是与其生活息息相关的领域，如社区或工厂，只有当个人有机会直接参与和自己生活相关的决策时，他才能真正控制自己日常生活的进程。

参与式民主应用于基层社会治理是谓参与式治理，是指由地方政府培育的旨在通过向普通公民开放公共政策制定过程以解决实际公共管理问题的制度与过程的总和。当基层的范围限于社区层面时，即为社区参与式治理。“社区参与式治理”是以社区为载体，社区相关利益方按照程序规则，在自愿互利、合作互动的基础上，对共同关心的社区事务，通过平等协商达成共识、一致行动的治理模式。

在城乡社区治理中面临的重要问题是社会公共服务供给不足、城乡存在着明显的公共服务差异、公共服务质量远不能满足居民的需求。社区原子化、个体化现象日趋严重，社区居民之间陌生冷漠，对公共事务不关心、不参与，对政府依赖心理严重，缺乏挖掘社区资源自主解决社区问题的能力与意识，社区共同体衰落。2007 年，成都作为全国城乡综合改革配套试验区，开始进行城乡统筹发展改革，破解上述难题。改革的要旨是破解城乡二元结构，形成以工促农、以城带乡、工农互惠、城乡一体的新型城乡关系，让广大农民平等参与现代化进程、共同分享现代化成果，享受与城市居民同质化的公共服务。为此，成都进行了基层治理机制的创新改革，探索了基于社区参与式治理理念的社区居民协商议事制度、社区公共财政制度、社区自组织激发机制三项制度。三项制度运行以来，成都的基层社会初步形成了以民生促进民主，以民主保障民生，社区居民自己组织起来，进行自主治理，自主进行有效集体行动，主动参与公共事务的良好社会生态。

二　社区参与的机制保障——社区居民协商议事制度

传统社区运行以“两委”为核心，“行政化”倾向严重，权力授受关系不清，运行不规范。特别是自治组织担负大量行政职能和经济职能，自治职能淡化，社区重大事务本应通过召开居民代表会议进行议决，但是代表会议难以召开，即便召开了代表会议，由于人数众多（少则几十人多则上百人），也难以进行有序的协商，难以通过协商达成有效的行动共识。社区的大事往往由社区两委一班人决定，通过召集代表在形式上举手通过一下，代表们往往沦为社区两委实质决策的橡皮图章，致使民主决策流于形式。时间长了，普通居民更加不关心公共事务，集体行动更加困难。

2008 年起，成都开始探索社区协商议事会制度，解决社区民主决策虚化的问题。从调整自治组织职能、理顺运行机制入手，按照“三分离、两完善”的思路进行，即决策权与执行权分离、社会职能与经济职能分离、政府职能与自治职能分离；完善社区公共服务体系、完善集体经济组织运行机制。目前，全市所有的社区都成立了协商议事会，运行反应良好。

首先，民主选举协商议事会成员。居民小组议事会成员由居民直接选举产生，社区协商议事会成员从居民小组议事会成员中推选产生，保证行权的民意基础；居民小组议事会成员不少于 5 人，社区协商议事会成员一般不少于 21 人，保证充分代表民意，吸纳民智；社区协商议事会实行结构席位制，每个小组必须有 2 名以上代表，保证各方都有“代言人”；社区、小组干部不得超过议事会成员的 50%，保证协商议事会代表居民利益。其次，规范社区协商议事会运行。尽量降低议题提出门槛，社区党组织、自治组织、协商议事会成员和 10 名以上居民联名均可提出议题。议题提出后由党组织审查。经审查同意后，列为正式议题提交社区协商议事会。为确保议决事项的合法性，4/5 以上的协商议事会成员到会方能讨论表决，以应到会半数以上成员同意为通过。为保证协商议事会成员独立行使表决权，表决必须实行无记名投票，表决结果公示后由自治组织执行。

社区协商议事会制度的推行明确了居民自治的实现途径。社区党组织转变了领导方式，自治组织明确了执行机构的职能定位，社区干部不再“代民做主”，把民主决策、民主管理、民主监督的权利还给群众，群众自主意识逐渐增强。在社区协商议事会工作规则中，民主议政的作用得以发挥，保证了民情征集、民主恳谈、民主议决、民主评议、民主监督等环节的畅通。

组建的社区协商议事会，为广大居民更好地表达自己的意愿搭建了很好的平台，使广大居民能够按照既定的规范参与到社区管理中，从而，更好地激发了广大居民广泛参与社区公共事务的积极性。社区协商议事会通过民主的方式选举产生，具有良好的群众基础，所做出的议决事项会得到大多数群众的支持，充分发挥了群众的主体意识，提高了群众的议事决策能力。社区协商议事会从本质上增强了居民的自治意识，保障了居民民主权利的有效行使。农村基层矛盾有一定缓解，群众利益得到维护。这一制度的实施，为有效化解基层矛盾、营造和谐发展的良好社会环境提供了制度性平台。社区协商议事会行使社区自治事务的决策权、监督权，使社区的财务、政务更加公开，增强了基层政府执政的透明度，使群众利益得到切实维护。居民直接参与社区事务管理，一方面可以让群众了解政府的相关职能，并起到监督作用；另一方面居民可为政府出谋划策，将有限的财力用好、用足。

三　社区参与的资源保障——社区公共财政制度

2009 年，成都市发布《成都市公共服务和社会管理村级专项资金管理办法》首次明确要求市县两级财政每年向全市范围内建制村、涉农社区提供一定的（不少于 20 万元）公共服务专项资金，建立村级公共财政制度。每年初，村级公共服务与社会管理专项资金即被纳入当年市县两级财政预算，在执行上，主城区相关涉农社区的经费由区财政全额负担，近郊区（市、县）财政按市与区（市、县）5：5 的比例安排，远郊县（市）财政按市与县（市）7：3 的比例安排。基层社区开设专用账户，实行专账核算、专款专用。同时，由于成都市有 2800 多个建制村（涉农社区），许多村需要集中投入才能迅速有效地改变公共服务严重不足的现状，成都市发布了《成都市公共服务和社会管理村级融资建设项目管理办法》，引入社会力量，允许村民（代表）会议决定，帮助成都市小城镇投资有限公司融资，解决可能存在的公共服务资金不足的问题，放大专项资金的短期效益。明确规定郊区（市、县）的村级自治组织可以一次性以不超过资金 7 倍的额度，即

2009年当年可以贷款140万元，向成都市小城镇投资有限公司提供贷款，用于民主决策议定的村内交通、水利、公共服务用房、环境治理等群众急需的公共服务设施建设和满足群众的公共服务需求，相邻村还可以按照共建共享的原则跨村联合申报项目。村级公共服务专项资金额度逐步增长，开始为20万元，到2015年达到40万元，到2017年将达到60万元。

成都市村级公共服务建设的目标是：到2017年，城乡统一的公共服务制度建设取得重大进展，农村公共服务和社会管理体系进一步完善，村级公共服务和社会管理水平明显提高，城乡基本公共服务差距显著缩小。其中，村级公共服务和社会管理水平达到“四个有”：有一套适应农民生产生活居住方式转变要求、城乡统筹的基本公共服务和社会管理标准体系；有一个保障有力、满足运转需要的公共财政投入保障机制；有一个民主决策、民主评议、民主监督公共服务的管理机制；有一支协同配合、管理有序、服务有力的村级公共服务和社会管理队伍。到2020年，建立城乡统一的公共服务制度，基本实现城乡基本公共服务均等化。

2012年，以《成都市城市社区公共服务和社会管理专项资金管理办法》发布为标志，城市社区公共财政制度全面建立。与农村社区居民的需求不同，城市社区公共服务需求的重点不是交通、水利等设施的建设，而是呈现多层次、多样化、综合性的特点。据调查，部分居民的基本生活需求强烈，安全是居民的基本需求，改善社区环境（卫生、绿化、治安、照明灯）是居民的重要需求，完善社区公共设施、提高生活品质是居民的迫切需要，拓宽社区事务参与渠道、实现自身价值是居民的现实需要。不同利益群体对社区公共产品的需求差异很大，这是城市社区居民公共服务需求有别于农村的特点，不同类型的城市社区居民需求的差异也相当大。

在城市社区公共服务专项资金财政预算额度安排上，市财政根据各区（市、县）社区居民户数、财力状况及市专项资金标准给予适当补助，具体补助比例为：中心城区40%、近郊区（市）县50%、远郊县（市）60%。在专项资金的使用范围上，体现满足大多数居民公共需求的特点，由社区在当年资金总额内，按照“民事民议、民事民定”原则，主要用于社区居民自治范畴的六个方面：培育发展社区社会组织、社区志愿服务、社区基础设施维护和维修、社区文体公益活动、社区教育培训、社区和院落环境治理。在专项资金使用程序上，严格按照民主原则，民事民议、民事民定：通过宣传动员、收集意见（一户一票收集居民意见）、梳理讨论（院落自治组织对居民提出的项目进行归类、讨论）、决议公示（召开社区居民议事会或居民代表会议按照议事规则对项目进行逐项讨论、审议，综合每一项目的轻重缓急、居民意愿强度、居民自筹资金额度、项目资金需求总额等因素，逐项形成表决意见，并最终形成社区拟实施项目建议方案予以公示）、项目听证（对拟实施的项目方案召开社区事务听证会征求利益相关的居民群众意见）、组织实施、监督、评议完善、档案归集9步程序，对每一个公共服务项目依据居民自治的机制进行供给，进行资源的有效配置。目前，全市实施此项制度时财政预算的标准是每百户不低于3500元，到2017年将不低于5000元。实施该制度以来，全市城乡社区该专项资金已投入共63亿元。

社区协商议事制度与社区公共财政制度共同构成具有成都特色的参与式社区治理的政策主干。一方面，通过增进公共服务供给与受益者之间的匹配性，提高公共服务的效益和可持续性；另一方面，通过将居民吸纳进社区公共事务的决策执行监督全过程，促进公共协商，巩固社区居民的主体参与基础。

四　社区参与的组织保障——社区自组织激发社区活力

即使有了协商议事制度与公共财政保障，如果居民缺乏自主意识，没有自治能力，承担不了社会责任，也形成不了更多人群参与的社会基础，前面的制度设计仍然是少数人吆喝多数人旁观的政策。因此，成都市以院落自治为基础，以焦点自治和需求自治为特色，在社区形成了地域自组织、焦点自组织、兴趣自组织等将大多数居民有机连接起来的居民自治的自组织体系，奠定了居民参与的良好社会基础。

在院落层面，成立了院落居民议事会、院落自治小组（院落管委会、业委会）。院落居民自治是社区居民以主体角色参与社区公共事务和公共生活，开展自我管理、自我教育、自我服务、自我约束的过程及其活动。这种参与建立在社区居民自觉自愿的基础上，在参与内容的选择、参与形式的创新、参与渠道的设计上社区居民都起着主导作用。院落自治的合法性在于基于天然地域关系连接在一起的居民在共同的地理区域内存在着共同的利益或需求，这些共同的利益关系是形成权益性自组织的基础。社区自组织的形成和运作动力来自社区内部，虽然社区成员原本可能存在着共同的利益或需求，但这种共同利益或需求并不会自动地将成员连接到组织里。在一些社区，许多社区成员之间虽然存在着权益性的共同利益关系，但最终并未自发形成维护他们共同利益的权益性组织。究其原因，除了成立组织的外部条件限制外，还因为社区成员之间缺少面对面沟通和参与的机会，互相之间不了解各自的需要和想法。居民只有在自主的相互接触和沟通过程中，才可以逐渐达成信任关系，确认彼此利益的一致性，并在共同行动的过程中形成自己的代表或者领袖。只有在他们相互感觉到他们共同利益或者需求的情况下，通过面对面的协商，增进彼此间的信任，消除分歧，达成共识，并对需要采取的集体行动进行讨论，协调一致，才可能形成共同行动。自组织的成员在组织中享有绝对的主体性，成员本身也是具有较强独立意识的个体，他们在平等参与中确认共同利益或需求并采取共同行动，这种共同行动是一种自组织参与集体行动的方式。

在院落建立自治组织的意义，在于院落是居民生活的公共空间，在同一院落居住的居民有共同的安全需求、秩序需求、环境需求、交往需求，有利益联结的纽带，有协商信任的基础，更符合地域生活共同体的要义，因而在院落层面建立自治组织更加有利于居民参与院落事务、社区事务。从共同利益到协商信任，再到共同行动，形成自组织参与非常重要的一点是对资源的支配和把握。社区和院落两个层面自治组织体系的建立为社区居民直接地、常态地参与社区事务搭建了组织平台。社区与院落这一立体化的自治组织体系的建立，与社区公共服务专项资金制度这一社区资源相配套，共同构成居民自治参与的社区公共产品供给体制，因此，社区治理的组织体系也是在社区使多元需求得到满足的制度前提。

成都市级层面的政策设计确保了在全市范围内实现社区“院落自治”全覆盖，有相应配套措施和成文的规章制度。政府部门赋予了院落自治组织的合法地位，从上到下都对院落小组的自治实现提供了合理基础，从选举方式、资源配给、议事决策规则、专项资金激励等方面对“院落自治”进行了全面推动。通过院落自治解决了困扰城市社区治理的一大难题，即老旧小区（无主管单位、无物管、无门卫）、城中村的混乱无序。通过社区动员，政府配置资源在全市进行老旧小区改造，采用“先自治再整治”的办法，对小区、院落进行整治，先推选自治组织，由本院落的自治组织成员动员本院落居民进行面对面沟通、协商，就政府拟投入的有限资源，讨论本院落的整治方案（是安装安全监控，还是修整花园，还是粉饰房屋外墙，还是营造一个公共活动空间，还是重新进行污水管道改造，还是平整路面增加停车位），是否需要在政府投入的基础上再集资一部分满足更多功能需要。讨论整治完成后的长效管理机制，设施如何养护、共有区域的环境卫生怎样保持、安全如何保障、公共空间如何营运，每家每户以什么原则收取维护费用以得到基本的物业服务，以及本院落基本物业服务的实现方式（是委托社区物业服务中心统一管理，是每家每户志愿服务轮值，还是共同聘请门卫保洁人员实施），如何进行院落事务财务公开，院落自治组织成员是否给予补贴及补贴多少等，制定取得共识的院落公约。经过几年的实践，全市21个区（市、县）所有城市社区的13595个居民院落，普遍建立了院委会、住委会、家委会、院落议事会等院落居民自治组织。所有农村社区也以集中居住区为单元建立了院落（小区）自治组织。院落（小区）自治组织这一地域性自组织有效地实现了本区域居民自主参与院落事务，培育了院落领袖、志愿精神、责任意识，使院落集体行动成为可能、成为共识、成为现实。

虽然通过院落自治已经可以将所有居民纳入地域性自组织实现权益的维护体系，但是居民的需求不仅仅在于权益维护。当沟通协商自主自治成为常态后，基于超越院落的焦点问题的自治和基于全社区范围内共同的兴趣联结就成为进一步的可能。因此，在社区普遍达成了这样一些共识，那就是化解矛盾可以成立专题自治小组，待问题解决之后，小组解散；有共同的兴趣的居民可以成立俱乐部或兴趣小组，大家自主推选领袖或召集人，原则是谁主张、谁负责，自主运行，场地可以在社区所有可用公共空间内协商预定，活动由兴趣小组自行组织。所有的焦点自治和需求自治，可以项目的形式向社区申请公共服务社会管理专项资金对项目活动进行补贴，社区协商议事机构根据申请项目的性质、资金需求、受益人群、轻重缓急等因素进行项目评议，根据评议结果决定是否给予资助。

社区协商议事制度、社区公共财政制度，以及激发院落自治、焦点自治、需求自治等自组织的机制，规范了居民社区参与机制，不仅培育发展了众多的社区自组织（每个社区有院落自组织几十个、兴趣俱乐部几十个，还有几个短期焦点自组织），而且把社区居民通过各种连接关系“团”进了一个个社群，畅通了居民社区参与渠道，激发了居民参与意识，培育了志愿精神，提升了参与能力，居民自治范围得以扩大，社区矛盾得以化解，社区整体得以发展，实现了社区居民的自我管理、自我教育、自我服务、自我监督，夯实了基层社会管理基础，探索了政府行政管理和基层群众自治的有效衔接与良性互动机制，形成了“以民主保障民生、以民生促进民主”的成都模式。

五　社区协商民主和社区参与式治理是基层治理创新的趋向

成都市通过健全社区协商议事制度、社区公共财政制度、社区自组织培育发展机制，形成了具有成都特色的民生保障民主、民主促进民生的社区发展模式。这一实践的逻辑，在于通过社区资源引导居民民主参与，通过民主参与激发居民的主体意识、责任意识，由具备自主意识的居民发起社区自组织，如各类互助社、俱乐部、合作社，形成社区参与的良好氛围，进而吸引更多的人群参与到更多的社区公共事务之中。通过“参与”，社区成员在寻找共识的过程中，自我管理、自我服务、自我教育，学会尊重、协商、退让、妥协，在采取“共同行动”中学会友爱、互助，建立起新的社区生态系统。埃利诺·奥斯特罗姆通过对大量案例的实证分析证明了一群相互依赖的当事人在管理公共资源时的确可以建构自己的网络，“把自己组织起来，进行自主治理，从而能够在所有人都面对搭便车、规避责任或其他机会主义行为诱惑的情况下，取得持久的共同收益”。成都模式的全过程贯穿了参与式治理的理念和特征。

参与式治理的基本特征在于“深化、拓宽了普通公民有效参与和影响那些与他们直接相关的政策的途径”，因此参与式治理也是赋权于民，让长期被排斥在公共政策过程之外的普通民众有能力认识自己的真实处境，使他们能采取行动来改善自己的处境。协商民主是每个公民都能够平等地参与公共政策的制定过程，自由地表达意见，愿意倾听并考虑不同的观点，在理性讨论和协商中做出具有集体约束力的决策的过程。协商本身就是一种参与，社区协商的结果能形成集体行动是协商与参与的一个质的区别。在成都，社区多元化的利益相关者通过对话、协商和妥协达成社区集体行动的方案并付诸实施，且实施的主体是居民自发形成的社区自组织，这些特征都符合参与式治理的要素。社区基层治理的“成都模式”的核心价值在于使政府行政管理与社会自我调节及居民自治得到有效衔接和良性互动，形成政府与社会之间理念贯通、情感通达、治理通力。“成都模式”在理论上突破了社区治理中社区公共产品供给机制不适应民众需求的困境，探索了通过参与式治理机制实现公共产品供给、活化居民社区参与的可能途径。

参与式治理既有助于培养积极公民、培育社会资本、增进治理的合法性，又可以通过将利益相关者纳入公共服务供给过程而提高治理的有效性。第一，参与式治理为公民有序和有效表达诉求提供了制度化渠道，能够适应伴随着经济社会持续高速发展而不断增长的公民参与诉求。第二，参与式治理通过有效吸纳公民日益增长的参与诉求，既有助于有效化解日渐增多的社会政治实践性难题，又有助于促进地方政府公共政策过程的科学化和民主化。第三，参与式治理既有助于通过培养现代理性公民而实现以公民理性参与为核心的治理合法性，又有助于通过政府与公众的良性互动实现协作共治的治理有效性。第四，参与式治理有助于在塑造透明、负责任、公平和效能政府的过程中增进国家的合法性，满足民众日益增长的参与诉求，实现国家治理体系和治理能力现代化。基于此，社区协商民主和社区参与式治理将成为基层社会治理体系创新的趋势。

参考文献

清华大学社会学系课题组：《成都市城镇化后涉农社区公共服务和社会管理改革第三方评估》，2014 年 3 月。

李雪萍：《城市社区公共产品供给研究》，华中师范大学博士学位论文，2007。

李霄：《城市社区组织化参与研究》，苏州大学硕士学位论文，2011。

杨贵华：《转换居民的社区参与方式，提高居民的自组织参与能力》，《复旦学报》2009 年第 1 期。

张紧跟：《参与式治理：地方政府治理体系创新的趋向》，《中国人民大学学报》2014 年第 6 期。

B.11

成都市幸福家庭建设指标体系研究

成都市妇联、成都市社会科学院课题组*

摘　要：在借鉴吸收幸福家庭已有研究的基础上，“成都市幸福家庭建设指标体系”研究初步构建起成都幸福家庭建设指标体系。其后，在2010份针对成都市民家庭幸福的问卷调查和征求学界专家、社区一线工作者、社区居民意见的基础上，对指标又进行了四次修订。目前指标体系基本成型，且获得广泛认可。下一步将在实践中进行检验并继续完善。同时，课题组针对研究过程中发现的问题，还提出几点促进成都市幸福家庭建设的建议，期望能为政府部门推进成都幸福家庭建设提供一些决策依据。

关键词：成都　幸福家庭　建设指标

自2011年5月起，国家计生委牵头在全国启动了创建幸福家庭活动，之后各省（区、市）都积极响应和推进幸福家庭创建活动，部分地区还致力于幸福家庭测量指标体系的研究和构建，力图为幸福家庭建设提供完善的理论解释框架和评价体系。这些研究，对全面评价和测定幸福家庭有积极的借鉴意义。但是截至目前，如何评价和测定幸福家庭，并没有形成一个统一的标准。在这一背景下，成都市妇联、成都市社会科学院开始了关于“成

---

* 执笔人：王健，成都市社会科学院社会学与法治研究所所长、研究员；徐睿，成都市社会科学院社会学与法治研究所副研究员；胡燕，成都市社会科学院社会学与法治研究所副研究员。

都市幸福家庭建设指标体系”的研究，在查阅现有幸福家庭研究成果[①]的基础上，借鉴北京、福建、上海等地关于幸福家庭或和谐家庭的既有建设指标体系，草拟了一个由2个一级指标、6个二级指标、34个三级指标构成的成都市幸福家庭建设指标体系初稿，并在2010份问卷调查的基础上对指标体系的初稿进行了第一次修订。其后，又在征求相关政府部门、一线社区工作者、社区居民、专家学者等各类人员意见的基础上，对指标体系进了四次修订，最终形成一个由2个一级指标、8个二级指标、33个三级指标构成的成都市幸福家庭建设指标体系。该指标体系虽经多次修订，但仍有值得商榷之处，我们将根据成都经济社会发展情况和居民需求变动不断加以完善。

一　幸福家庭研究的文献梳理

总体来看，幸福家庭研究还处于一种起步阶段。其研究焦点主要在概念界定、影响因素分析与衡量测量三个方面。

（一）幸福家庭的概念界定及其特性认识

对幸福家庭，学者们一般都没有给出明确的界定，而是就幸福感指数较高的家庭存在状态进行了客观描述。比如，周灿雅认为，幸福家庭就是“夫妻恩爱、亲人团结、结合健全、身心健康、各安其所、生少无忧”[②] 的情形。中国人口福利基金会将幸福家庭特征界定为“文明、健康、优生、致富、奉献”。严静认为，幸福家庭就是“具有合适的家庭人口数量、简单的家庭关系，家庭成员间同质性较高，有相同或相近的性格特征，矛盾冲突较少”[③] 的

① 如中国人民大学和中国人口福利基金会的《“二元”社会的“一元”幸福——中国家庭幸福发展二期研究报告》、著名社会学家风笑天的《城市居民家庭生活质量：指标及其结构》、中国人口福利基金会项目“中国家庭幸福发展指数研究”成果——《家庭幸福发展指数构建研究》、首都经贸大学教授童玉芬的《家庭幸福的概念与指标体系的构建》及其他相关研究。

② 周灿雅：《浅谈幸福家庭与社会和谐的重要意义》，《经营管理者》2012年第13期。

③ 严静：《幸福家庭的影响指标体系与解释框架——人口学视角的解读》，《东南学术》2013年第2期。

家庭。张文馨认为“幸福家庭包括家庭系统健康和谐；个人发展与家庭发展相协调；家庭管理刚柔并济（拥有良好和谐的夫妻关系和平等合作的家庭决策机制）”①。福建省人口计生委课题组认为，“幸福家庭反映的是一种理想的可持续的家庭存在状态，反映的是一种动态演化的家庭—社会良性互动关系，是一种满足主观条件的客观家庭存在”，并认为这种存在“必须结构完整、成员关系和谐，同时组织成员身心健康及保证衣食无忧的经济收入等都是幸福家庭必不可少的因素”②。

上述研究充分体现了各学者对幸福的多维度理解。但是，相关研究也达成一些共识。例如，研究普遍认同幸福家庭具有整体性和共同性、联动性、恒定性等典型特征。幸福家庭是一个不可分割的整体，这一层次的幸福是所有家庭成员主观幸福的共同反映，体现了较强的家庭关系内聚力；幸福家庭不是独立的单元，它受社会的影响，与社会发展存在着联动的关系；幸福家庭往往具有某些共同的特点，并逐渐成为幸福家庭形成的恒定条件。

（二）幸福家庭的影响因素研究

影响幸福家庭的因素众多，既有物质性的，又有精神性的；既有家庭内部因素，又有社会环境因素；既有主体自身的因素，又有主体外部的因素。具体地讲，可以概括为三个方面的内容。

一是一定的经济基础。主要包括家庭的经济收入、财产分配结构、居住状况等客观物质条件。徐安琪研究发现，1/3 的被访者认同经济安全是家庭幸福的条件，微观样本显示了大多数高收入者的幸福感显著高于低收入者③；王森提出家庭的财产分配结构对家庭幸福度有影响，同时他认为家庭住房对家庭幸福度也有较大影响，购房的家庭幸福度明显高于租房的家庭幸

---

① 张文馨、武艳华：《幸福家庭的统计测量与理论分析——基于社会学与管理学的视角》，《福建江夏学院学报》，2012 年第 2 期。

② 福建省人口计生委：《幸福家庭理论体系研究》，2012 年 12 月 28 日。

③ 徐安琪：《家庭幸福与金钱的关系：一项关于家庭幸福观的经验研究》，《社会科学研究》2011 年第 1 期。

福度[①]。当然，在肯定经济基础影响的同时，学者们也普遍认为，当经济基础到达某种程度之后（一般认为是经济发展水平超过人均 GDP 8000 美元的临界点后），经济因素在幸福指数中起到的作用将被削弱，其他如家庭关系、身体健康以及外在的人际关系等的影响反而越来越大。2002 年中国社会科学院对 6835 个家庭进行调查发现，主观幸福程度与家庭人均收入呈倒“U”形关系，当收入水平较低时，家庭的主观幸福感随着收入的增长而上升，但当收入水平较高时，家庭的主观幸福感并未随着收入的增长而上升，反而表现为下降的态势[②]。实证调研中只有极少数人将金钱视为衡量幸福感的唯一标准。

二是社会环境因素。这是影响幸福家庭形成的重要外部因素，主要包括社会福利、社会保障、社会公平公正以及社会安全等社会因素。陶涛认为“社会因素直接影响到家庭幸福发展的程度与能力”，“社会环境是家庭幸福发展的外围环境，社会保障的完善、社会诉求和渠道的通畅、社会公平的落实等都直接影响到家庭幸福发展水平”[③]。邓小栗提出“社会公平是维持社会稳定和家庭幸福的重要基础”[④]。一些实证调查研究印证了这一观点。国家卫计委和中国人口福利基金会在“2014 国际家庭日中国行动——聚焦城镇化与中国家庭幸福”论坛上，发布调查报告称养老担忧、社会信任、安全问题是城乡家庭的共有困扰，成为家庭幸福的负面影响因素[⑤]。此外，还有学者认为社会结构是影响幸福家庭的最终因素[⑥]。

三是家庭关系和成员个体发展状态。已有研究表明，家庭关系和家庭成员状态（特别是健康状况）对家庭幸福的影响极为显著，是形成幸福家庭必不可少的条件。有学者又将其归纳为健康因素和文明因素，其中健康因素包括身体健康、心理健康等；文明因素包括成员的受教育程度、社会关系

---

① 王森、阎波：《家庭财产、收入结构与家庭幸福度研究》，《湖北社会科学》2012 年第 9 期。

② 李鸥：《幸福感与幸福感的测评》，《中国统计》2006 年第 1 期。

③ 陶涛：《家庭幸福发展指数构建研究》，《人口研究》2014 年第 1 期。

④ 邓小栗：《公平就是一种幸福》，《中国人力资源社会保障》2011 年第 4 期。

⑤ 参见《人民日报：影响中国家庭幸福的几个重要因素》，http：//opinion. people. com. cn/n/2014/0520/c1003 –25041825. html。

⑥ 福建计生委课题组：《幸福家庭理论体系研究》，2012 年 12 月 28 日。

（家庭内部的关爱与欣赏、人际适应与信任）、社会支持等[①]。另有学者采用实证研究方法对幸福家庭的影响因素进行了排序，揭示了家人安康及关系和谐对幸福家庭的重要作用。沈汉根据调查列出了12项影响家庭幸福的重要因素，其中前三项是夫妻恩爱、平安健康、家人关系和谐[②]。中国人民大学社会与人口学院课题组开展的“中国家庭发展二期研究”认为，家庭关系是影响家庭幸福的最主要因素；家人团聚对家庭幸福的影响已经超越了“孩子有出息”、“在房有车”等因素；家人身体健康也已然成为家庭幸福的刚性需求[③]。从这些研究来看，家庭关系和家人安康是影响家庭幸福的最突出因素。家庭关系中，夫妻关系是重中之重，其次是代际关系，充分反映出家庭关系和谐、良性互动对幸福家庭的重要性。

（三）幸福家庭的衡量指标研究

如何评价和测量家庭幸福度是幸福家庭研究的重点难点。对此，现有研究还没有形成统一的标准和体系，只是在不同的理论架构基础上，选取不同维度逐级构建指标体系和选择典型指标，对家庭幸福度进行评价和检测。

学界选取指标的维度取决于研究者是对幸福家庭影响因素还是对理论架构的剖析。其主要的差异在于，是纯粹从家庭层面选取指标，还是从家庭与社会互动结合的层面选取指标。前者主要侧重于家庭层面，从家庭关系、家庭物质生活、家庭内聚力以及家庭冲突等维度来建构幸福家庭的指标内容[④]；后者则将视角延伸到整个社会层面，融合家庭关系、经济条件、身体健康、家庭生活等家庭发展指标，以及社会关系、生活环境、公共安全等社会发展指标。如福建计生委课题组构建的“幸福家庭指标体系”选取了身心健康、社会关系、自我价值、家庭生活、物质条件等五个维度的一级指标；中国人口福利基金会与中国人民大学开展的“中国家庭幸福发展指数

---

① 陶涛、杨凡、张浣珺、赵梦晗：《家庭幸福发展指数构建研究》，《人口研究》2014年第1期。

② 沈汉：《家庭幸福的重要因素探析》，《学海》1994年第5期。

③ 中国人民大学社会与人口学院课题组：《中国家庭幸福发展二期研究》，第4～6页。

④ 严静、林本：《幸福家庭的分析框架与本土化建构》，《福建江夏学院学报》2012年第2期。

研究”从经济、健康、文明和社会四个维度构建了幸福家庭的指标体系①。结合前文对幸福家庭的特性分析，从家庭与社会互动结合的层面选取指标维度和构建指标体系，显然更具有科学性和合理性。

此外，尽管构建指标体系的维度有所差异，但是将客观指标和主观指标结合起来度量幸福家庭是所有研究的共同之处。客观指标是反映家庭幸福感的客观内容。已有研究对客观指标的选取，一般是采用国家统计部门发布的指标，或者采用问卷调查的客观变量进行统计，所选择的客观指标包括居民人均可支配收入、住房数量、家庭成员构成、养老保障率、平均预期寿命、人均受教育年限、离婚率等；主观指标反映的是家庭成员对家庭经济条件、家人关系、家人健康等客观条件的主观感受和满意度，一般是通过问卷调查方式获取数据。在主客观结合、综合度量的原则下，已有研究通过逐级构建、细化指标的方式，在各个维度或一级指标下设置多项可操作、可衡量的具体指标。更加细致的具体指标往往是根据研究或实际需要来选取，虽然都有综合和借鉴前人的研究成果，但仍带有较为强烈的研究者的个人主观色彩，具有较大的差异。

二　成都市幸福家庭建设指标体系的初建

在对幸福家庭已有研究进行全面梳理的基础上，在充分吸收现有幸福家庭研究成果，借鉴北京、福建、上海等地关于幸福家庭或和谐家庭的既有建设指标体系的基础上，“成都市幸福家庭建设指标体系”课题组从家庭与社会互动的视角出发，从家庭内部、家庭外部两个层面（一级指标）构建了幸福家庭建设指标体系。在这两个一级指标下，基于对幸福家庭的重要影响因素进行筛选和过滤，分设了各个二级指标。课题组研究认为，影响幸福家庭的重要因素，在家庭内部层面，主要是家庭成员的关系和谐度、家庭的物质经济状况和家庭成员的健康状况；而在家庭外部层面，则是社会服务指标

① 陶涛、杨凡、张浣珺、赵梦晗：《家庭幸福发展指数构建研究》，《人口研究》2014 年第 1 期。

（包括宏观层面的公共产品供给和家庭对供给的主观感受）、宏观经济指标及家庭对社会的归属感。需要指出的是，家庭外部层面的宏观公共产品供给指标和经济指标，虽然与个体家庭的幸福度不直接有关，但从家庭是社会细胞的角度来看，家庭幸福与社会整体经济社会发展不无关联，因此，我们认为有必要将它们直接纳入幸福家庭建设的指标体系。

有鉴于此，课题组在家庭内部、外部这两个一级指标之下，又分设了6个二级指标。其中，在家庭内部层面，设置了和谐度指标、经济指标、健康指标3个二级指标，并细化为包括“家庭收入满意度”在内的14个三级指标；在家庭外部层面，设置了社会服务指标、经济指标、归属度指标3个二级指标，并细化为包括“每千人医疗机构床位数”在内的18个三级指标。

其中，客观指标，主要来源于现有统计部门发布数据（宏观指标）或通过问卷方式获得（微观指标）；对于主观指标，则主要通过问卷获取数据。整个幸福家庭建设指标体系由2个一级指标、6个二级指标、32个三级指标构成（见表1）。

表1　成都市幸福家庭建设指标体系（初建版）

一级指标	二级指标	三级指标
家庭内部幸福指标	和谐度指标	家庭收入满意度(%)
		住房条件满意度(%)
		文娱生活丰富度自评(%)
		焦虑感自评(%)
		夫妻受教育年限差值(年)
		婚姻持续时长(年)
		家庭冲突频率(%)
		夫妻关系满意度(%)
		父母子女关系满意度(%)
	经济指标	家庭平均月收入(元)
		夫妻工作状态差距(同时工作或非同时工作)
		是否拥有房屋产权(有或没有)
	健康指标	家庭成员患重大生理疾病占比(%)
		家庭成员患严重心理疾病占比(%)

续表

一级指标	二级指标	三级指标
家庭外部幸福指标	社会服务指标	每千人医疗机构床位数(张)
		每千名老人养老床位数(张)
		城乡居民平均受教育年限(年)
		每万人刑事案件立案数(件)
		保障性住房覆盖率(%)
		城镇失业登记率(%)
		社会帮助途径数量(个)
		对家庭与社会关系的满意度(%)
		对社会公平的满意度(%)
		对社会安全的满意度(%)
		对公共服务的满意度(%)
		对人居环境的满意度(%)
	经济指标	城镇居民人均可支配收入(元)
		农民人均纯收入(元)
		城镇居民恩格尔系数(%)
	归属度指标	拥有本地户籍的家庭成员占比(%)
		家庭对社会的归属感(%)
		对社会包容的满意度(%)

三 对初建指标体系的检验及修订

（一）对初建指标体系基于问卷的检验及修订

课题组设计了《成都市幸福家庭现状调查问卷》，该问卷在经过成都市妇联领导及学界专家审定后，由成都市民调中心组织发放。问卷调查了成都市10个区（市、县）21个街道（乡镇）74个社区（村）的2010位居民。课题组根据成都市幸福家庭建设指标体系的初建版，对家庭幸福感与家庭特征进行了相关分析。首先，将家庭特征分为内部特征和外部特征两个方面。其次，将内部特征划分为家庭经济状况、家庭成员健康状况、家庭文明和谐状况，在此基础上再细分，并与家庭幸福感做交互分析、相关分析。最后，将外部特征划分为家庭所处社区、所属户籍、家庭对社会和谐感受度、家庭对社会服务满意度，在此基础上再细分，并与家庭幸福感做交互分析、相关分析。

在相关分析的基础上，我们对如下23个变量（见表2）进行由问卷数据验证的因子分析。

表2　影响家庭幸福感的变量（23个）

变量名	变量解释
1. 家庭收入满意度	1 =“不满意”;2 =“一般”;3 =“满意”
2. 住房条件满意度	1 =“不满意”;2 =“一般”;3 =“满意”
3. 文娱生活丰富度自评	1 =“很贫乏”;2 =“一般”;3 =“很丰富”
4. 焦虑感自评	1 =“常常焦虑”;2 =“有时焦虑”;3 =“从不焦虑”
5. 夫妻受教育年限差值分类	1 =“差值为零”;2 =“差值不为零”
6. 婚姻持续时长分段	1 =“≤2 年”;2 =“3 ~ 7 年”;3 =“8 ~ 19 年”;4 =“20 ~ 24 年”;5 =“≥25 年”
7. 家庭冲突频率	1 =“经常冲突”;2 =“有时冲突”;3 =“基本无冲突”
8. 夫妻关系满意度	1 =“不满意”;2 =“一般”;3 =“满意”
9. 父母子女关系满意度	1 =“不满意”;2 =“一般”;3 =“满意”
10. 家庭收入中夫妻贡献率差值	1 =“基本相当”;2 =“差距较大”
11. 家庭平均月收入	1 =“1000 以下”;2 =“1000 及以上至 3000 以下”;3 =“3000 及以上至 5000 以下”;4 =“5000 及以上至 10000 以下”;5 =“10000 及以上至 20000 以下”;6 =“20000 及以上”
12. 是否拥有房屋产权	1 =“没有”;2 =“有”
13. 家庭成员患严重生理疾病人数	1 =“1 个或 1 个以上”;2 =“0 人”
14. 家庭成员患严重精神病人数	1 =“1 个或 1 个以上”;2 =“0 人”
15. 社会帮助途径数量	1 =“1 个或 1 个以上”;2 =“0 个”
16. 社会关系满意度	1 =“不满意”;2 =“一般”;3 =“满意”
17. 社会公平满意度	1 =“不满意”;2 =“一般”;3 =“满意”
18. 社会安全满意度	1 =“不满意”;2 =“一般”;3 =“满意”
19. 公共服务满意度	1 =“不满意”;2 =“一般”;3 =“满意”
20. 人居环境满意度	1 =“不满意”;2 =“一般”;3 =“满意”
21. 有本地户籍的家庭成员数	1 =“1 个或 1 个以上”;2 =“0 个”
22. 社会归属度	1 =“归属感弱”;2 =“一般”;3 =“归属感强”
23. 社会包容满意度	1 =“不满意”;2 =“一般”;3 =“满意”

表3　KMO 和 Bartlett 的检验

取样足够度的 Kaiser - Meyer - Olkin 度量。		0.747
Bartlett 的球形度检验	近似卡方	5607.641
	df	300
	Sig.	0.000

KMO 取值 0.747，大于 0.7，变量适合做因子分析。23 个指标一共提取了 9 个因子，共解释了原数据的 55.059%。我们认为提取的因子过多。依据上文对家庭特征与家庭幸福感的相关分析，我们剔除了 6 个不相关变量，对剩余 17 个变量再做因子分析。KMO 取值 0.777，17 个指标一共提取了 6 个因子，共解释了原数据的 52.202%（解释度仍不是很令人满意，但可作为指标体系修订的依据之一）。

其中，家庭收入满意度、住房满意度、焦虑感自评、文娱生活丰富度自评等 4 个指标在主成分一上载荷较大，可以归为一类，我们将其命名为家庭生活满意度指标。

对家庭与社会关系的满意度、对社会公平的满意度、对社会安全的满意度、对公共服务的满意度、人居环境满意度等 5 个指标在主成分二上载荷较大，可以归为一类，我们将其命名为社会服务满意度指标。

家庭冲突频率、夫妻关系满意度、父母子女关系满意度等 3 个指标在主成分三上载荷较大，可以归为一类，我们将其命名为家庭关系满意度指标。

家庭对社会的归属感、对社会包容的满意度等 2 个指标在主成分四上载荷较大，可以归为一类，我们将其命名为家庭对社会归属度指标。

家庭平均月收入、有无住房产权等 2 个指标在主成分五上载荷较大，可以归为一类我们将其命名为家庭经济状况指标。

家庭中有无严重心理疾病需长期照顾的人员指标在主成分六上载荷较大，我们将其命名为家庭健康状况指标。

简言之，17 个指标一共提取了 6 个因子，按方差贡献率大小排名为：

①家庭生活满意度指标 > ②社会服务满意度指标 > ③家庭关系满意度指标 > ④家庭对社会归属度指标 > ⑤家庭经济状况指标 > ⑥家庭健康状况指标。

基于前期构建的成都幸福家庭建设指标体系，结合上文对问卷调查数据的分析，课题组对已构建的成都幸福家庭建设指标体系进行修订。修订后的指标体系由 2 个一级指标、7 个二级指标、26 个三级指标构成（见表 4）。

表 4　成都市幸福家庭建设指标体系（基于问卷的修订版）

序号	一级指标	二级指标	三级指标
1	家庭内部幸福指标	生活满意度指标	家庭收入满意度(%)
2			住房条件满意度(%)
3			文娱生活丰富度自评(%)
4			焦虑感自评(%)
5		关系满意度指标	家庭冲突频率(%)
6			夫妻关系满意度(%)
7			父母子女关系满意度(%)
8		经济指标	家庭平均月收入(元)
9			是否拥有房屋产权(有或没有)
10		健康指标	家庭成员患严重心理疾病占比(%)
11	家庭外部幸福指标	社会服务指标	每千人医疗机构床位数(张)
12			每千名老人养老床位数(张)
13			城乡居民平均受教育年限(年)
14			每万人刑事案件立案数(件)
15			保障性住房覆盖率(%)
16			城镇失业登记率(%)
17			对家庭与社会关系的满意度(%)
18			对社会公平的满意度(%)
19			对社会安全的满意度(%)
20			对公共服务的满意度(%)
21			对人居环境的满意度(%)
22		经济指标	城镇居民人均可支配收入(元)
23			农民人均纯收入(元)
24			城镇居民恩格尔系数(%)
25		归属度指标	家庭对社会的归属感(%)
26			对社会包容的满意度(%)

（二）对问卷修订版基于各方意见的再修订

在“成都市幸福家庭建设指标体系（基于问卷的修订版）”出来后，指标体系进入了征求各方意见阶段。根据相关政府部门、一线社区工作者、社区居民、专家学者等各类人员的意见，指标体系在问卷修订版的基础上又进行了3次修订，最终形成由2个一级指标、8个二级指标、33个三级指标构成的“成都市幸福家庭建设指标体系（第四次修订版）”（见表5）。

表5　成都市幸福家庭建设指标体系（第四次修订版）

序号	一级指标	二级指标	三级指标
1	家庭内部幸福指标	生活满意度指标	家庭收入满意度(%)
2			住房条件满意度(%)
3			文娱生活丰富度自评(%)
4			焦虑感自评(%)
5		关系满意度指标	夫妻受教育年限差值(年)
6			婚姻持续时长(年)
7			家庭冲突频率(%)
8			夫妻关系满意度(%)
9			父母子女关系满意度(%)
10		经济指标	家庭平均月收入(元)
11			夫妻工作状态差距(同时工作或非同时工作)
12			是否拥有房屋产权(有或没有)
13		健康指标	家庭成员患重大生理疾病占比(%)
14			家庭成员患严重心理疾病占比(%)
15	家庭外部幸福指标	社会服务指标	对家庭与社会关系的满意度(%)
16			对社会公平的满意度(%)
17			对社会安全的满意度(%)
18			对公共服务的满意度(%)
19			对人居环境的满意度(%)
20			每千人医疗机构床位数(张)
21			每千名老人养老床位数(张)
22			城乡居民平均受教育年限(年)
23			每万人刑事案件立案数(件)
24			保障性住房覆盖率(%)
25			城镇失业登记率(%)

续表

序号	一级指标	二级指标	三级指标
26	家庭外部幸福指标	归属度指标	家庭对社会的归属感(%)
27			对社会包容的满意度(%)
28		经济指标	城镇居民人均可支配收入(元)
29			农民人均纯收入(元)
30			城镇居民恩格尔系数(%)
31		健康指标	平均预期寿命(年)
32			城乡居民体质达标率(%)
33			全民健身活动普及率(%)

四　关于成都市幸福家庭建设指标体系的几点说明

一是指标的用途。“成都市幸福家庭建设指标体系”是建设指标，重在建设，期望以指标的形式突出影响幸福家庭的关键因素，为政府部门及社会组织（包括妇联）推进成都幸福家庭建设提供指导，为政府制定相关支持政策提供决策依据，不是用来具体评价哪个家庭幸福、哪个家庭不幸福的。基层政府、社区可将其作为推进幸福家庭建设的参考，城乡居民也可将其作为提高自身家庭幸福度的参考。

二是指标的筛选。“成都市幸福家庭建设指标体系”经过指标体系初建及4次修订，先后拿出了5个版本。其间，指标的变动，有增有减。如“家庭成员患重大生理疾病占比”这一指标在初建版中有，但在问卷修订版中因其与家庭幸福感自评基本不相关，所以去掉了，而在征求各方意见过程中，各方认为应加入，故而在第四次修订时重新加入了该指标。又如“万人社会组织”这一指标有较多的社会意见认为其与家庭幸福感的关系不大，建议去掉，课题组斟酌再三后决定采纳意见。还有一些指标，如“每千人医疗机构床位数”、“每千名老人养老床位数”是基于课题组研究人员长期相关研究的经验选取的，所以对它们予以保留，因为据课题组对成都市社区居民公共服务需求的长期跟踪调查，医疗卫生、养老等是影响居民幸福感的重要因素。

三是指标的说明。"成都市幸福家庭建设指标体系"的33个三级指标都有自己的解释定义，其中大部分非常直观，能望文知义，有小部分需要详细说明。如"焦虑感自评"是指家庭成员对自我的焦虑心理程度的评价，包括担心家人健康、自己因各种因素引起的情绪负向变动。又如"夫妻工作状态差距"是指夫妻双方同时工作或非同时工作（有一方没有工作或均没有工作）。再如"对社会公平的满意度"是指家庭成员对社会公平（包括收入分配、就业机会、城乡待遇、司法执法等方面）状况的综合满意程度。

四是指标的取值。"成都市幸福家庭建设指标体系"的33个三级指标都有自己的取值方法。如"夫妻关系满意度"取调查样本中满意者的占比。又如"婚姻持续时长"取调查样本中婚姻持续时长的均值。再如"每千人医疗机构床位数"、"每千名老人养老床位数"等指标属于宏观指标，取值来自相应的政府部门，如卫生局、老龄委等。

五　促进成都市幸福家庭建设的几点建议

家庭是社会的细胞，家庭幸福关乎社会和谐稳定。推进幸福家庭建设，不仅是家庭自身的目标，也是政府及社会多元主体共同的职责，需要各方努力，各尽其责。妇联应深入贯彻落实《中共中央关于加强和改进党的群团工作的意见》，充分发挥"基本力量"、"基本依靠"的重要作用，一是做好幸福家庭建设的宣传工作，二是为促进家庭幸福提供更多的专业服务。

1. 加强幸福家庭建设，形成全社会共同推进的常态化活动

建议将推进幸福家庭建设作为市妇联的一项贴近民生发展、助推城市治理的重点工作，做好顶层设计，系统持续推进成都幸福家庭建设工作。全面开展幸福家庭大讨论暨创建活动。通过媒体和网络，发布幸福家庭指标体系，引导家庭成员树立重视家庭、夫妻互敬互爱、孝老爱幼、和睦邻里、奉献社会等积极的价值观，在全社会形成爱家、敬业、睦邻、奉献的社会风气。

2. 充分发挥政府在促进幸福家庭建设中的保障作用，解决影响家庭幸福的普遍性问题

由问卷数据及受访者开放式回答可知，政府需积极回应受访者的诸如经济宽裕、病有所医、少有所学、业有所成、老有所养等一般性的诉求，如此，才能不断提高大多数家庭的幸福感。故，要提高收入水平，缩小各类家庭间的收入差距；改善就业环境，鼓励家庭失业待业人员创业就业；增加教育投入，逐步满足家庭对教育服务的需求；缓解医疗服务供需矛盾，加大对精神疾患家庭的帮扶力度；提高养老金水平，健全养老服务体系。

3. 深入社区创建“幸福家庭”，充分发挥城乡社区的基础性作用

抓好社区硬件建设，建立优美、便利的人居环境，积极回应受访者反映的一些具有普遍性的问题，如“官田村沟渠污染严重”、“民安村水气不通”、“战洪村路况太差”、“东义村不通公交车”、“柳顺村没有文化娱乐设施”、“成青社区空气污染严重”、“紫东社区停车位较少”、“五一村小区用电困难”等。大力开展睦邻活动，提高居民的社区归属感。发动和组织居民开展各种形式的“邻里节”活动和志愿服务，引导居民走出家门，主动认识左邻右舍，增进邻里感情，建立信任，进而促进邻里互助。依托专业社会组织，开展个性化的婚姻辅导服务。各级妇联可通过政府购买服务的方式，向专业的社会组织购买婚姻家庭咨询辅导服务，如婚恋讲座、个案辅导等，帮助家庭实现和睦、和谐。

4. 契合各类家庭的特征，以个性化服务提高家庭幸福感

要关注处于家庭生命周期不同阶段的家庭的幸福。为处于新婚期、孕前期、孕产期、育儿期、中年期、空巢期、老年期等不同生命阶段的家庭提供诸如计生、避孕、优生、青少年教育、助力养老等具有针对性的服务。要关注空巢家庭和特殊家庭的幸福。各级妇联组织可在了解特殊家庭服务需求的基础上，将特殊需求纳入政府购买服务项目中，寻找合适的社会组织，由其负责服务项目的实施。要关注流动人口家庭的幸福。切实将基本公共服务、基本社会福利延伸至外来人口，从关怀流动妇女职业发展、家庭生活，保障其权益入手，助其家庭融入城市，提高流动家庭的幸福指数。

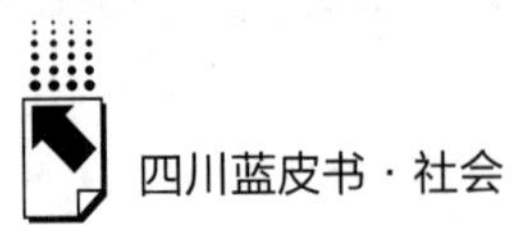

参考文献

刘明福、蒋云鹤：《应对家庭危机兴国必须兴家启动〈中国幸福家庭工程〉》，《决策与信息》2015 年第 3 期。

陶娟、徐建丽：《创建幸福家庭的实践与探索》，《中国人口报》2014 年 9 月 17 日。

刘东杰：《“幸福家庭”建设研究——基于苏州、泰州与淮安样本》，《厦门特区党校学报》2013 年第 2 期。

徐萍、葛璐璐：《扬州市江都区幸福家庭指导中心开展多层次服务》，《中国人口报》2014 年 11 月 19 日。

陆晓红、陈小莹、李婷：《拓展社工服务“升级”幸福广州市海珠区建立 5 个社工站开展人口文化宣传、计生家庭帮扶、科学育儿等特色服务》，《中国人口报》2014 年 12 月 12 日。

徐映梅、夏伦：《中国居民主观幸福感影响因素分析——一个综合分析框架》，《中南财经政法大学学报》2014 年第 2 期。

田帆：《新时期教育投入应进一步增量提效》，《宏观经济管理》2015 年第 6 期。

信春鹰：《中华人民共和国精神卫生法解读》，中国法制出版社，2012。

宫玉典等：《重性精神病患者家庭负担与家属幸福感的相关分析》，《精神医学杂志》2014 年第 4 期。

李勇洁等：《重性精神疾病患者的家庭负担调查》，《中国康复理论与实践》2014 年第 10 期。

何青、汪蓓蕾、李昆：《幸福家庭创建助力“幸福江苏”建设》，《新华日报》2014 年 1 月 3 日。

严静：《幸福家庭的影响指标体系与解释框架——人口学视角的解读》，《东南学术》2013 年第 2 期。

中国人民大学社会与人口学院课题组：《中国家庭幸福发展二期研究报告》，2014 年 5 月。

实 践 篇

Practical Reports

B.12

构建“实验区+大联动”双轮驱动智慧治理新模式

——成都市成华区以信息化为引领，深化社会治理和服务创新的实践探索

向自强　邹　勤　林　枫*

摘　要：完善基层社会治理体系和提高基层社会治理能力，是国家治理体系和治理能力现代化的基础。成都市成华区在国家民政部的指导和四川省、成都市的部署下，以“全国社区治理和服务创新实验区”和“区域治理服务大联动”为抓手，以社会治理和服务创新信息化建设为引领，立足“参与空间”多元自治、“服务空间”广阔共享、“治理空间”良性互动，探

* 向自强，四川省社科联；邹勤，四川省创新社会发展与管理研究院；林枫，成都市成华区委宣传部。

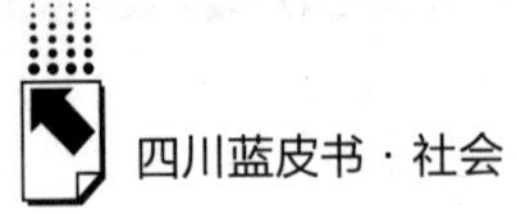

索构建“实验区+大联动”双轮驱动智慧治理新模式，为创新社会治理和服务积累了成功经验，为国家治理体系和治理能力现代化提供了基层实践样本。

关键词： 治理服务 全域信息化 实践创新 成华样本

2015年，为深入贯彻落实中央、省、市相关精神，成都市成华区以“全国社区治理和服务创新实验区”建设为总揽，以“区域治理服务大联动”为支撑，立足“参与空间”多元自治、“服务空间”广阔共享、“治理空间”良性互动，探索构建“实验区+大联动”双轮驱动智慧治理新模式，着力打造“社会治理标杆区”。

一 实践背景

成华区地处成都市东北部，全区面积108平方公里，是成都市面积最大的中心城区，辖14个街道办事处、103个社区，人口113万人。作为成都市曾经的“老工业基地+大农村”，随着城市化进程的不断加快和成都“北改”、“棚改”等工程的深入推进，流动人口的急剧增加，基层治理、社会服务、城市管理等领域的矛盾和问题日益凸显，综合利用互联网等信息技术，推进政府数据共享、治理信息化、服务智能化，成为深化“民生成华”的现实所期，保障“平安成华”问题倒逼、创新“智慧成华”的形势所需，也成为打造“现代国际化精品城区”的大势所趋。

2014年成华区被民政部确认为第二批“全国社区治理和服务创新实验区”，以“院落+社团”为主题，实验探索居民自治、公众参与、政社互动的协商合作型社区治理服务的基层微自治体系和运行机制、制度设计。2015年成华区以数据为支撑，以事件管理为主线，整合空间地理信息和音视频资源，综合互联网+、大数据、云计算、物联网等信息化技术，打造集市民矛盾调处、党建群团组织、社会治安防控、市民公共服务、城市综合管理、网上政府等功能于一体，内网与外网结合、移动与固定结合的区域服务治理“大联动”体系。

2015年以来，成华区以“实验区”建设为总揽，以“大联动”体系建设为支撑，立足“改革空间最大化、机制创新最优化、制度设计科学化、队伍配置合理化、服务治理信息化”，对现有部分体制、机制进行解构重构，建立线上线下的社会治理新机制，打造“实验区+大联动”社会治理和服务双轮驱动新模式。“实验区”主要解决三方面的问题：一是建立以“细自治、强服务、促教育”为主要内容的“院落+社团”微自治体系，提升社区“自我管理、自我服务、自我教育”的能力；二是依托社会公共服务综合信息平台，切实推进社区减负增效，构建政务服务+志愿服务+市场社会等多元主体参与的社区综合服务新机制，提升基层治理活力；三是构建互联网+社工、社区、社团、社会的“四社联动”新机制，提升基层社会自我调剂、自我发展、自我服务的能力。“大联动”以“联动发现问题、联动解决问题”为思路，通过政府全域信息化机制建设和区域服务治理“大数据”沉淀、共享、挖掘、使用，提升行政效能、扩大社会服务、强化基础治理。“实验区+大联动”融合形成的双轮驱动新格局，实现线上线下的有机融合，做到“在服务中治理、在治理中服务”，探索形成社会治理和服务新的标准、规范，推动社会建设整体水平的提升。

二　主要做法

（一）系统推进，完善综合配套改革

区委、区政府成立工作领导小组和跨领域、跨部门、跨平台综合研究小组，将“实验区”、“大联动”进行系统研究，统筹推进。一是优化顶层制度设计。对相关领域的管理体系进行“解构重构”，着重开展“大党建、大

部门（市场监管和大城管等）、大科室、大民生、大卫生、大文化”等管理体制及机构改革，理顺街道管理体制、财税体制、社会治理体制等，系统出台“1+8+N”共计22个配套文件，同时编制《成华区社会治理和服务信息化与“大数据”发展工作纲要（2015~2018）》、《成华区建设“全国社区治理和服务创新实验区”工作规划（2014~2016）》。二是优化治理服务机制。区层级成立“成华区服务治理大联动中心”（简称“大联动”中心），并将其确定为正处级行政管理机构，加强统筹协调、任务分派、考核监督等；街道层级成立“大联动分中心”，并将其确定为正科级综合协调机构，与综治、社建、社管合署办公，实现服务治理工作“扁平化”；社区层级成立“综合服务管理站”，综合服务管理站主要承担政府服务管理延伸事项，探索社区服务“中心化”、自治组织“院落+社团化”；网格层形成一、二、三级网格员服务治理力量。实施一级网格员带领二、三级网格员的“1+N”服务治理模式，实现“灵通发现、快速响应”。三是优化信息系统建设。将区级层面的“网格化服务管理中心”升级为“区服务治理大联动中心”。以问题和需求为导向，对25个主要业务部门、14个街道的服务治理业务信息化系统进行梳理整合，通过研发“数据桥梁”等措施，统一规划建设基础数据库、业务数据库、云计算中心、指挥调度中心等基础设施，着力改变以往各类政务数据“分散、孤立”和标准不统一、难以共享、难以互联互通等问题。

（二）“实验区”驱动，构建“1+1+X”社区微自治体系

“1”即打造服务型基层党组织体系；“1”即社区居委会及专委会；“X”即街道（社区）工会、共青团、妇联、残联、文联等“同心多圆”群团组织体系，以及“企业公民”自治和服务体系。一是社区党建区域化，增强网格“向心力”。构建“区域化党委—社区党支部—网格、院落党组织—楼宇、社团组织、流动党员集中点党小组”社区党组织区域化组织体系，建立区域化党建“直属型、协作型、联系型”三级运行模式，选派党员干部到社区挂职任职、驻点包户，开展“承诺践诺”、“设岗定责”活动。二

是居民组织专业化，散发社团“吸引力”。设置社区治理服务、文化发展、人民调解、环境自治等社区专委会，指导邻里互助、维权服务、纠纷调处等院落社团的规范发展，引导鼓励居民根据需求建立兴趣类、公益类、互助类、志愿类、自治类社团组织。三是社会组织全域化，激活居民“原动力”。完善“区—街道—社区—院落”四级社会组织孵化体系，建立社会组织发展基金，实现对社会组织的长期扶持和引导。四是群团组织枢纽化，提升基层“凝聚力”。构建“街道—社区（驻区企事业单位）—院落（网格）”的“同心多圆”枢纽型群团组织体系，全力打造街道、社区党群组织服务中心。五是驻区力量联合化，扩大企业“支持力”。构建驻区企业单位（企业公民）联合会，建立“街道社区自治联合会、建设路商圈企业公民责任联合会、建设路商圈百城万店优质服务协会”，提高驻区企业矛盾纠纷自我调处能力。

（三）“大联动”驱动，形成“互联网+社会治理”机制

建立“指挥协调大统筹、管理资源大整合、综治维稳大巡防、基层纠纷大调解、民生服务大集中、行政执法（多元参与）大协同”六大工作机制，形成纵横交错、全域覆盖的服务治理“一盘棋”格局。一是横向“1+3”联动指挥，统筹协调“零障碍”。构建以“大联动”中心为核心，以区公安指挥中心、政务中心、数字化城管中心为支撑的“1+3”指挥协调体系，四个中心进行实时数据对接、信息共享和协调联动，形成集城市综合管理、民生服务、社会治安、突发应急处置等功能于一体的组织指挥网络。与公安指挥中心互动，实现警务分流；与政务中心互动，实现“网上预约审批、网下代办服务”；与数字城管中心互动，构建“大城管”（城管、工商、质监等）格局。二是纵向“四级网络”联动运行，服务群众“零距离”。构建“区大联动中心—街道服务中心—社区管理站—网格员”四级网络，形成“政社互动、专群联动、多元共治”的工作格局，以及区、街、社区、一级网格、二级网格、三级网格“六级服务治理力量”，同时设立全区院落自治促进会，扩大多元参与渠道。三是“横向+纵向”数据大融合，互联

互通“零壁垒”。初步形成了矛盾调处、党建群团组织、社会治安防控、市民公共服务、城市综合管理、网上政府等18个功能模块，形成了“五个一”特色应用功能，即“一本账”基础信息库及业务信息库、“一幅图”电子地图应用、“一号呼”“96966”市民服务热线的知识库建设、“一扇窗”街道便民公共服务中心的R2G机制建设、“一指通”App群的页面和栏目设置等。

（四）“实验区+大联动”互动，构建“智慧治理”新模式

将政府管理、公共服务、社会服务三大信息化平台有机融合，同时对线下的各类服务及治理队伍和力量进行“云计算和科学配置”，构建“实验区+大联动”在服务中治理、在治理中服务的“智慧治理”互动新模式。一是打造集成高效的“公共服务综合云平台”。以“大联动”为基础，打造“网上政府”。推进基层管理体制改革，转变基层政府职能，探索街道“扁平化”、社区“中心化”等服务治理模式，实现人力、财力、物力向社区下沉；将计生、民政等22个业务办理系统统一纳入平台，创新政务事项“前台一口受理—后台分工办理—前台督促办结”的运行模式，通过与国家基础信息资源库信息共享，实现居民凭借身份证办事“一证通、全区通办”，切实将居民“重复跑路”办事集中为“一窗式”受理办结、“一站式”内部流转、“一网式”共享信息；同时建立以区“大联动”中心信息系统为中心，以街道和社区综合信息平台为辐射，以社区自助终端、个人服务终端为节点的信息网络，建立行政机制、志愿机制和市场机制互联互补的社区服务供给方式。以“实验区”为引领，拓展“网下服务空间”。以连心驿站为载体，使公共服务进院落。根据院落的不同特点，强化“社区专委会+功能室+应用系统”，使“网格服务、居民议事、基层党建、居民文化活动、助老服务、矛盾调处、警民联系、社会组织孵化”八大功能集合在一起，推行网格员错时、延时、预约等服务，把养老、就业等服务通过社区网格直接送到居民“家门口”；以志愿服务中心为补充，使志愿服务进院落。成立志愿服务中心，以信息化为支撑建立积分制，倡导“有时间做志愿者、有困

难找志愿者”，组建“管得宽”维和队、“阳光姐妹”服务组等特色志愿服务队，设计爱心邮包、积分专柜等15个公益创投项目，适时开展文娱、体育、敬老、留守儿童辅导等志愿服务活动；以院落文化站为阵地，使文化服务进网格。加强社区学校、市民学校建设，设立公共图书服务通借信息化系统和通还点，大力开展“平安院落、和谐楼栋”、“孝顺媳妇”、“培华系列故事”等活动，培育独具地方特色的院落文化；以社区服务站为支撑，使便民服务进社区。制定综合服务信息化菜单，让居民足不出户就可办理健康护理、网络代购、家电维修等多种服务项目，增强居民对居住小区的认同感和归属感。二是打造精细可控的“社会治理综合云平台”。以“大联动”为基础，构筑“精准化数据平台”。按照“信息共享、大数据挖掘、科学使用”的原则，规范技术标准和参数，建设集通信、计算机、网络、地理信息系统、视频监控、数据库与信息处理等多种技术于一体的中央指挥系统、“大数据”云计算中心，加强大数据的沉淀、挖掘和使用，为政府提供决策信息服务；建立社会治理GIS地理信息平台，构建包括人、房、危险源、重点场所在内的“大数据”基础信息库，直观动态地查控社区及各个网格的各项基础数据，全天候监控各个院落、社区及重点区域的治安综治及信访接待点情况，实时定位城管人员、联防队员及执勤车辆状态，及时对各类事件进行GIS分析；拓展“大联动”在社区基层的应用，有效提升社区“群防群治”水平，探索打造新鸿社区院落“邻里守望”系统隐患举报“一键通”、“关家大院”隐患发现“视频通”、龙潭“水乡茗居家空间”小区居民诉求“微信通”等创新模式，形成数据常态化、管理网格化、采集多元化、参与社会化的社会治理立体防控体系。以“实验区”为载体，夯实“精细化服务平台”。完善“院落+社团”的治理结构，完善院落（楼宇、门栋）自治、业主自治、社团自治等民主形式，探索建立“两委成员进专委（社区专委会）+社工人才进社团+社区网格员服务社团”运作模式，加快社会组织专业化、职业化建设；构建“自治组织+社会组织”融合机制，完善自治小组、院落专员、党员骨干、志愿者和物管公司、驻区单位、院落社团和各类社会组织多元主体结构，引导社区网格员“进院落、入社团、强服务”，提升网格员“联动发现问题、联勤解决问题”的能力；建立“在线”绩效考核、奖惩机制，重大问题发现报告工作考核奖励机制，创新公益创投、政府购买服务制度，建立信息化奖励积分制度，充分发挥社区社会组织作用，引导其他社会组织和专业社会工作人才进入社区。三是打造专业个性的“社会服务云平台”。以“大联动”为支撑，创新“多元参与机制”。按照政府主导、多元参与的原则，基于“互联网+社会服务”，在民政部政策研究中心、民政部社会福利和社会进步研究所、电子科大信息化委员会、四川省社会科学界联合会等的指导支持下，与电子科大、重庆大学、四川创新社会发展与管理研究院、成都职业技术学院等合作设立了全国第一个“互联网+社会治理服务”联合实验室，为公共服务、社会化服务开放端口，有效调动社会力量参与社会治理的积极性。以“实验区”为导向，创新“民本化服务机制”。编制《社会服务信息化应用系统规划》，深入应用政府数据和社会数据，启动实施“公共服务大数据工程”，加强各种实用、好用、管用的应用系统的预研究研发，大力推行社会服务O2O互动模式，着力推进“社会服务专业化可选择”、“社区服务适时化可在线”、“政务服务个性化可定制”，开创“全域社区、全域服务”新局面。

三　初步成效

成华区“实验区+大联动”建设初步成果受到民政部、四川省、成都市政法委的充分肯定，有10余位省、市相关领导先后莅临调研指导，全国20多个城市的代表先后前来参观考察。

（一）社会服务方面

以“政务服务为核心，以社会化服务为主体，以志愿服务为补充”的区域大服务体系初步建成。一是建立健全社区微自治体系。完善了1152个院落自治小组，形成了完整的区—街道—社区三级院落自治指导促进会体系；规范建成了1320个社会组织，形成了区—街道—社区—院落四级社团孵化阵地体系。二是建立政务服务“网上预约、网下代办”体系。543 项行政审批事项“一网式”在线审批，其中 252 项可网上办结，切实做到了“多让数据网上跑，少上群众路上跑”。三是建立社区公共服务“进一门、递一窗”办理办结体系。初步建成社区公共服务信息化平台，其中 17 项公共服务事项实现“一窗式”办结，切实做到了让“数据跑起来、抱怨降下来”。

（二）社会治理方面

2015 年，全区的“安全度、和谐度、满意度”得到了进一步提升，形成院落“治安群防、工作联动、问题联治、平安联创”的工作局面。一是提升安全度，抢劫类警情同比下降 14%，抢夺类警情同比下降 17.4%，扒窃类警情同比下降 15.77%；二是提升和谐度，全区实现信访总量同比下降 11%、集体信访同比下降 7%、重复信访同比下降 6.5%、越级信访同比下降 6%、群体性事件同比下降 13% 的“五下降”；三是提升满意度，成华区已连续两年在成都市目标综合绩效考核中位列中心城区首位，在全市专项测评中，社区居民幸福感居全市区（市、县）第一名。

B.13

城市少数民族流动人口城市融入现状研究报告

——以四川省C市为例的实证研究

刘 伟*

摘 要： 本文聚焦四川省城市少数民族同胞，运用问卷调查、个案访谈等方式分别对四川省C市的城市少数民族群体、普通社区居民群体就城市少数民族群体的社会适应、城市融入与社会排斥问题进行了较为系统的调查，并就上述内容对以C市少数民族人口为代表的四川省城市少数民族群体进行了现状描述。研究发现，四川省城市少数民族人口在融入城市的过程中出现如下几个特点：城市中的少数民族群体开始出现阶层分化且逐渐固化，各类诉求日趋多元化，其经济社会生活正逐渐深刻地嵌入城市社会结构中，不再是城市社会结构中可有可无的群体。然而，他们中的一部分依然因被城市居民排斥而有“相对剥夺感”。同时，他们对城市社会交往的诉求越来越强烈，但他们的社区参与明显不足。

关键词： 城市少数民族群体 城市融入 社会排斥

* 刘伟，四川省社会科学院社会学研究所助理研究员。

一　研究背景与研究方法

（一）研究背景

近年来，随着经济社会的快速发展，大量少数民族流动人口涌入城市，一方面，少数民族流动人口进入城市似乎为社会趋势，是结构性的社会特征；另一方面，城市中与少数民族流动人口紧密相关的社会稳定事件频频发生，如各类社会冲突性群体性事件、集中上访、集体罢工、抱团维权等。这些事件不仅造成区域社会失序与社会动荡，破坏民族团结与社会稳定，更在国内外舆论中造成恶劣影响。少数民族人口流入城市一时间污名化情况严重。四川省地处我国西部少数民族聚居核心区，拥有全国第二大藏区、最大的彝族聚居区和唯一的羌族聚居区，城市少数民族流动人口现象较为突出，且相对东部沿海地区，四川省城市少数民族流动人口有较强的定居意愿。2015 年，中共中央第六次西藏工作座谈会的会议精神中明确指出要“坚定不移促进各民族交往交流交融”，城市少数民族流动人口同城市主体民族之间的融合问题成为中央关切的重点。因此，以实证研究的方式，识别并描述城市少数民族流动人口的社会融入现状及其面临的困境，并在此基础上提出对策建议具有较高的现实意义。

（二）理论借鉴

目前，国内外关于城市少数民族流动人口的理论及经验研究较多，这些研究都为我们进行少数民族流动人口的社会适应研究提供了借鉴。

国外可供借鉴的研究有下列关于族群关系的理论：（美）M. M. Gordon 提出美国族群关系发展“三阶段”论及衡量族群关系的七个变量，A. G. Darroch 和 W. G. Marston 探讨种族隔离，Ben－Tovin 等探讨各族群间的权利分配与冲突，以及社会学家有关族群集团“结构性差异”和“族群分层”的讨论等。

国内相关研究主要有如下几类：少数民族流动人口形成的特点、动因与影响的研究。杨圣敏、马戎、陈云、张继焦、庄孔韶、郑信哲等学者先后组织了关于城市少数民族流动人口的大型调查，揭示出不同区域间该群体性别结构、人数结构、流向结构、分布结构中的差异及各自规律。探讨“流动”动因时，主流观点以城市化伴随多民族化、文化多元化为视域，强调人口流动是流出地与流入地推力、拉力相互作用的必然。上述背景下，“流动”将产生文化不适及宗教信仰、民族认同、经济等冲突。民族群体性事件研究。该类研究认为，社会转型时期民族群体性事件频发，且同社会深层次问题交织，破坏社会稳定，表现为因经济、民事、刑事纠纷，触犯少数民族感情、宗教、风俗，以及历史问题等引发的群体性事件等，而社会转型的“结构紧张”、相对剥夺感、利益驱动、民族动员等成为诱发因素。同时，我国对相应问题的治理研究却十分欠缺。少数民族流动人口的社会适应与服务管理对策研究。近年来，该类问题得到了学界的广泛关注，大量议题集中在少数民族流动人口的适应现状、适应方式、适应策略、心理适应以及社区服务与管理的相应对策上等。

由上可知，目前，研究主要偏重城市少数民族流动人口的现状、特点及规律的描述，以及该群体如何融入城市、城市管理者如何为该群体提供有效服务和管理等，这对本研究提供了理论上的借鉴思路。

（三）研究方法

1. 研究方法

本研究运用了文献法、问卷法、访谈法相结合的实证研究法，具体方法使用状况说明如下。在本研究的具体研究框架中，文献研究主要目标为：系统梳理国内外城市少数民族流动人口社会适应的研究现状；通过文献形成研究工具——问卷及访谈提纲，选取C市为典型的样本城市，分别以城市中的少数民族同胞和普通社区居民为调查对象，对少数民族同胞的城市融入、融入困境、就业创业、教育与文化、社会交往、社区参与、权益保障以及来自城市的社会排斥进行全面的调查。

2. 抽样方案及样本分布

鉴于城市少数民族人口的分布信息难以把握，本研究采用多阶段非概率抽样的方式获取样本。整个抽样过程共分为两个具体阶段：第一阶段，以立意抽样的方式选择 C 市第一圈层和第二圈层共计 7 个区；第二阶段，以偶遇抽样的方式，在 C 市相关部门的推荐下，分别去各区内少数民族相对聚集的社区进行问卷调研。

本次调查共获取城市少数民族流动人口样本 320 个①。调查样本覆盖 C 市 Q、W、JIN、J、C、S、P 等 7 个区（县），其中 W 区被调查者人数最多，占总数的 41.48%，其次为 JIN 区，占 33.44%，Q、J 区紧随其后，分别占 9.65% 和 9.32%，S、P、C 区的被调查者人数相对较少，共占被调查者的 6.11%。

在城市少数民族被调查者中，男性占 38.8%，女性占 61.2%，两性的样本量均达到群体比较研究的要求数量。

在被调查者中，藏族最多，也即藏族同胞最易被调查到，有效样本中共计 183 人，占 57.7%；其次是回族 41 人，占 12.9%；之后是彝族，占 11.7%；随后为维吾尔族占 3.8%，以及羌族占 2.5%；另外，还有 11.4% 的被调查者是除上述民族之外的少数民族。

相对于少数民族同胞，普通社区居民的调查难度相对较低，各区（县）的样本采集及分布状况较为平均。普通市民的调查样本覆盖 C 市主城区的 W、Q、J、JIN4 个区，以及 C 市二圈层的 X、P、S 等区，样本的区（县）分布较为均衡，样本的区域分布具有代表性。其中，男性 130 人，占 41.8%；女性 181 人，占 58.2%。

二　城市少数民族流动人口的城市融入现状研究

（一）谋生 VS 安身：城市少数民族流动人口的归属起点

谋得怎样的工作，获得怎样的安身立命场所及环境，是城市少数民族流

① 具体到每一变量，涉及变量丢失或不适用的情况，因此各变量样本总体往往不到 320 个，特此说明。

动人口城市适应和城市归属的起点。

1. 进城时长

根据马戎教授的观点，中国的少数民族向城市流动的方式大体可归纳为三种：一是东部和中部汉族人口向西部少数民族地区流动，二是西部少数民族农村劳动力向当地城镇流动，三是西部少数民族人口向东部和中部城镇流动。其中，第二种流动方式最为复杂，一来少数民族在城镇定居的概率较其他两类群体更大，即使不定居，待在城市的时间也可能相对更久；二来他们中依然有不小比例的群体是我们通常讲的流动农民工人口——"候鸟"式人群，具备流动人口的全部特征，四川大部分城市情况属于第二类。

如表 1 所示，总体而言，被调查的城市少数民族流动人口待在城里的时间相对较长，均值达到 10.99 年。如果将被调查者来 C 市时长从短到长依次排列，第 25% 位次者来 C 市时间为 2 年，第 50% 位次者来 C 市时间为 10 年，而第 75% 位次者来 C 市时间为 15 年。从数据中我们不难看出，城市少数民族人口进城时长存在一定程度的分化，其利益诉求也将日趋多元化。

表 1　城市少数民族被调查者已在城市居住时间状况描述

指标	有效样本	极小值	极大值	均值	标准差	25% 位数	中位数	75% 位数
数值	274	0	65	10.99	13.499	2	10	15

2. 教育

教育结构是影响少数民族在城市生存与发展的重要资本。如表 2 所示，被调查者中，受教育程度在整体上呈现高、低学历者多，中等学历者少的特征。调查显示，有相当一部分的少数民族被调查者具有高等学历（学历为大专与本科的占 26.9%），高中、职高、中专学历的被调查者占 28.1%，小学及以下学历的被调查者占 30.3%。而处于学历中间段，即初中学历的被调查者人数相对较少，仅占 10.9%。如果从学历来划分城市少数民族流动人口的人口结构，就本调查样本所反映的信息来看，来 C 市的少数民族人口中，高学历和低学历者成为最主要的人群，中等学历者相对较少。

表 2　城市少数民族样本的学历分布

单位：人，%

项目	人数	有效百分比	累积百分比
小学及以下	97	30.3	30.3
初中	35	10.9	41.2
高中、职高、中专	90	28.1	69.3
大专与本科	86	26.9	96.2
硕士研究生及以上	12	3.8	100.0
合　计	320	100.0	

3. 年龄结构

年龄结构是反映群体活力现状的重要指标。从被调查者的年龄分布来看，C 市被调查的少数民族流动人口均值为 32.36 岁，总体偏向年轻化，而年龄均值的标准差为 16.41，这说明被调查者的年龄偏离平均值是 16.41 岁，差异不大。新生代少数民族流动人口聚集城市的趋势开始出现。

4. 工作获取途径

“获取工作”是少数民族流动人口在城市得以安身立命的最重要条件。研究发现，以亲朋为主的社会网络是少数民族同胞在城市中获取工作的最主要途径。

如表 3 所示，尽管在我们的调查对象中，经由自己应聘获得工作职位的比例最高，占 27.3%。但仔细分析不难发现，由亲戚推荐、朋友同事推荐、老师同学推荐、婚嫁等而获取工作职位的比例总和达到了 31.2%，还有部分少数民族同胞在就业时享受到了政策福利，有 14.6% 的被调查者搭到了毕业分配工作的政策“班车”，仅有 5.2% 的被调查者工作因政府组织而获得，可见政府在少数民族同胞的工作组织安排上力度较弱。有 3.2% 的被调查者工作由职业介绍所推荐而获得，还有 4.5% 的被调查者选择自己投资。

总之，运用个体在同一族群间的社会资本，是目前 C 市少数民族人口最主要的职业获取途径，这同城市社会劳动力市场中的招工单位对少数民族同胞群体的排斥有关。由自己应聘等依靠自己力量获取工作机会的被调查者人数比例还不到1/3，同时，不论人口流入地还是流出地政府在少数民族同胞城市就业的组织干预方面的工作力度还相对较弱。

表3　城市少数民族被调查对象的工作获取途径统计

单位：人，%

项目	人数	百分比	有效百分比	累积百分比
自己应聘	84	26.3	27.3	27.3
亲戚介绍	41	12.8	13.3	40.6
朋友同事介绍	15	4.7	4.9	45.5
老师同学介绍	32	10.0	10.4	55.9
职业介绍所推荐	10	3.1	3.2	59.1
政府组织	16	5.0	5.2	64.3
婚嫁	8	2.5	2.6	66.9
毕业分配	45	14.1	14.6	81.5
自己投资	14	4.4	4.5	86.0
部队转业	2	0.6	0.6	86.6
其他途径	41	12.8	13.3	100.0
合计	308	96.3	100.0	
没有工作(不适用)	12	3.8		
总　计	320	100.0		

除了生活适应外，就业与创业是少数民族同胞在城市社会安身立命的又一重要方面。在当代城市社会中，随着人与人之间交往的“工具性”关系增强，社会交往的关系半径将不断扩大，在这一过程中少数民族同胞将在就业、创业中与城市居民不可避免地产生更深层次意义上的互动与冲突。

5. 单位性质

数据显示，就“单位性质”变量审视，少数民族同胞已“嵌入”城市社会中的各个阶层，融入城市社会的有机体中，尽管该群体中社会底层者仍为主体。

如表4数据显示，C市少数民族同胞的工作单位性质已几乎覆盖了所有类别。个体单位性质同受教育程度形成相互对应，高学历者的单位多为党政机关及企事业单位，低学历者的单位主要为企业和个体工商户两项，而这两项是被调查者中最主要的群体。

表 4　少数民族被调查者工作单位性质及职级统计

单位：人，%

项目	人数	有效百分比	累积百分比
党政机关领导	7	3.1	3.1
普通公务员	16	7.0	10.1
企事业单位干部	7	3.1	13.2
事业单位普通员工	30	13.2	26.4
企业（含商业服务）普通员工	45	19.7	46.1
专业技术人员（如教师、律师、工程师等）	20	8.8	54.9
私营企业主	5	2.2	57.1
个体工商户	52	22.8	79.9
其他	46	20.2	100
合计	228	100	

6. 收入现状

收入现状不仅决定了少数民族同胞能否很好地融入城市，还将决定其在具体的哪个层面融入城市，收入分化也是阶层分化的一个具体指标。C 市的少数民族被调查者中，收入的分布已经分化。

尽管大部分被调查者的月收入还集中在 1001～2000 元（27.1%）以及 2001～3000 元（26.3%）的区间，但高收入者的群体比例仍不容小觑：收入在 3001～4000 元的被调查对象占比为 13.6%，收入在 4001～5000 元的被调查对象占比为 11.0%，收入在 5001～10000 元的被调查对象占比为 10.2%，收入在 10001 元以上的仍占 4.2% 的比例。与此同时，还有 7.6% 的被调查者月收入低于 1000 元。在城市少数民族同胞群体内部正在出现阶层分化，处于不同阶层中的少数民族同胞，将不再满足于同少数民族同胞之间的比较，而扩展成为与同一阶层的横向比较，形成更加具体而复杂的现实诉求。

（二）适应 VS 融入：城市少数民族流动人口的核心关切

是否适应和融入城市，是城市少数民族流动人口在城市生活区域的核心关切。

1. 生活适应困境

对少数民族流动人口而言，进城之后极易因为不适应城市中的生活而产生心理焦虑。

表 5 呈现了少数民族同胞进入城市初期的生活适应困境分布情形。在诸多不适应问题中，“出门就得花钱”（47.7%）、“城市太大，交通不便”（33.4%）、“饮食不习惯”（31.8%）成为最主要的生活不适选项。

值得关注的是紧随其后的“城里人不好交往”（22.0%）、“工作不好找”（18.0%）和“邻居交往少”（13.1）等选项。相对于农民工群体，少数民族流动人口同城市社区居民更容易形成“泾渭分明”的“我群体”与“他群体”，尤其在刚进入城市的时期，这一类人际交往中的不适感很容易促使少数民族同胞“报团取暖”，族群边界迅速建立，“我群体”力量不断扩大，形成城市里人际交往中的“族群孤岛”。

表 5　城市少数民族被调查者初入城市不适应现状的多响应统计

单位：人，%

项目	人数	有效百分比
城市太大，交通不便	102	33.4
饮食不习惯	97	31.8
出门就得花钱	145	47.7
住房拥挤	53	17.4
工作不好找	55	18.0
城里人不好交往	67	22.0
邻居交往少	40	13.1
其他不习惯	33	10.8

注：本题为多项选择，百分比之和高于 100%。

表6、表7 所示信息，更进一步佐证了上述观点。

少数民族同胞最难适应的城市生活主要有三项，分别是“饮食习惯”

（22.9%）、“城里人的态度”（21.8%）以及“交通方面”（18.8%）。饮食同民族的地域及文化因素有关，属于地方习惯和喜好，不带有任何个人情绪；而整个城市的居民都在共同承担着交通压力，压力平等共担；唯有“城里人的态度”会令少数民族同胞感到交往冲突。大部分城市生活对少数民族同胞来说，并非难以适应。如生活适应方面的衣着习惯、居住方式，文化适应方面的语言与工作，甚至对城市制度的适应与遵守（城里的规矩）等，都是少数民族同胞认为不难适应的方面。

表 6　少数民族被调查者初来城市的生活适应中较为不适的部分统计

单位：人，%

项目	人数	有效百分比	累积百分比
衣着习惯	10	3.8	3.8
饮食习惯	61	22.9	26.7
交通方面	50	18.8	45.5
居住方式	14	5.3	50.8
语言方面	22	8.3	59.1
城里人的态度	58	21.8	80.9
工作方面	12	4.5	85.4
城市的规矩	11	4.1	89.5
其他	28	10.5	100.0
合计	266	100.0	

表 7　少数民族被调查者初来城市的生活适应中较为习惯的部分统计

单位：人，%

项目	人数	有效百分比	累积百分比
衣着习惯	38	16.9	16.9
饮食习惯	47	20.9	37.8
交通方面	22	9.8	47.6
居住方式	17	7.6	55.2
语言方面	28	12.4	67.6
城里人的态度	29	12.9	80.5
工作方面	9	4.0	84.5
城市的规矩	20	8.9	93.4
其他	15	6.7	100
合　计	225	100	

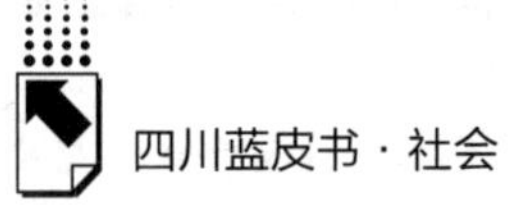

2. 生活适应周期

调查显示，少数民族同胞进入城市后，对城市生活适应的时间长短不一。总体而言，个体不能立马适应城市生活，需要相对较长的时间适应，但长时间始终无法适应的情况也较少出现。

如表 8、表 9 所示，我们通过“您大概用了多久才适应城市生活”和“您认为大部分少数民族同胞多久能适应城市生活”两个具体问题来综合测量该群体的城市适应期，以期得到信息的相互印证。结果显示，当个体回答自己用了多少时间适应城市生活时，答案相对乐观。在 6 个月内便能适应的群体中，人数比例随着时间增多而呈现逐渐下降的趋势，有 24.9% 的被调查者认为自己少于 1 个月便适应了城市生活，而用时 1 个月左右、用时 1～6 个月的群体比例分别为 20.9% 和 19.9%。需要特别关注的是，仍然有 29.3% 的被调查者认为自己适应城市生活的时间超过了半年。甚至有 5.1% 的被调查者认为自己可能永远无法适应城市生活，尽管这一群体比例较小，但却无法忽略，应当成为城市民族服务与管理工作的重点关注群体。

与此同时，大部分被调查者认为自己适应城市生活的时长比大部分少数民族同胞的城市适应周期情况要相对乐观。换句话说，在被调查者的观念中，大部分少数民族适应城市的用时比自己长。因此，总体来说少数民族的城市适应周期是一个相对艰难的过程。仅有 10.5% 的被调查认为大部分同胞可在少于 1 个月的时间内适应城市，却有 32.8% 的被调查者认为大部分同胞可能需要花超过半年以上的时间方能适应城市。另外，还有 5.6% 的被调查者认为，可能大部分同胞永远都不会适应城市生活。

表 8　少数民族被调查者认为自己适应城市的时间统计

单位：人，%

项目	人数	有效百分比	累积百分比
少于 1 个月	74	24.9	24.9
1 个月左右	62	20.9	45.8
1～6 个月	59	19.9	65.7

续表

项目	人数	有效百分比	累积百分比
半年及以上	87	29.3	95.0
可能永远都不会适应	15	5.1	100
合　计	297	100	

表 9　少数民族被调查者认为其他少数民族同胞适应城市的时间统计

单位：人，%

项目	人数	有效百分比	累积百分比
少于 1 个月	30	10.5	10.5
1 个月左右	62	21.6	32.1
1～6 个月	85	29.6	61.7
半年及以上	94	32.8	94.4
可能永远都不会适应	16	5.6	100.0
合　计	287	100.0	

总之，少数民族同胞的城市生活适应周期数据显示，城市的生活适应需要一个相对较长的过程，且大部分被调查者认为城市适应并非一件容易的事。

3. 城市少数民族群体居住现状

“大杂居、小聚居”是我国少数民族居住分布格局的基本特点。调查显示，C 市的少数民族同胞在选择居住地时，的确自发形成了“大杂居、小聚居”的居住分布格局。如表 10 所示，有 40.1% 的被调查者居住在 C 市内本民族的聚集区，占据较高的比例；59.9% 的被调查者与普通市民散居在城市的各个社区。要加强对少数民族聚居区的服务工作，警惕这些区域成为城市少数民族的聚居孤岛。

表 10　被调查少数民族是否居住在本族聚居区情况统计

单位：人，%

项目	人数	有效百分比	累积百分比
是	124	40.1	40.1
否	185	59.9	100.0
合计	309	100.0	

本次调查中，大部分少数民族同胞对目前的居住环境较为满意。

如表 11 所示，我们从生活设施、周边设施、内部物业管理、环境卫生、社会治安等五个方面对少数民族同胞对其居住环境的态度进行测量，每项评价的评分区间为 1～5 分。评价结果出乎意料①，大部分被调查少数民族同胞对居住环境评价较好。所有测量指标中，平均分最高的指标是“周边设施”，也即购物、医院、学校、交通等设施，平均得分为 3.77 分；其次为厕所、供电、供水等“生活设施”，平均得分 3.74 分；居住环境内的“环境卫生”得分紧随其后，为 3.73 分；可见城市的便民生活类民生服务给少数民族同胞带来更加直接的“方便”体验。而得分相对较低的社会治安（3.63 分）和内部物业管理（3.53 分）也都在 3.5 分以上。可见，少数民族同胞对居住环境各项内容的总体评价均相对较高。

表 11　少数民族被调查者的各项居住环境评价得分统计（打分区间：1～5 分）

居住环境	最低分	最高分	平均分	标准差
生活设施（如厕所、供电、供水等）	1	5	3.74	0.87
周边设施（如购物、医院、学校、交通等）	2	5	3.77	0.80
内部物业管理	1	5	3.53	0.89
环境卫生	2	5	3.73	0.89
社会治安	1	5	3.63	0.91

对居住环境的评价在不同民族之间出现了细微分化，我们将对不同居住环境的评价得分加总算平均分后，依不同少数民族进行分类，发现羌族、藏族和彝族同胞对居住环境的总体评价相对较高（分别为 3.80 分、3.72 分和 3.71 分），而回族同胞的评价相对较低（为 3.50 分），维吾尔族同胞的评价得分处在中间（为 3.63 分）。回族、维吾尔族等民族的同胞受生活习俗与宗教信仰的影响，对生活环境的要求较其他民族同胞更高。

但不论怎样，少数民族同胞对目前居住环境的评价较好，对改变与改善

① 在调查走访过程中，我们发现大部分少数民族同胞的居住环境，尤其是民族聚居区的居住环境相对普通市民要差，属于城市里的落后贫困区。

居住环境的群体诉求并不十分迫切。换句话说，虽然居住在城市里属于相对较差的居住环境中，但这并未成为少数民族城市生活适应的主要障碍。

如表 12 所示，如果重新选择居住地点，排名从高到低依次是：有 32.2% 的被调查少数民族同胞愿意选择生活方便的区域，有 26.2% 的被调查者选择生态环境好的区域，有 23.3% 的被调查者愿意选择本民族同胞的聚居区。治安好的区域（10.7%）、商业中心附近（4.7%）的选择率相对较低。可见，生活便捷、生态环境好、本民族同胞聚居是当前城市少数民族选择生活居所最关心的三项内容。

表 12　少数民族被调查者重新选择居住地的首要考虑因素统计

单位：人，%

项目	人数	有效百分比	累积百分比
生态环境好的区域	83	26.2	26.2
本民族同胞聚居区	74	23.3	49.5
商业中心附近	15	4.7	54.2
生活（交通、买菜、上学、就医等）方便的区域	102	32.2	86.4
治安好的区域	34	10.7	97.1
其他	9	2.8	100.0
合计	317	100.0	

总之，数据显示，少数民族同胞对当前在城市里的居住环境并没有明显的不满。一方面，同 C 市各类社区民生服务工作的开展成效紧密相关；另一方面，说明在城市融入过程中，居住条件与居住环境并不是少数民族同胞关注的最为主要的问题与矛盾。需要注意的是，“与同民族聚居”依然为相当一部分少数民族流动人口普遍存在的潜在诉求。

（三）交往 VS 排斥：城市少数民族流动人口的适应阻力

是否建构起在城市的社会交往网络、是否承受着来自城市的社会排斥，是城市少数民族流动人口适应城市的主要影响因素。针对城市少数民族同胞的社会交往、社区参与的测量，能够较为深度地反映该群体融入城市社会的广度与深度。

1. 社交网络

城市少数民族被调查者正依次依据“血缘－地缘－业缘”关系，由近及远地建构着自身的社会交往网络。虽然远近关系不同，但该群体日常交往的联系人中，有血缘关系、地缘关系、业缘关系的人群均占据了较高的比例，说明该群体的社会流动性增强，同城市社会中不同角色的社会交往更加频繁。如图 1 所示，在第一联系人中，有血缘关系的家人和亲属占据最高的比例（85.67%）；在第二联系人中，有地缘关系的同乡同胞占据最高比例（35.79%），有业缘关系的城里的同事、同学、老师比例紧随其后（34.74%）；在第三联系人中，有业缘关系的城里的同事、同学、老师占据第一比例（26.89%），有地缘关系的城市里认识的本地同族朋友紧随其后（20.45%），城市结识的汉族朋友和同城市的同乡同胞也占据不小的比例。

不难看出，血缘关系是被调查对象的首要社会交往的角色选择，而被调查对象选择地缘关系和业缘关系作为第二或第三交往对象的比例几乎不相上下。这说明城市少数民族同胞的社会交往面逐渐扩大，交往角色日渐丰富，族际社会交往愈加频繁，少数民族同胞与城市居民之间已经在进行着较为深入的社会互动。

2. 少数民族社团的影响力

大概有 1/3 的被调查者参加了本民族的社团。如图 2 所示，少数民族被调查者中，有 36.71% 参加了本民族社团或由其组织的活动。

其参加社区活动的动机可以从其给出的“参加社团能够得到哪些帮助”这一多选题的答案看出。如图 3 所示，94.5% 的被调查者认为参加本族社团可以“广交朋友”，也即绝大多数参加本民族社团及社区活动的少数民族同胞，参与动机是为自己建立本民族的社会交往关系。而本民族的社团同时在一定程度上承担着信息互通与信息分享的功能，有 41.56% 的被调查者将本民族社团及社团活动看作重要信息的信息源。此外，还有少量的被调查者认为本民族社团能够帮忙解决在生活和工作中的具体困难。

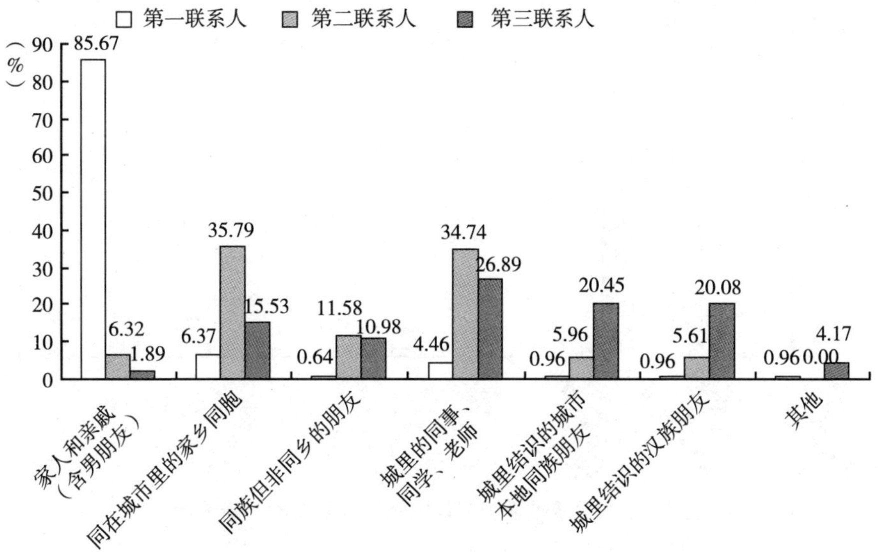

图 1　少数民族被调查者社会关系联系网络现状统计

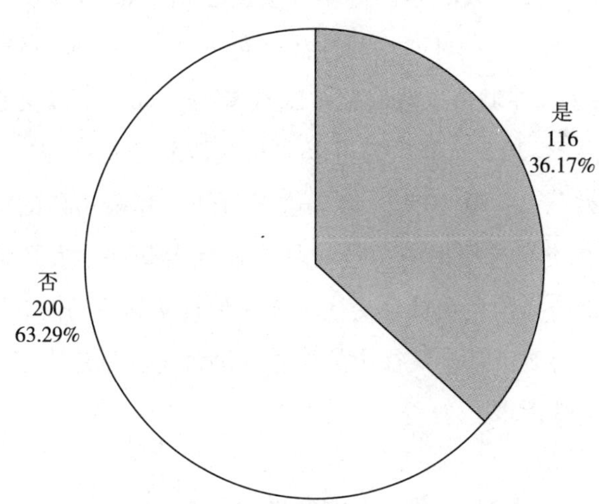

图 2　少数民族被调查者参加本民族社团现状统计

总体来说，本民族社团在愿意参与其中者的工作生活中，扮演着重要的社交平台和信息获取平台，以及一定程度上生活与工作救助与帮扶的民族互助平台的角色，具有较大的影响力。

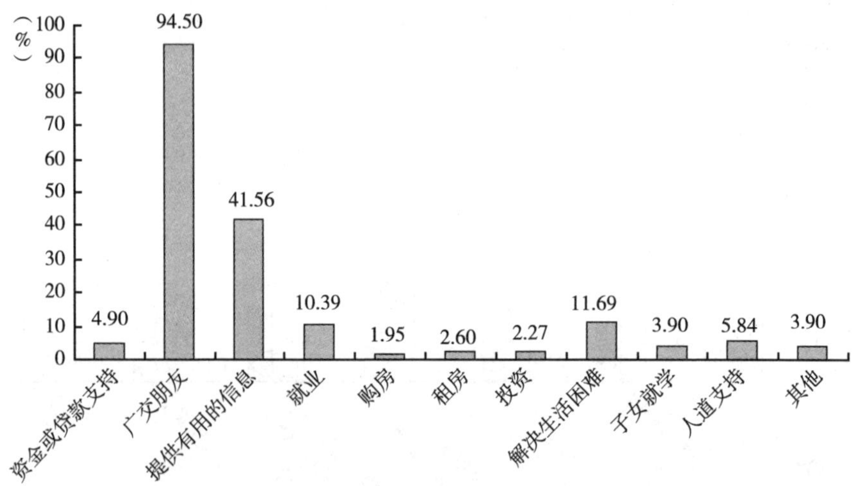

图3　少数民族被调查者对本民族社团功能判断统计

3. 社会交往愿望

调查发现，城市少数民族群体对社会交往对象的期待以“重情感互助的社会交往对象”为主，对“功利性社会交往对象”的期待较低。

如表13所示，在城市少数民族被调查者中，对“可以交心的人”的期待比例最高，占31.30%；其次为可以“相互帮助的人”，占23.60%；再次为“有知识的人”，占20.10%。除了这三项外，其余角色的被选择率均低于10%，而这三类高选择率的角色均具有在社会交往中发挥情感互助功能的特征。其余供选择角色在社会交往中往往带有功利目的性。可见在城市少数民族同胞中，对城市社会交往中的情感互助诉求要远远大于社会交往中的旨在逐利的功利性诉求。

表13　被调查少数民族社会交往诉求统计

单位：人，%

项目	人数	有效百分比	累积百分比
政府官员	12	3.8	3.8
企业老板	19	6.1	9.9
有钱的投资者	7	2.2	12.1
门路广的人	30	9.6	21.7

续表

项目	人数	有效百分比	累积百分比
有知识的人	63	20.1	41.8
有地位的人	3	1.0	42.8
可以交心的人	98	31.3	74.1
相互帮助的人	74	23.6	97.7
其他	7	2.2	100.0
合　计	313	100.0	

4. 社区参与

调查显示，少数民族同胞在城市社区中的参与程度普遍较低。“社区参与”可直接反应当事人小到对社区、大到对城市的归属感，而社区参与可以通过一系列社区层面的干预影响行动达成。

如表14所示，总体而言，少数民族被调查者的社区参与程度较低。通常来说，社区参与可以细分为两类，第一类为普通的社区参与，不牵扯任何利害冲突；第二类为个体表达利益诉求或参与社区公共事务决策的社区参与。通常而言，第二类社区参与比第一类社区参与更加深入，第二类社区参与需要参与者对社区有较强的归属感与拥有感。调研发现，城市少数民族被调查者的前一种社区参与方式比例相对较高，如参与性相对较强的两项内容为：“同社区邻居互相往来”和“主动参与社区捐款、无偿献血、社区志愿活动等”，“参与居住社区组织的各项活动”也有一定的参与率。但第二种社区参与的比例较低，少数民族同胞对社区的拥有感、归属感还相对较弱。

表14　少数民族被调查者社区参与情况统计

单位：%

过去2年是否有以下行为	没有	偶尔	有时	经常	一直
同社区邻居互相往来	25.60	40.40	14.40	16.80	2.80
参与居住社区组织的各项活动	55.70	19.83	17.30	5.91	1.27
在公开场合就社区事务发表评论、参与讨论	75.00	15.95	6.03	0.86	1.29
通过各种方式向有关部门反映本社区情况	70.64	17.02	10.21	0.85	0.43
主动参与社区捐款、无偿献血、社区志愿活动等	45.6	24.1	20.7	6.8	2.1

注：本题为多选，故合计超过100%。

5. 城市接纳

初入城市时，市民对少数民族同胞的态度，将反映城市市民的社会接纳与社会排斥状况，也将影响少数民族同胞的城市融入。

如图4所示，少数民族被调查者中有40.13%认为初入城市时，城里人态度是友好的，表现为对其“非常欢迎”，并“愿意主动同其接触与沟通”；有42.14%的被调查者认为大部分市民持有不温不火的态度；而总共有17.72%的被调查者感受到了城里人的“不友好”甚至“反感”，其中10.7%的被调查者认为自己在刚进入城市时，城里人“与我保持着一定距离，不接触、不交往”，有7.02%的被调查者感受到城里人“持反感态度，表现出不欢迎我”。

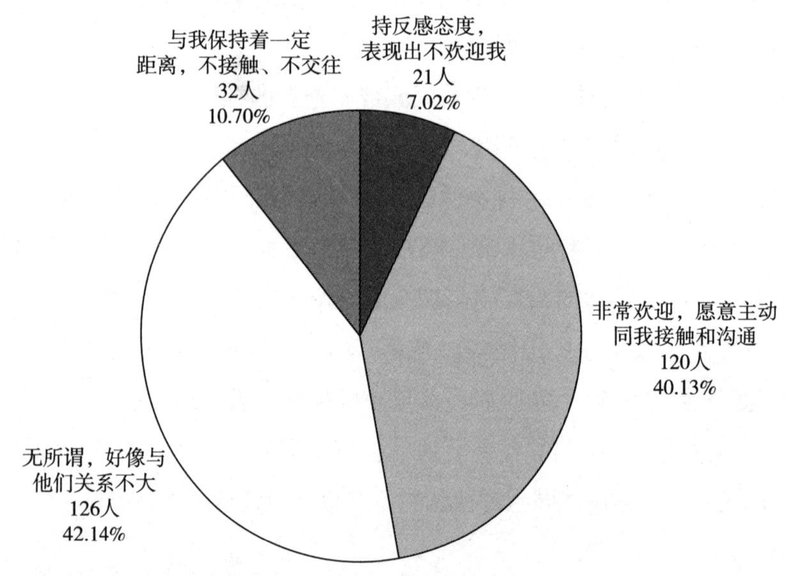

图4　少数民族被调查者初入城市时感知市民态度统计

6. 歧视性“待遇”

如表15所示，33.5%的少数民族被调查者在过去的2年内有过出租车拒载的经历，10.6%的被调查者有被拖欠工资的经历，11.2%的被调查者有被酒店拒绝提供住宿的经历，9.4%的被调查者有被商场（或商店）拒绝卖东西的经历。

表15　城市少数民族被调查对象过去2年间遭受歧视性待遇的多响应变量统计

单位：人，%

歧视性待遇	人数	有效百分比
不让乘出租车	73	33.5
拖欠工资	22	10.6
不让住酒店	23	11.2
商场(商店)有东西不卖	19	9.4
不让住医院	1	0.3
饭店不卖食品	1	0.3

注：每一行独立计算比例，分母不同。

在上述歧视性遭遇中，尤其以“出租车拒载”和“商场（商店）拒售商品”两项的频率最高。有过被出租车拒载经历的少数民族被调查者中，平均被拒载次数为3.48次，而经历过被“商场（商店）拒售商品”的平均次数更是高达5.00次。可见，“出租车拒载”和“商场（商店）拒售商品”不仅在该群体中的发生概率高，在同一个体身上的发生频率也很高。

三　研究结论与对策建议

（一）研究结论

1. 城市少数民族人口结构日趋多元

城市少数民族人口呈现多元化的特征，具体表现为：年龄结构低龄化；学历趋向高、低两端集中；进入城市生活的时间长短不一，但总体较长；以流动人口为主，且有部分人员尚未被纳入户籍管理体系；婚姻相对稳定，但越来越多的年轻未婚者进入城市等特征。这些特征表明，在未来一段时间的城市化进程中，尤其是在新型城镇化“以人为本”的具体要求下，城市少数民族的人口结构正在呈现更加复杂、诉求将更为多元的趋势，这将对城市少数民族服务与管理工作提出更高的要求。

2. 少数民族同胞尚存在城市融入中的相对剥夺感

在进入城市之初，少数民族同胞最难以适应的内容往往是城乡不同生活方式而导致的“文化震惊”，这属于正常范围，甚至大部分被调查者对于其居住的城里条件相对较差的区域的各项生活设施都持较高的满意度。但值得注意的是，有相当一部分比例的少数民族同胞在初入城市时，不同程度地感受到来自城里居民的冷漠与排斥，形成情感上的相对剥夺感。我们在调查中发现，目前城市中普遍存在一些歧视性行为，如“出租车拒载”和“商场（商店）商品拒售”。搭乘出租车、购物是日常生活中经常发生的行为，事情虽小，却可能造成不利于该群体融入城市的结果，同时还会埋下族群矛盾隐患，破坏社会团结。

3. 城市少数民族同胞内部阶层分化与固化，但正在逐渐嵌入城市社会

城市少数民族同胞已经深刻地“嵌入”城市社会的各个阶层，少数民族流动人口也不再是城市中的“候鸟”人群，正逐渐融入城市社会，成为城市社会有机体的一部分。城市中的少数民族同胞内部正出现阶层分化，且随着职业、教育程度、收入的不断分化，城市少数民族同胞的阶层趋于固化，利益诉求将变得更加多元化和复杂化。

4. 少数民族同胞不断增长的社会交往诉求同社区参与现状尚不匹配

城市少数民族同胞的社会交往与社区参与呈现需求增长与社会满足不匹配的现状。表现在：首先，城市少数民族同胞在社会交往和社会流动中已经愈加活跃，初步构建起了依照“血缘—地缘—业缘”的顺序形成重要性排序的社会交往结构。能够看出，个体对于地缘和业缘关系的交往需求正在增加。其次，在城市中，能够提供给少数民族同胞增进社会交往的平台相对缺乏，本民族社团及其社团活动成为少数民族同胞建立社会关系网络、扩大人际交往半径、获取重要信息的重要平台。再次，从相对较低的社区参与率可知，社区还并未成为少数民族同胞扩展人际关系网络的有效平台。社区在城市少数民族工作中的基层工作优势尚未发挥出来。最后，少数民族同胞对所居住的社区还没有形成较强的归属感和社区拥有感。同时，少数民族同胞更需要获取情感互助型的新的社会交往角色，而对功利性社会交往角色的诉求并不强烈。

（二）对策建议

1. 以社会治理为基本思路，促进城市民族之间的和谐共生与发展

应改变城市少数民族工作存在沿袭多年的思维惯性，包括许多用语、提法、概念、工作方法。如，城市相关部门要转变传统的对少数民族流动人口的带有“管制”色彩的管理，由传统“防范式”管理向新型“服务式”治理转变，切实做到以人为本、服务为民的治理方略。具体就要做到坚持系统治理思路，强调党委领导、政府主导下的社会协同与社会参与，强调在城市民族工作中，不论城市居民还是少数民族同胞都应成为城市民族工作的治理主体；坚持依法治理，在少数民族工作中，凡是涉及民族交往的矛盾纠纷，都应坚持运用法治的思维和法治方式化解社会矛盾；坚持源头治理，标本兼治、重在治本，将城市民族工作的场域下沉至社区层面，直面少数民族同胞的各项服务工作，完善健全社区综合服务管理平台，及时反映和协调城市各族群众的利益诉求。

2. 以城市社区为基础阵地，提升服务水平，牢固树立党委、政府的公信力

社区是社会治理的基础单位，也是少数民族城市融入的最主要场域，提升社区服务水平，不仅是全面提升少数民族服务质量的关键，也是巩固党委、政府在少数民族同胞心中公信力的重要阵地。

首先，将少数民族服务纳入社区一站式综合服务平台的具体工作中，确保少数民族在流入城市和适应城市过程中遇到的各类问题可以在社区综合服务平台得以解决或寻找到解决路径。依托社区中建立的社工站等服务平台，强化社区内少数民族与普通居民的社会交往网络，弱化民族间血缘、地缘关系网络的负面影响，通过社会工作项目的方式，加强各民族之间的合作、交流与相互了解，淡化少数民族流动人口对本民族社会网络关系的依附作用。其次，城市相关职能部门要以社区为阵地，构建良好的社区政治参与环境。在居民议事会或社区居民代表选举中，优先考虑社区少数民族同胞的参与，在讨论社区重大决策时，要确保通知到少数民族代表，保证少数民族同胞的政治参与权利和利益表达渠道，提升少数民族流动人口的政治参与度和城市

归属感。

3. 以各类媒介为宣传阵地，营造民族之间互相信任的社会环境

少数民族同胞的城市融入同整体的社会环境与城市居民的社会接纳直接相关。目前，城市社会排斥现象并未消除，少数民族同胞的“污名化”现象严重，极大地破坏了民族之间的信任，增加了社会稳定风险，增大了分裂势力乘虚而入分裂祖国的风险事件发生概率。因此，应该以加强运用各类媒体宣传的方式，加大民族团结宣传力度，营造民族之间互相信任的社会环境。

参考文献

马戎等：《西部开发中的人口流动与族际交往研究》，经济科学出版社，2010。

马戎编《西方民族社会学经典读本——种族与族群关系研究》，北京大学出版社，2010。

金炳镐：《民族关系理论通论》，中央民族大学出版社，2007。

马戎编著《民族社会学——社会学的族群关系研究》，北京大学出版社，2004。

〔德〕乌尔里希·贝克著《风险社会》，何博闻译，译林出版社，2004。

赵鼎新：《社会运动与政治运动讲义》，社会科学文献出版社，2006。

〔美〕彼得·罗希等著《评估：方法与技术》，邱泽奇等译，重庆大学出版社，2007。

〔美〕L. Kish 著《抽样调查》，倪加勋译，中国统计出版社，1997。

郑双怡、张劲松：《民族关系评价指标体系构建及监测预警机制研究》，《民族研究》2009 年第 1 期。

马戎：《关于当前城市民族工作的几点思考》，《西北民族研究》2009 年第 1 期。

吴亮：《政治学视野下的民族群体性事件及治理机制》，《民族研究》2010 年第 4 期。

高永久、左宏愿：《论社会转型期民族群体性事件的成因及其治理》，《中央民族大学学报》（哲学社会科学版）2011 年第 6 期。

B.14 社会组织参与城市院落治理报告

邓 梅*

摘 要： 本文以爱有戏在水井坊街道67号院的社区工作[①]实践，以爱有戏调动居民参与为主线。爱有戏于2012年初，因参与政府的购买服务项目而参与到较场坝社区67号院的院落治理工作中，至今已近4年的时间。在4年的工作中，虽然有很多鲜活的材料，本文不可能全部囊括，并且，在不同的工作阶段，爱有戏的工作模式与工作路径也会根据居民不同的需求和院落的不同情况而发生变化，但调动居民参与、激发社区的活力这一主线却始终没有更改过。

本文将67号院作为一个个案，尝试从社会组织如何调动居民参与院落治理的角度进行梳理。从院落选举（以选举动员参与）到院落打造（运用参与式会议技术调动居民参与到院落公共利益和问题决策中），再到培育院落内生力量（创造院落参与的空间和条件），至今，67号院的居民在参与的能力、参与的意愿、参与的深度和广度上，都有了显著的变化，居民对院落产生了更多的归属感。现在又有了艺术家的介入，使得院落的治理，更加呈现出多元的、人文的色彩。而在这一系列的过程中，社会组织如何与政府、社区居委会以及社区居民互动，社会组织在不同的阶段，扮演了什么样的角色，也是本文尝试解读的。

* 邓梅，爱有戏研究与培训部总监。

① 本文的部分内容，摘自爱有戏居民自治项目组年度总结报告。

关键词： 院落治理 参与社会组织

一 案例背景

（一）辖区概况

水井坊街道辖区总面积1.06平方公里，有13192户，40829人（常住人口20770人、流动人口20059人），共有35条路、街、巷。较场坝东街67号院是较场坝社区最大的一个院落，是一个典型的成都老院落，院落于1997年修建，总户数为730户，共有人口2248人。大院住房总面积达5.84万平方米，小区外围一层，多为小商铺，商家一共有50余家。

院落的老居民为老城改造就地返迁过来的，文化程度不高，不同于农迁社区的整体村落搬迁，该院落居民在刚迁居至此时，多不认识。如今小区建成已将近20年的时间，小区原住居民之间相对比较熟悉，但是人际关系比较复杂；院落租房率较高，流动人口占院落总户数的50%左右，所以在人口结构方面，常住户人口1416人、暂住人口660人，人户分离292人，租房率达到50%，外来人口也占50%左右。租房客与本地住户之间也多有矛盾产生。

院落建成较久，在硬件设施上，存在先天不足、后天失修失养的问题，再加上老旧院落并没有专门的物业管理，居民也没有商品小区缴纳物业管理费的概念，大院存在严重的管网堵塞、污水溢出、线路杂乱等问题，严重影响居民生活。

跟所有的老旧院落一样，院落硬件设施的不足，以及停车场地、院落公共活动空间等的不足，都影响着院落居民之间的关系，居民之间总是因为各类鸡毛蒜皮的事情起冲突，严重影响了院落中的邻里关系；加之老旧院落居民长期养成的对政府和社区的依赖，导致院落与社区之间的矛盾非常突出。

（二）制度保障

水井坊街道辖区老旧院落多，并呈现社区老龄化、居民贫富差距较大的特点。据统计，水井坊街道现有低保户 243 户 380 人，有孤老 4 人、残疾人 367 人。在从传统型街道过渡到商务街道的过程中，社区历史遗留问题多、社区人口结构复杂等，给水井坊街道工作带来极大的挑战。因此，从 2008 年开始，水井坊街道就开始着力于探索“三治一化”（自治、共治、法制、信息化）的社区治理模式，以期应对面临的管理问题。

同年，锦江区出台《关于深化街道办事处管理体制改革的实施意见》后，水井坊街道积极调整职能，优化科室设置，剥离经济职能，街道工作重点从以经济建设为主转移到社区管理和公共服务上。根据锦江区《关于完善城乡社区治理机制，进一步推进基层民主政治建设的意见》（2008 年 10 月发布）的要求，创造性地探索改善居民自治的办法和机制，在辖区院落中搭建了有党组织、有自治组织、有服务平台、有居民公约、有自治活动的“五有”平台，为社区居民提供各项服务。同时，采取居民投票、居民商议等方式，在辖区 9 个院落拟定了各有特色的《院落居民自治章程》和《居民公约》。

在这样的背景下，爱有戏以社会组织这一法人主体，以协力者的角色，参与到了较场坝社区 67 号院的院落治理工作中，并开始参与院落治理的探索路程。

二　社会组织参与院落治理的实践探索

（一）协助院落自治组织选举，用“选举”动员“参与”

正如前面背景材料中已经提及的，水井坊街道在 2008 年之后就实现了院落中有党组织、有自治组织、有服务平台、有居民公约、有自治活动的“五有”平台，在爱有戏介入院落治理的初期，恰逢院落自治组织（包括院落自管小组和议事会）换届选举。

爱有戏认为，以关注院落事务为核心的院落参与式民主选举，以院落代表选举为基础的公众直接参与决策和治理过程是院落自治中非常重要的一个环节，是居民主动参与院落管理和公共事务管理的重要体现，是对选举民主的补充，是对民主参与的完善。推动院落选举就是推动公众参与，它赋予居民直接参与院落事务的机会，也能够丰富居民的政治生活，并创造了民众直接参与基层社会管理的机会。

所以在开始协力院落治理之初，爱有戏对院落的选举工作特别重视，投入了大量的人力、物力，采用了各种方法，经过半年多的时间，选出了院落的自管小组成员。

在具体操作过程中，对院落议事会成员，居民大多采用推荐的方式，因为议事会作为一个议事机构，不做具体事务的管理；而对自管小组的选择，有居民提出原来自管小组里面的成员有些成了摆设，选了出来却从来不做事，于是提出改选要求，自管小组的选举工作，经历了如下事件。

（1）开展院落居民代表选举宣传活动

选举共举办5次，共计约500人次参加了活动，对院落提意见者有10位，收集反馈表9份，发现院落积极分子12人。

（2）居民推举产生居民代表

社区居委会与爱有戏共同入户拜访院落积极分子，走访收集意见有100多条，初步推选出居民代表14位。

（3）组织居民代表参观及学习

组织院落居民代表参观其他经典院落2次，共6人参与，组织院落居民代表进行居民自治相关培训。

（4）组建院落居民代表选举筹备委员会

院落中有18位居民加入筹委会，第一次会议初步讨论院落居民代表选举及院落中存在的问题，并推荐居民代表共27位；第二次会议决定居民代表选举的内容与形式，决定每个单元至少有1位居民代表，可以是自荐也可以是他荐；第三次会议决定由居民初步推选的20位居民代表入户收集院落打造意见。

（5）举办院落市民论坛会议

充分听取居民意见，积极促成居民与居民代表沟通，并反映问题。

通过和社区居委会、居民代表沟通，爱有戏召开67号院自管小组选举筹备会议。会议确定在本次较场坝东街67号院自管小组的12个候选人中，将采用差额选举形式选举10人作为自管小组成员。

在筹备会议的同时，辅之以院落自管小组选举宣传活动，在院落小广场内集中宣传，采用展示候选人资料、发放材料、现场广播、音乐、发动院落“小小志愿者”等多种形式，动员居民参与到选举的工作中。

在公开投票的当天，在小区3个大门处设立投票箱，共收到选票397票，选出10位自管小组成员，顺利完成自管小组选举工作。近400张的选票，是爱有戏多名工作者近半个月的直接产出，参与率仅为50%多一点，从数据上说，并不是一个理想的数字，但是考虑到50%以上的居民为流动人口，他们并没有获得选举的权利，故这一数据还是令人满意的。

通过对选举工作的推动，取得了如下效果。

逐步扩大民主选举范围并提高选举工作的认知度。在推动选举工作中，爱有戏尽量让有选举权的全体居民都参与到院落的选举工作里面，居民参与选举的过程其实就是对每个居民的一次自治教育，让他了解自己有哪些权利和义务，使他们能够自愿地参与到社区的活动里。在选举的过程中，工作人员多次夜晚入户宣传，并收集居民的意见。入户不仅使居民们直观、详细地了解到院落的事务，也让他们感觉到自己的选举是有效的，他们的意见是被重视的，从而进一步激励到他们参与院落的公共事务和管理。

协助社区组建居民自治网络。在院落楼栋单元中，推选了楼栋长，建立了院落组织，其间除了赋予组织带头人责任，还组织志愿者队伍，参与居民自治事务，开展有关服务，为开展社区居民自治，实现自我管理、自我服务、自我教育、自我发展提供保证。

协助推进院落民主制度建设，保证社区居民自治规范运行。结合院落的实际情况，爱有戏协助社区并同院落自管小组成员，通过民主协商的方式，共同制定《院落居民自治章程》、《院落居民公约》、《院落居民自管小组职责》、《院落居民议事制度》、《院落议事规则》等。制度制定的宗旨是约定院落自我管理、自我教育、自我服务、自我发展行为规则，充分调动和发挥院落居民参与院落建设和管理的积极性、主动性，实现院落管理民主自治。这些院落居民自治管理相关职责，为院落开展居民自治提供了制度保证，使院落居民自治条理化、规范化。

在整个选举的过程中，爱有戏作为一个社会组织、一个外来的协力者，将居民对某一两个自管小组成员的不满作为引子，借此推动整个院落的选举工作，并尝试在这一过程中，优化院落自治组织的成员结构，开展自治教育，以选举动员参与，其工作起到了一定的作用。

在协力者的角色上，爱有戏主要发挥了宣传动员的作用，成为基层民主选举的宣传者，尝试通过选举来动员参与，并起到了一定作用，通过热闹的选举工作，更多的居民了解到了院落的管理，认识了院落的自管小组成员。他们参与到选举的过程中，通过自己的选票，去决定院落管理事务执行机构的成员，这个阶段就是他们对院落事务的最大参与了。

但是，选举毕竟是一个个体的事件，如何在热闹的选举过后，让居民的参与意识持续，需要更多的途径和渠道；选举作为动员参与的一种方式，天然地存在某些缺陷，比如它的时效性，选举毕竟只是一个阶段的工作；比如它的排斥性，它剥夺了院落流动人口参与院落治理的权利，并不能将所有的居民纳入院落治理中来；比如它的行政性，院落自管小组始终是在居委会的自治框架下工作，在中国的现实国情下，显而易见会承担一些行政方面的职能；如此等等。所以，以选举动员参与，能够发挥一定的作用，但是如果要令居民持续参与，还需要其他的方式和途径。

（二）经历院落打造，模拟整治中“参与”初见成效

老旧院落打造是67号院经历的一个公共大事件，通常情况下，利益相关的公共大事件或者危机，会成为院落居民关注的焦点。

在院落打造过程中，街道和社区坚持“模拟整治”的原则，变“要我整治”为“我要整治”，街道明确提出住户同意率达到90%以上方可进行整

治。爱有戏协助社区两委开展工作，通过挨家挨户进行民意征询，使得住户入户同意率达92.06%；坚持“尊重民意”，在政府规定的改造项目中，根据居民的要求，增加了油烟上顶、管网疏通等内容，明显改善了大院环境；坚持“居民自治”，变“群众观望”为“群众参与”。伴随着院落外在环境的改造，爱有戏组织开展“院落改造有奖征名”活动，动员居民一起为院落取名，征集到了30余个名字，投票确定了“较场坝东苑”为大院名字。

那么，在院落整治过程中，爱有戏是如何调动居民参与的呢?

（1）市民论坛，保障“参与”的合法途径

在院落打造过程中，“市民论坛”的引入，为社区居民提供参与社区公共事务的平台，市民论坛强调建立各种议事机制保障居民的参与，改变自上而下行政命令式的方式，强调互动、协商等现代治理方式的合理运用。市民论坛采用“参与式会议技术”、“罗伯特议事规则”等先进会议方式，调动社区居民、社区组织参与社区事务各类公共议题讨论的积极性，鼓励其参与方案制定和执行。具体操作方式如下。

常态化开展社区“市民论坛”。五户以上居民提议，可发起院落/小区“市民论坛”；五个以上院落组织提议，可发起社区“市民论坛”。居民或者社区社会组织，只要有需要，就可以发起市民论坛。

推广参与式会议模式和议事规则。居民、社区社会组织参与社区公共议题讨论，维护居民公共利益，这需要利益相关方共同制定规则并遵守，结合罗伯特议事规则，制定市民论坛的《会议五条》：

➢主持人负责开会制度和分配发言权，提请表决，维持秩序；

➢发言前要举手，别人发言勿打断；

➢尽可能对着主持人说话，不同意见者之间避免直接面对面发言；

➢讨论问题不能跑题；

➢不能人身攻击，只能就事论事。

居民参与制定会议规则，在会议中遵守规则，一方面保证会议在一定的规则下有序开展，提升会议的效率；另一方面，也是居民规则教育的实践形式，通过实际的会议开展，提升居民的规则意识。

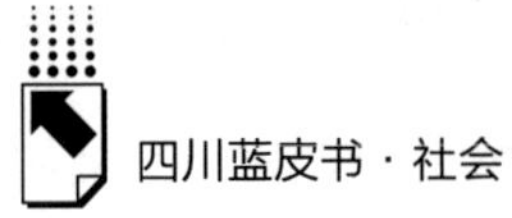

建立多方会议机制，及时回应市民论坛决议或建议。市民论坛发起以后，需要邀请利益相关方参与会议的讨论，制订解决方案，并参与最后的行动和实施。在传统的议事会议结束后，执行主体通常是政府、社区或者社会组织，居民基本不参与或者是有限参与。爱有戏在 67 号院整治的探索中，让居民、社区社会组织全程参与了问题提出、解决办法的讨论、方案的制订等一系列环节，更多的居民认为这是所有参与利益相关方的共同责任，而不是某一个参与方的责任，促使他们愿意参与到具体的行动中来，通过具体行动的参与，居民对公共议题的认可度、参与度大大提升。

通过市民论坛，关于院落公共事务召开大小会议 63 次，开展市民论坛解决社区问题的社区活动 180 余次，有 2351 人次参与，关心的院落议题涉及院落环境、院落安全、院落公共管理、院落文化、院落互助等方面。

（2）安全问题，“参与”初见成效

67 号院的院落安全问题一直是困扰居民的大问题，借助院落打造、居民参与有效地解决了很多安全旧疾。

院落安全隐患集中体现在几个方面，首先是车辆（自行车、电瓶车等）失窃，小区原有 3 个大门可进入，呈开放式格局，外来人口随便进入，加上门卫的不作为，居民时常丢失车辆。加之部分小区居民认为车棚管理人员有乱收费的现象，故将自行车放置在外面，增加车辆失窃的数量，小区内车辆随便摆放，容易造成过道拥堵，增加了小区内的安全隐患。其次是线路杂乱，老旧小区原来的电线杂乱并且存在老化的现象。最后是餐馆油烟问题，小区分布着 50 多家小餐馆，油烟带来环境污染问题，并且容易引起消防安全问题。

物业公司的努力与撤出。该院落的物业管理一直由社区居委会邀请一家物业公司负责。费用来源为：一半由社区每年向街道申请，另一半是居民自己缴纳的门卫费、清洁费等。物业公司也在院落安全方面做出了一些努力，在物业公司管理之下，小区有门卫，车棚也有管理员，但是安全问题依然严重。

物业公司开始认为开放小区、随便进出导致院落安全问题，于是安装门禁卡。但是门禁卡挑战了部分居民的由来已久的进出习惯，并没有得到所有居民的欢迎。在这个过程中，还发生过严重的伤人事件，有一个居民，没带门禁卡，管理员不让他进去，该居民打了门卫。另外，有部分居民不想花钱购买门禁卡，不买卡但是他也要进出，于是加深了居民跟物业公司的矛盾，物业公司也心灰意冷，干脆也不再严格管理门禁。

于是在一段时间的冲突之后，门禁成了摆设，这又引发了很大一批购买了门禁卡的居民的情绪。一来安装了不使用，他们的门禁卡成了废品；二来不使用门禁，安全问题越来越严重。于是在管理与居民习惯中间，居民与物业公司陷入了一个不交费→物业不管理→环境恶化→更多人不交费→物业更不管理的恶性循环之中。

在这样的背景下，院落居民之间矛盾更加突出、安全隐患越加严重。街道办事处也将补贴的物业管理费用取消了。

市民论坛，发现问题与寻找解决方案。在此后的过程中，政府、社区、爱有戏与社区居民一起，召开了多次的市民论坛会议，着力讨论院落存在的安全与环境问题，并制订行动解决方案。在经过多次的会议与商讨之后，针对院落的安全隐患问题，借助老旧院落的打造，找到了解决的方法。

改变院落彻夜开放的问题：针对开放式院落的门禁问题，加强监管，完善小区的安全措施。改变了原来 3 个门都彻夜开放的现状，规定 1 号门和 2 号门在晚上 11 点钟就关闭，只留 3 号门开放。晚上加强了门卫的管理，陌生人不能随便进出院落，只有院落居民才能够进入。在这个过程中，重视对居民的告知，将这些规定都作为“告居民书”张贴于院落中，让每一位居民都能够知道院落的新规定。当然，大部分居民其实也很赞成，他们最多就是多绕一段路，这样加强了安全方面的措施。

车辆规范管理，减少丢失情况：院落丢失车辆的原因主要有两个。一方面，车棚管理人员的乱收费和收费不规范，导致居民不愿意将车停放在停车棚。跟管理员关系好的，收少一些，跟管理员关系不好的，收多一些，这个月是这个标准，下个月又是另外的标准。另一方面，车棚充电电费太高。

通过社区、爱有戏与居民多次召开会议协商车棚用电的情况，在居民收集电费信息的基础上，爱有戏协助居民与社区一起，制定了车棚收费标准，并且借由院落打造，将原来的车棚做了整修，腾出了更多的空间，能够放置更多的居民车辆。对于新规定，由于参与充分，居民和车棚管理人员都比较认可，于是放置在外面的车辆越来越少，车辆丢失的情况也逐渐减少。

老旧电线问题：院落中的电线，就像蜘蛛网一样，院落打造的时候，由居民提出建议给社区和街道办事处，由办事处和居民一起，将居民的意见告知相关部门，要求其进行线路规整，如果不规整，就直接剪断，不使用其服务。这一方法取得了较好的效果，比如某网络公司，就将线路做了规整，并更换了某些老化线路，杜绝了电线老化带来的安全隐患。

一户一表，增加了楼道路灯：结合改造将院落的电表修改为一户一表，统一安装了楼道灯，楼道灯的电费由院落公共财产承担。

通过开展市民论坛等群众活动，院落的议事制度得以践行，并在这一过程中，教会群众“开会”。院落利益多元，要深化居民自治工作，就需要居民建立起规则意识，教会群众如何开会。爱有戏借鉴罗伯特议事规则，经过讨论和简化，建立起院落会议五条等规则制度，避免无序参与，培育起社区居民的规则意识。院落“开放空间”会议技术是一种富有成效的动态会议模式，它为院落居民提供了一个提倡自我承担责任的平台。

在这一阶段，爱有戏在发动居民参与的过程中，扮演了关键的技术专家的角色，开放空间会议技术的使用、罗伯特议事规则的变通使用、会议规则的制定，都是需要先进的参与式理念做支撑的。

居民在技术专家的带领下，“参与”变得更加理性，也更加活跃，智慧在民间，也解决了困扰院落的很多问题，从问题解决的角度参与院落公共事务，颇见成效。并且，参与式的工作理念，将参与的群体扩大到了院落的各个群体，参与的广度和深度都有了提升，流动人口也在院落打造和安全问题上拥有发言权，打破了选举参与所带来的天然局限性；小朋友都能够参与院落事物，比如，在院落打造过程中，院落的小朋友们也组成了青少年活动小组，进行了院落墙面的美化工作，为院落的打造，贡献他们的力量。

（三）坚持培育社区内生力量，成长中见“参与”

院落打造虽然让居民的参与体现在实际的问题解决过程中，并且让居民看到了他们参与的成效，其参与效能感得到了显著的提升，但是同选举一样，院落打造也是一个阶段性事件。在打造之后，日常的活动变得更加必要。爱有戏参与到67号院的院落治理的过程中，基于实现社区组织自我服务、自我管理、自我发展的目标，通过公益项目和院落公共空间，做好社区动员，发现社区积极分子，通过公益项目和活动平台，采用陪伴成长的方式，培育社区社会组织，促进社区居民更有效地参与到社区社会组织的自我管理和运转当中。

组织培育路径如下：

其一，依托公益项目，培育社区社会组织，爱有戏在较场坝社区开展各类公益项目。

（1）通过参与式互助项目培育“邻里互助中心”；

（2）通过文化项目培育“邻里文化社”；

（3）通过一个观众的剧场项目培育互助养老队伍；

（4）通过就业支持项目培育城市合作社；

（5）通过特殊家庭社会支持体系项目适当培育相应互助小组；

（6）通过环保项目培育环保小组，如农耕小组、环保团队；

（7）依托安全项目培育安全小组。

爱有戏团队积极引进外部资源，申请外部的资金和项目，让居民能够通过参与项目，参与具体的社区事务，转变意识，提升能力。

比如通过香港社区伙伴的城市农耕项目，北京万通基金会的格致生态项目，成都市锦江区社会组织发展基金会、成都市民政局公益创投项目等外部资源，建立包括环保、互助、安全、青少年服务、长者服务等在内的志愿者队伍和组织，实现参与社区事务的组织化和持续性。较场坝东街67号居民刘开敏，参加了酵素制作的学习后，自己研究，自己实践，同时还教会了环保小组其他成员如何制作酵素。通过具体的项目，居民不仅专业方面的能力得到了提升，在项目的开展过程中，也实现了居民的教育，比如环保小组不仅学会了环保知识，在管理共同的农耕土地的过程中，居民也知道了规则、合作、沟通和协商的重要性，这些实践的教育，效果也更加明显。

其二，依托公共活动空间，培育社区社会组织。

在院落打造之后，爱有戏积极说服街道办事处，在院落中进行硬件打造，打造了两个院落公共空间。一为“儿童活动空间”，经与妇联和“与孩子一起成长”协会联系，将“三号门”空间打造为“儿童活动空间”，由爱有戏、与孩子一起成长等积极培育院落 NGO——“较场坝东街 67 号院落家长志愿者协会”，开展“快乐的三点半”、探索小屋（机器人套装、电子积木）、院落书屋等活动；二为“水井坊市民空间”，发动爱院落自治组织，依托新打造的“开放空间”，建立“水井坊市民空间”，开展长者服务项目，积极培育“较场坝东街 67 号院落长者服务 NGO”，依托该院落 NGO，开展“生日会”（较场坝东街 67 号 80 岁以上老人一起过生日）、“十字绣”（组织老人开展绣花等活动）、“书画赛”、“包汤圆”、“院落游戏”、“周末好时光”等活动，提高院落群众参与率，提高群众满意度，同时增加便民服务项目，在空间中，增加“长者通”、煤气缴费、手机充电等便民项目，切实提高群众的认同感。

利用在较场坝社区院落的各类功能性开放空间等公共活动平台，开展各类活动，并同时引进外部组织，将服务深入院落中。较场坝东街 67 号引进了“闺单亲”、“微笑图书室”服务于青少年；同时又通过开放空间，开展手工小组、暑期青少年兴趣班，让大学生志愿者每天在院落中开展各类活动。还有依托院落的老人、青少年及安全、文化、体育等活动，培育社区组织，比如院落老人编织班、老年康乐小组、厨艺培训班、院落舞蹈队、电影放映队等组织。

其三，以友邻学院为依托，建立居民学习、交流平台。

为了培育社区工作人员、社区骨干、社区积极分子及社区自组织成员公民意识、公共精神，转变他们的观念及提升参与社区公共事务的能力，爱有戏以友邻学院为依托，以互助、环保、文化、安全、青少年服务、长者服务等项目为载体，用多元化的手段提升居民参与社区公共事务的意识和能力。将愿意参与社区公共事务的这部分学员纳入友邻学院，“友”代表友爱、友谊、友善，“邻”代表邻里之间、邻居，友邻学院希望培训的每一个学员在这个大家庭里都能和睦共处，共同学习共同进步，互帮互助，为社区贡献自己的一分力量。

“友邻学院”既是一个学习的平台，也是社区教育的一种体现方式，居民在学习中提升，在交流与实践中成长，让居民理解什么是公共精神、公共责任，如何参与社区公共事务，同时结合各类项目的开展，把理论学习与实践相结合，不断提升与进步。

在这个阶段，爱有戏扮演了重要的陪伴者角色，在通过不同的路径培育了各类内生组织之后，爱有戏的重要任务就是陪伴其成长。一个组织的成长，在不同的阶段会面临不同的问题，特别是对于居民组织来说，它们内生动力的激发与保持，需要专业社会组织的持续陪伴，不断地被鼓励和支持，这样才能够保持活跃度。

而不同的方式培育的社会组织，鼓励其在院落中开展各种丰富多彩的院落活动和院落服务，既锻炼了它们的能力，也让其参与到了院落治理中，它们的活动通过多种途径为辖区居民提供了多样化和多元化的服务，增进了居民之间的了解与交流，也让居民自治组织在参与过程中逐渐完善和成长。在这个阶段，它们的参与体现为既有参与意愿，又有参与能力，并且有参与渠道，是一种较为理想的参与形式。

三　社会组织参与院落治理成效

以“参与”为主线的院落治理，提供了院落居民参与的平台，制定了居民参与的制度机制，在选举、院落打造、组织培育的路径下，居民参与的能力、意愿、深度和广度都有了显著的改变。居民不再一味地依赖和抱怨政府，他们的参与，从基于利益和兴趣到基于对院落的认同，对邻居的友爱，一步步在向理想的“生活共同体”迈进。同时，院落的治理也在改变着这一社区的环境。

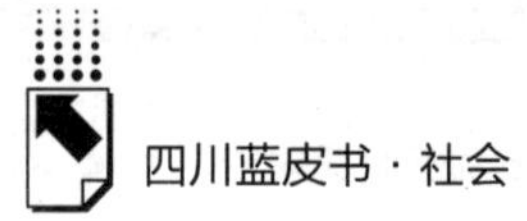

（一）改变传统自上而下的治理模式，并逐步厘清社区治理多元主体功能与职责

在爱有戏的院落治理模式中，政府把握方向，支持、监督而不控制；专业社会组织爱有戏运用专业能力，在不同的发展阶段，发挥不同的作用，协助与陪伴社区社会组织的成长；社区骨干在专业组织的挖掘、陪伴下，逐渐成长为有公共精神的理性公民；社区社会组织依靠社区骨干，依托不同的载体健康成长并逐渐成为社区治理及社区公共服务的主体之一；社区居民既是社区公共服务享受者，也是社区问题的发现者、提出者。

政府、专业社会组织、社区社会组织、社区骨干、社区居民相互支持，并带动社区其他主体参与，整合社区资源，形成一个系统而有机的整体，共同促进社区的有效治理，并且开始从传统的自上而下的社区治理模式向自下而上的社区治理模式转变。

（二）积累社区居民之间的“信任”

社区信任的变化是衡量社区社会资本变化的重要方面。经过政府、居委会、爱有戏以及社区积极分子的共同努力，在水井坊辖区内，可以明显地看到社区信任从缺失到对公益组织产生信任，再到对整个社区信任增加的演变过程。社区弱势人群得到了照顾，对邻居、社区和街道的信任也逐渐建立了起来，社区气氛逐渐融洽。

（三）社区规范的变化

在水井坊街道辖区中，社区规范变化最明显的体现便是社区居民公益参与和社区公共事务治理的意识与行为的改变。在水井坊街道，人人都可以贡献一分力量；社区居民如果参与其中，就会不同程度地被引导和教育，从而改变自己对公益行为的认知和行为方式。

爱有戏在社区内部的院落中支持了一些自治小组，并将义仓的管理向基层沉淀，由自治小组参与互助物资的筹集递送和分配。因为公开透明且贴近社区，所以人们对互助资源分配的公平与公正性十分认可。因此，以公益、赋权、透明、公正为元素，以社会组织为载体的方式成为进行社区资源递送的一种新的范式。

此外，利用“开放空间”的会议技术在社区中实施了“市民论坛”的试验，组织居民讨论和解决社区中的公共问题。市民论坛起初场面冷清，接着争执无序，到后来理性、尊重、协商与民主逐渐成为论坛的主题。虽然在公共事务的解决过程中，困难依然重重，但是经过街道以及爱有戏的努力，一些居民开始懂得倾听和尊重对方。与此同时，在罗伯特议事规则改良基础上的开会方式也逐渐被介绍到社区公共事务的讨论中。

（四）社区网络和横向纽带的生长

在水井坊街道辖区，社区网络和横向纽带开始生长。水井坊街道辖区培育有 11 支社会组织、23 支院落兴趣小组和 11 支院落自治组织。以社区各类组织为纽带，连接了 2000 多户社区居民，开展各类活动数百次，直接覆盖 6000 多位社区居民，间接覆盖社区 30000 多位社区居民。

B.15
旧城改造的东街创新

谢生平*

摘　要：　老旧院落普遍基础设施落后、环境脏乱差，是各类安全隐患的高发区，也是各类社会矛盾最为集中的地方。积极探索中心城区老旧院落的拆迁与改造的路径，是加快改变社区面貌、改善居民居住环境、提升居民生活品质，让改革开放的成果更多地惠及群众的民生工程，如何充分调动政府、社区、居民、自治组织、社会组织共同参与社会治理（社区、院落治理），提供更多更广泛的公共服务与社会服务，在增强居民的权利意识的同时更多地倡导和宣传居民的责任意识，不断化解矛盾凝聚共识，促进居民融合是当前中心城区面对拆迁改造中的现实困境、积极开展社区治理所必须要思考的问题。

关键词：　老旧院落　拆迁改造　社区治理

旧城改造和城市社区棚户区改造是党的十八大做出的一项重要战略部署，也是各地区提升区域竞争力、进一步扩大内需、推动率先基本实现现代化的必然要求，这项工作的推进是改善居民居住环境、提升居民生活品质的一项重大民生工程、发展工程①。

---

* 谢生平，成华区猛追湾街道东街社区党委书记、社会工作师。

① 《国务院关于加快棚户区改造工作的意见》，http：//www. gov. cn/zwgk/2013 －07/12/content_2445808. htm。

当下的中国很多城市都在进行大规模的旧城改造，许多城市因此而成为一个超级工地，在改善民生的同时也带来诸多的矛盾和问题，尤其是近年来，随着经济社会的不断发展和民主法制观念的不断普及，我国公民维护自身权利的意识不断增强。然而现实生活中，一部分人只注重享受权利，不注重履行自己的责任和义务，由此导致公众权利意识强与社会责任意识弱并存的现象存在。①

在旧城拆迁改造中普遍存在拆迁前有拆迁的愿望强烈，一旦拆迁启动，部分居民就漫天要价，如何做好安置工作、如何处理好违章建筑、如何回应居民的诉求、如何满足拆迁补偿等是我们当下面对旧城与老旧院落改造拆迁中的现实困境、是城市社区治理必须要思考的问题。

以下以成都市成华区猛追湾街道东街社区为例，浅谈一下老旧院落改造背景下城市社区的治理。

一　东街社区基本情况

成都市成华区猛追湾街道东街社区北起建设路，南与新鸿路相连，西依锦江河畔猛追湾街，东邻一环路东二段，面积 0.38 平方公里，辖区全域处于主城区的一环路以内，常住人口 1.5 万余人，流动人口常年有 4000 多人。辖区内有 25 个居民院落（小区），其中老旧院落 18 个，这些院落的建筑一般都建于 20 世纪 90 年代甚至更早，普遍存在的问题是许多基础设施年久失修且配套极不完善，道路及房屋建筑破败陈旧，公共绿地多被私人占有，违章建筑比比皆是。②

东街社区没有学校、幼儿园、绿地及公园，有的是地处成华大道新鸿路 119 号占地面积约 15 亩的城中村，它总户数为 246 户，住在这里的居民没有独立的卫生间，至今仍使用公共厕所，更没有用上天然气，大部分居民靠

---

① 连玉明主编《中国社会管理创新报告 No. 1》，社会科学文献出版社，2012。

② http：//jcpt. chengdu. gov. cn/chenghuaqu/dongjieshequ/detail. html？ url =/chenghuaqu/dongjieshequ/30010106/6027062_ detail. html）.

政府的燃煤补贴，用的是煤气罐，有的居民为了省钱还在烧柴做饭，社区基础设施十分落后，市、区主要领导包括四川省社科院社会学研究所的老师都曾考察过城中村，城中村的居民有着改善居住环境的强烈愿望。

2013 年政府曾计划利用国家开发银行的资金在年底对城中村进行过棚户区改造。

为做好棚户区改造工作，社区开展了大量的动员与宣传工作，并对每户人家的产权、户口状况进行了登记，但令人遗憾的是至今仍无实施的迹象，为此社区还做了大量的解释工作，社区的公信力也因此受到了一定的影响。

2015 年 1 月 19 日成华区发布了《成华区城中村整治工作实施方案》，该方案的总体目标是力争在 2017 年底前，全面完成青龙、龙潭、赖家店、圣灯 4 个城中村的整治工作，然而新鸿路 119 号的城中村并没有纳入整治范围。[①]

建设路 71 号是原国有大型军工企业——成都宏明电子器材厂（82 信箱）的职工宿舍区，该厂已于 20 世纪改制为民营股份制企业——成都宏明电子股份有限公司，[②] 宿舍区占地面积近 70 亩，基础设施十分落后，职工家属拆迁愿望强烈，早在 2008 年左右就列入了成都市 RBD 工程项目，2010 年该单位职工家属为争取惠民拆迁整治采取了非理性的激烈行动，封堵了建设路，至今在相关网站上还可能查到。该地块是 RBD 项目[③]的 A 地块，也是北改工程的 A 地块，近年来成华区统建办启动了多次拆迁调查工作，也召开了多次有该院落居民代表参与的拆迁座谈会和风险评估会，受历史和院落土地产权属性复杂性、部分产权人对拆迁期望值过高等种种因素影响，拆迁整治仍遥遥无期，留下了许多问题。

2013 年 11 月 18 日《华西都市报》在 A04 版面登载了题为《青龙场 1800 户居民将别“筒子楼”》的报道，该报道指出成华区计划 3 年内投入资金 209 亿元，对建设路 71 号、铁塔厂 2 号地块等 65 个棚户区实施分期分批

① http：//www. chenghua. gov. cn/index. php？ cid = 25&tid = 125945。

② http：//www. chinahongming. com/。

③ http：//www. chenghua. gov. cn/index. php？ cid = 1051&tid = 45152。

整治，涉及占地总面积1282亩、搬迁总户数14578户（含非住宅164户）。消息一出就引起了阵阵波澜①，但时至今日对建设路71号的棚户区改造仍无实质性进展。

二　老旧院落拆迁改造的路径

目前，成都二环以内的城市社区大规模的拆迁基本不复存在，土地在这个区域内已是稀缺资源，而城市社区对老旧院落的拆迁改造主要有三个途径：一是整体拆迁；二是依托政府资源对一些老旧院落进行整体维修改造；三是依据《成都市城市社区公共服务和社会管理专项资金管理办法》② 充分运用该专项资金分步对老旧院落进行局部维修改造。

（一）整体维修改造的演变

1. 政府一手包办

早在2007年，东街社区就依托政府的资源对东街6号院进行了整体改造。

2012年又对一环路东二段82号、96号院进行了整体改造，改善了这些院落的基础设施和环境，总体来说得到了居民的认同和赞赏。

但是这一时期的老旧院落改造，居民没有更多参与其中，更没有成立相应的自治组织，改造的方式与内容完全是政府一手操办，居民只是被动接受，所以在改造的过程还出现了居民不理解、不支持甚至设置一些障碍的事情，这也为改造后院落的后续管理埋下了隐患。

2. 政府搭台居民参与

2013年东街4号院开始了整体维修改造，从这一年开始，成华区率先

---

① 《华西都市报》（电子报），http://www.wccdaily.com.cn/shtml/hxdsb/20131118/165981.shtml。

② http://www.chengdu.gov.cn/GovInfoOpens2/detail_allpurpose.jsp?id=l4V2cWbgKAw8dFIEysYV.

探索“先自治、后整治”的老旧院落改造模式，① 明确要求要改造的院落必先成立院落自治组织，在院落的改造方案和内容上要充分听取居民的意见和建议，在施工过程中也要请居民实施有效的监督，极大地调动了居民参与院落改造工程的积极性，因为是按照居民的意愿和要求改造院落，所以居民参与改造工作的积极性较高，在这一过程中培育和发现了许多居民领袖来关心和支持院落事务，参与院落治理，为草根微社团（自治组织）的培育与发展营造了良好的氛围。这种院落改造的模式是多元、多方参与社区治理的具体表现。

这种拆迁改造老旧院落的模式还是存在一些问题。院落打造好了，过个一年半载当院落一些基础设施需要维护时却没有相应的资金来源，出现这些问题时居民一是找社区，二是找政府，为此社区多次召开院落协商议事会，讲问题、摆道理，要首先说服与动员自治组织成员向居民进行宣传与解释，绝大部分维护问题都通过公开透明的方式向居民进行资金募集，内部消化，在可能的情况下再通过意见征集的方式利用公服资金配套一部分，并提交社区议事会审批后实施相关的维护工程，有效破解后续维护的难题。

3. 建立老旧院落专项维修基金

为了加大棚户区、城中村、老旧院落等改造的力度，成都市“四改六治理”十大行动民生工程在2014年12月全面启动。② 2015年出台了《成都市老旧院落维修资金管理指导意见》，③ 下发了《成都市老旧院落维修资金宣传问答》手册，今后要实施改造的老旧院落要建立维修基金，每户居民按每平方米2~10元缴存维修基金，这使改造后院落的一些基本维修、维护有了资金的保障④。

① http：//politics. people. com. cn/n/2014/0226/c99014 – 24472994. html。

② http：//www. sc. xinhuanet. com/content/2014 – 12/10/c_ 1113583913. htm。

③ http：//sc. ce. cn/gdxw/201503/11/t20150311_ 2058923. shtml。

④ http：//www. chenghua. gov. cn/index. php? cid = 707&tid = 130615。

（二）公服专项资金改造老旧院落

社区要充分利用城市社区公共服务和社会管理专项资金对一些老旧院落进行分步整治，由于公服资金的体量小就必须把有限的资金用在最需要的地方，具体做法：一是广泛宣传公服资金的使用范围及其流程，在每个院落都制作相应的宣传栏，以最大限度地提高居民对公服资金使用的知晓率；二是充分运用公服资金使用规则调动更多的居民关心和参与院落事务，使自治组织及其成员、居民、社工、社区居委会和利益相关方都参与到公共服务之中，完善社区治理结构，提升社区治理水平；三是社区居委会、网格员都要积极征集各院落的公服资金项目并进行公示，还要在有项目的院落召开听证会以进一步听取居民的意见和建议，社区要召开议事会对征集到的项目进行审议，按照轻重缓急、项目的正当性与否进行民主审议，在项目实施过程中居民要参与监督，这一过程正是居民参与社区治理的生动体现。

目前在老旧院落的拆迁整治的进程中，由于东街社区老旧院落较多、政府资源有限，还没有改造的院落居民，普遍都有比较性需要，容易产生心理上的落差，成为矛盾产生的重要因素之一。

当前社区 18 个老旧院落政府只打造了 4 个，用公服资金改造的院落有 3 个，要全部完成其余老旧院落的改造还有相当长的路要走。

三　老旧院落拆迁中的社区治理困境

首先，居委会作为社区的日常管理者，仍不同程度地存在着管理缺失、职责范围不够明晰、管理运行不规范等问题，其自身自治功能没能有效发挥，与社会的发展和居民的期盼是有差距的。此外，社区居委会工作人员观念转变不到位，机关化倾向日益严重；专业社会工作能力不足、缺乏做深入细致的群众工作经验等问题较为突出，加之长期以来社区承担了大量的行政性事务，社区减负工作远未到位，行政事务多、检查评比多、会议台账多、不合理证明多等问题仍然非常突出，社区干部不堪重负，居民群众反映强烈，“万能居委会”成为社会广泛关注的突出问题，严重制约了社区服务功能的发挥，一定程度上影响了党群干群关系。[①] 尽管近年来从中央到省市出台了不少为社区减负的政策，2015 年 9 月成都市也出台了《关于减轻城乡社区负担的十条措施》，[②] 但实际情况仍很不乐观，这是不争的事实，在很大程度上削弱了社区居委会应有的自治功能的发挥。

其次，作为自治主体的居民，参与社区治理的意识和积极性不强，经常参与社区公共活动、公益服务的人数不多。一是受教育程度低的居民参与自治的觉悟与能力较低，其参与往往是“自扫门前雪”，而对“大家的”或“别人的”事情并不关心。二是社区中外来流动人口众多，属地和户籍分离的双重管理格局非常普遍，这部分居民对社区缺乏基本的认同感和归属感，因此许多院落的环境与治安问题似乎都与流动人口有关，居民间的陌生与疏远加剧了彼此的不信任，从而极大地影响了居民共同参与治理的积极性。三是近年来舆论的引导是有偏差的，表现在更多强调的是公民的权利意识和维权意识，忽略了公民责任意识和公益意识的宣传与倡导。四是社区提供公共服务的现状。随着社会的发展，居民对社会服务的需求日益多元化，社区公共服务供给与需求矛盾更为突出。如前所述，社区承担了大量行政性事务工作，常常是管理多于服务，减负难以真正实现。加之社区人力和财力等资源相对紧缺。以东街社区为例，现社区有 18 名工作人员，要为近 2 万名居民服务。经费来源上，社区没有集体经济收入，上级拨付的 5 万元办公经费仅能维持社区日常运作，再加上 25 万元的公服专项经费对以老旧院落为主的社区来说显得杯水车薪。加之公服资金的使用程序复杂，对档案资料的要求非常高，仅仅完善相关档案资料就要花费不少的人力物力，[③] 目前社区社会组织大多是行业协会或娱乐性社团，居民迫切需要的互助类、志愿服务类、

① 民政部、中央组织部印发《关于进一步开展社区减负工作的通知》，http：//www. gov. cn/xinwen/2015 -07/24/content_ 2902338. htm。

② 成都市民政局、市委组织部印发《〈关于减轻城乡社区负担的十条措施〉的通知》，http：//www. cdmzj. gov. cn/upload/20151008/58891444293606791. pdf。

③ http：//www. chengdu. gov. cn/GovInfoOpens2/detail _ allpurpose. jsp? id = l4V2cWbgKAw8dFIEysYV。

社区治理类等公益慈善组织和专业服务组织相对较少。而老旧院落正是城市社区应当重点关注与供给公共服务的区域。

四 城市社区治理对策

1. 畅通民情，化解矛盾

老旧院落是各类社会矛盾最为集中的地方，工作重点就是要在充分尊重了解民意的基础上化解矛盾，规避纠纷。社区以网格化管理为基础，让网格员当好信息员，对一般性纠纷按照处早、处小的原则及时化解，重大纠纷由居委会人民调解专委会组织调解以化解矛盾，同时充分利用公服资金使用的公开、透明、民主的原则，通过问计民情、征询民意、倾听民声、公开民愿的方式，有效预防矛盾产生。社区党委还建立了动态的民情、民意的民生台账，及时了解和解决关乎居民重大民生的问题，以有效维护社区的稳定。

2. 公事审议预防矛盾

社区构建了社区基层民主协商议事会，各院落也成立了院落协商共治会及时收集院落的民意，畅通居民诉求表达渠道，构建社区公共事项居民审议制度。对涉及居民生活的公共事项，形成了“意见征求—事项发布—听证会议—民意审核—过程监督—结果公示”的工作机制。通过事前协商和过程监督，最大限度地尊重、倾听和采纳民意，以有效预防矛盾和风险。

3. 社会服务多方参与

社会组织是社区治理体系中不可忽视的重要组成部分，在完善社区公共服务、实现社会服务多方参与等方面起着十分重要的作用。

东街社区从2012年起，先后引进朗力养老服务中心、成都市爱达迅社会工作服务中心、成都市仁怀社会工作服务中心、托爱公益事业发展中心参与社区治理与服务。面对社区老龄化趋势日益严重的现实，社区拿出原有的办公用房建立了东街社区朗力养老服务中心，实现了养老在社区；针对学龄前儿童通过社区租赁场地的方式，开办了爱达迅童心园早教中心；与成华地税局共同发起成立“悦悦爱心基金”帮助困难家庭的学子完成学业；运用

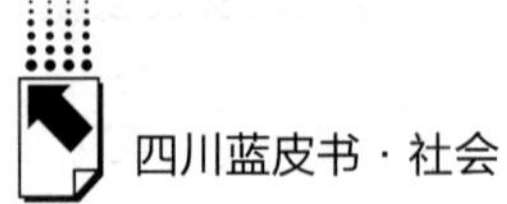

“三社互动”项目运作整合驻区单位、机关、政府、社区、社工的资源，广泛开展居民融合活动，促进了社区的和谐与稳定，我们还积极争取国家、市、区的各类公益创投项目，近年来先后有 20 多个公益项目在社区落地，丰富了社区社会服务产品的供给，不断满足居民对社会服务的需求，形成社会服务多方参与的格局，同时把社区公共服务专项资金的使用重点倾斜于老旧院落，以有效提供更多的公共服务。

综上所述，无论是拆迁还是老旧院落的改造与整治，除了政府在政策上的把握与支持，更多的是依靠居民群众及自治组织的智慧和力量，同时要做好相应的社会服务供给，让这部分群众能实实在在感受到改革开放的成果，有效地化解老旧院落改造中存在的难题。

B.16
城市社区共治的水井坊模式

水井坊街道社区治理课题组*

摘　要：随着城镇化的发展，社区结构和社会治理出现复杂性和多样性。水井坊街道按照区委、区政府深化社会治理工作要求，结合辖区实际，在推行成都“一核多元、合作共治”的基层治理体系（以社区党委为核心，社区服务中心、居民议事会、居委会、驻社区企事业单位、社会组织等多元主体共同参与）工作中，系统推进“四治三化”（法治、德治、自治、共治和信息化、网格化、系统化）的城市社会治理新机制，在全省率先探索实践社会组织协力城市社区治理，建立多层级共治结构，实现社会各个层面的良性互动，达到治理手段优势互补，形成基层社会治理的强大合力。水井坊街道在推进城市社会治理中也取得了较大的进步，但在实践中我们发现，街道6个社区发展是不平衡的，最大的差距还在于社会组织的培育与发展。需要在原有体系的基础上，不断调整架构，建立更具开放性和包容性的治理体系。

关键词：城市　社区共治　水井坊模式

创新城市社会治理是推进国家治理体系和治理能力现代化的重要内容。

* 课题组成员：张红星、邱洪、李承才、肖建光、余增威、陈成、侯志强；执笔人：李承才、余增威。

近年来，水井坊街道按照区委、区政府深化社会治理工作要求，结合辖区实际，在推行成都“一核多元、合作共治”的基层治理体系（以社区党委为核心，社区服务中心、居民议事会、居委会、驻社区企事业单位、社会组织等多元主体共同参与）工作中，系统推进“四治三化”（法治、德治、自治、共治和信息化、网格化、系统化）的城市社会治理新机制，在全省率先探索实践社会组织协力城市社区治理，建立多层级共治结构，实现社会各个层面的良性互动，达到治理手段优势互补，形成基层社会治理的强大合力，是继“三大改革”后，实现社会治理精细化，创建共建共享新格局新实践，具有时代特征、体现锦江特色的全面深化改革之路。对力争2020年形成系统完备、科学规范、运行有效的制度体系，若干领域走在全市改革前列，成为成都社会治理体系和能力现代化的样板区具有极强的指导意义。

一　城市社区“四治三化”治理的制度创新与实践创新

水井坊街道坚持以党建为抓手，探索以政府为主导，社会组织协同参与社会治理的新路径，使社会组织在社会治理中形成一股有力的力量。

（一）以基层党建为抓手，夯实社区治理工作基础

实施区域化党建，提高社区“共治”水平。水井坊街道建立多层次的区域化党建平台，整合省民政厅、市工商联、区检察院、区工商分局、成都绍兴商会等单位力量，充分发挥街道党工委和区域党委的“双党委”作用，构建以街道党工委为核心、以社区党组织为基础、区级部门协同配合、辖区单位党组织和辖区全体党员共同参与的基层党建区域化形态，通过党建引领，推进社区共建共治和居民自治工作。

强化社会组织党建，引导社会组织健康发展。开展“孵化”行动，扩大党的工作覆盖和组织覆盖范围，确保社会组织正确的政治方向。开展社会

组织与党建工作同心同向行动，把党建工作纳入社会组织能力评估体系，每年由组织服务对象、社区群众等组成评估组，对社会组织进行“全面体检”。党建工作不合格的，取消其争取政府资助、享受政策优惠、承接政府购买服务的资格，让党建工作成为社会组织的必然选择。街道先后成立社会组织党支部4个，对53个登记、备案组织做到党组织全覆盖。同时，在各党支部中广泛开展“亮身份、显作用、起表率”活动，充分发挥和展现社会组织党组织的凝聚力和战斗力。

实施院落和两新组织全覆盖，健全基层治理组织体系。主动适应加强和创新社会管理的要求，把党组织建到院落、小区、楼栋，全面推进有党组织、有自治组织、有服务平台、有居民公约、有自治活动的“五有”院落建设，形成街道党工委—社区党委—院落党支部—楼栋党小组四级党组织网络。同时，开展非公企业“集中建党”行动，在全区率先建立水井坊创“5A”景区党建联盟，建立水井坊楼宇社区党总支，加大楼宇党群服务站工作力度，并且时代8号市级党群服务示范站也正在建设中。

（二）以“开放空间技术”为基础，引导群众“如何开会”，激发群众主体作用，深化社区治理

院落利益多元，要深化居民自治工作，就需要居民建立起规则意识，需要教会群众如何开会。水井坊街道引入“开放空间技术”，为院落居民提供了一个提倡自我承担责任的平台，在社区治理中具有一定的实用性和创新性。

在推进“开放空间技术”工作中，街道的做法是注重将硬件与软件结合起来。在硬件建设方面：街道在15个院落进行“开放空间会议”试点，每个院落建立“社区书屋”、“长者家园”、“三点半课堂”、“基层党组织服务点”院落服务组织，形成议事制度、院规民约，提高了院落居民参与自治的热情。在软件建设方面：街道借鉴罗伯特议事规则，经过讨论和简化，建立起“院落会议五条”等规则制度，避免无序参与，培育起社区居民的规则意识。

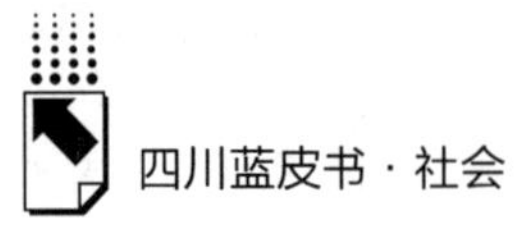

（三）以信息化、网格化为手段，率先建设“智慧社区”，推进社区治理

街道坚持实战实用，以居民需求为导向，以提升社会管理和公共服务为目的，建成“一中心三平台”，为社会管理和公共服务提供高效、便捷、现代化的信息保障，促进了社会治理工作。

中心以“智慧社区”信息管理系统为基础，融合了公安天网系统、院落网络监控系统、网格化管理系统、城市管理综合系统四大软件，配套多媒体视频显示和应急通信指挥两大硬件系统，加强社会管理，维护辖区安全稳定。综合信息平台。依托互联网信息技术，由网格人员实时采集、整合辖区人、地、事、物、组织（流动人口、房屋、辖区单位、安全、低保残疾特殊人群）等各类信息，建成“大数据”街道。同时，中心全面承担“民生服务、文化生活、城市管理、应急处置、分析研判、统筹推进”等六大职能，为辖区群众提供便捷的公共服务和丰富的文化生活。微信公众服务平台。针对使用微信的青年人群，开发信息发布、政务服务和生活服务三大微信服务系统，建立社区动态、社区政务、社区生活相结合的微信服务平台，开展在线办理查询等公共服务。“爱家”社区电视智能信息平台。针对辖区不习惯上网的中老年人群，利用数字机顶盒的双向互动技术，开发基于有线数字电视平台的信息系统。信息平台提供社区党建、社区政务、社区服务、社区超市、社区影院等生活服务栏目，方便辖区群众办事。

在信息化、网格化工作中，水井坊街道根据自身工作需要“自上而下”开发的信息系统，较好地解决“建而不实”、“建而不用”等问题。水井坊街道把基础信息数据中心作为工作基石，建成“大数据”街道；绘制出“水井坊辖区社会治理网格化管理地图”，形成“智能化”中枢；在“信息创造美好生活”的指引下，街道推进管理类、服务类和社会参与类项目，有力地推进社会管理和公共服务创新。特别是设置了“民情气象”栏目，自行研发“义仓”管理平台，实现信息“内外联动”，辖区居民群众的畅通回应提高了居民的支持率、参与率和满意率。

（四）率先推进社会组织承接社区公共服务站，提升街道社区公共服务质效和社会化水平

水井坊街道进行社工站改革并深入创新，投入36万元，涉及5个大类49项政务服务工作，由社会组织——爱有戏社区文化发展中心承接，以"一站两中心"（社区公共服务站、个案管理中心、综合服务中心）为基本运行模式，强化社工理念、突出多元参与、聚焦群众需求、延伸服务内容，形成了街道主导、社会组织承接、全社会参与的社区公共服务站工作格局。

水井坊街道"一站两中心"服务模式实行以来，将群众办事"符不符合"变为人性化的"个案管理"，对不符合政府政策的边缘化人群及享受政府政策但仍处于困境的群众纳入个案管理中心，为其提供多元化的服务方式。将公共服务由单一政府投入变成社会多元参与，使特困群众、边缘人群得到及时救助，社区公共服务站在服务理念、服务方式上有了根本转变，有力地推进了社区公共服务质效和社会化水平的提升，是锦江区社区公共服务站改革的方向。

（五）法治德治有机结合，"法制理念"、"契约精神"推进社会治理

为了让法制精神在群众中落地生根，水井坊街道将"法制理念"、"契约精神"贯穿于社会治理工作始终，在实现群众真正依法自治的同时破解了基层群众法制精神培养难题。

强化社会法治，提高"法治观念"。水井坊街道除依托微信、微博、微群以及信息化服务平台定期发布法律常识和举办讲座外，在社区自办杂志《成都交子》中开辟"检察官说法"专栏，采用案例形式对社区居民进行普法；院落邀请区法院举办"坝坝法庭"，潜移默化中培养了居民法制意识；与孩子一起成长、快乐青少年成长服务中心等社会组织举办模拟法庭、"小小城管员"等活动，增强了院落青少年知法、守法意识。

水井坊城市管理转型升级，也对校园周边的商家、院落等实现了有序的

管理与精细化服务，让商家与院落也参与城市管理，最终形成多方共治的格局。

（六）社会组织协力，构建起水井坊街道熟人社会自治体系

水井坊街道充分发挥社会组织协力作用，主动让渡空间，适度放权，鼓励社会组织在社区中发动和组织群众，大力培育发展社区院落组织。具体过程如下：①孵化和培育。根据不同院落的特色，发现和培训社区骨干，并鼓励居民自发形成兴趣小组，到目前为止，已发展出44个院落自治服务组织，这些自治团体分为文化、环境、安全和互助四大类。②帮扶和协调。在院落生长出自治服务组织后，爱有戏每月定期开展“社区骨干培训”，并通过了解其相关需求给予小额项目资金资助，同时引进外来资源帮助居民实现自治。③整合与引导。居民根据自身兴趣形成的自治组织被分为四大类，各类自治组织分别在各自的领域中发挥作用，但在爱有戏的参与协调下，这些组织也会联合起来发挥效用。例如，互助类组织在帮扶社区老年人群体时会联合文化类组织一起行动，这样不仅丰富了服务的内容同时达到了更好的效果。各类组织在充分发挥自身优势的同时博采众长，使得居民自治更加完善和全面。社会组织采用“社区开放空间”、“市民论坛”等调动居民的参与热情，从最基础的“如何开会”着手，提高居民参与自治和民主决策的能力，从而逐步实现人的改变。

（七）“社区参与式互助体系”，激活社区资本推进社会治理

当前，针对城市社区强烈的陌生感以及生活在同一生活圈的社区居民之间缺乏沟通平台的问题，水井坊街道调动爱有戏、与孩子一起成长等社会组织的作用，设计研发了城市社区的参与式互助体系，以义仓、义集、义坊为平台，让政府、社区、居民、辖区企业、社会组织等社区多元主体为社区的困难家庭提供物资帮助、志愿服务。同时，培育社区的内生力量——社区社会组织、各种志愿者服务组织以及爱心家庭，让它们成为社区互助、社区发展的主要力量。

2013年1月，义仓捐赠管理系统正式开始使用。任何一件捐赠物资都有唯一的一个条码，捐赠人捐赠的任何一件物资，都会获得一组条码，捐赠人随时在系统里就可以查询到物资目前的状态。如果已经发放，可以查询到物资的去向、到哪个家庭、所到家庭的基本信息等。

项目实施3年多以来，社区发生着各种变化。社区困难人群困境得到缓解，社区居民公共意识在转变，我们也惊喜地看到，项目参与人数在飞速增长，达到了25万人次，募集物资20000多件，直接帮扶困难家庭1000余户，连接社区家庭5000余户，居民参与志愿服务时间每月超过300小时，累计服务时间超过24900个小时。

二 水井坊街道“四治三化”的城市社会治理创新特点和成效

社会治理“四治三化”建设中，一个重要的理论基础是国家、政府、社会三者的相互平衡发展，互为根基、相互促进，最终目的是促进社会治理体系和治理能力的实现。水井坊街道实践“四治三化”极大地丰富了社会治理的内涵，通过挖掘社区优势和资源，创新机制和技术手段，保障群众参与，深化城市社会治理体系。

第一，坚持和创新党的领导。这是水井坊街道城市社会治理最大的特点。中央、省委、市委历来高度重视基层基础工作，基层党组织建设取得长足进展。但随着全面深化改革的不断深入、城市社会治理的不断发展，基层党组织在城市基层社会治理中的核心领导地位越来越受到挑战。水井坊街道积极探索基层党建社会化和项目化，加强和改进社区党组织领导，促进基层党组织领导方式从包办型向核心型、从指令型向服务型转变，健全社区党组织领导下的社区自治组织体系，进一步理清社区各类组织的工作关系，彻底剥离社区原来承担的行政职能，推进社区向自我管理、自我服务的社会组织回归。

第二，还权、归位、赋能，实现政社互动。2008年以来，成都市锦江区按照政府与市场分开、政府与社会分开的原则，改革街道办事处治理体制，彻底剥离街道办事处的经济管理职能，将工作重心从发展经济转移到强化公共服务和社会管理上来。从机构和职责上进一步理顺关系，将街道职责划分为社会管理、公共服务、行政执法、社会服务四类，进一步细化和加强社会管理及公共服务职能。调整后，水井坊街道90%左右的科室都与社会建设、管理和公共服务相关。并将社区服务中心（劳动保障和社会救济所）更名为社会组织指导中心，加大培育力度壮大社会组织，促进城市社区治理主体多元化。找到一条“还权、归位、赋能”、实现政社互动的可借鉴之路。

第三，社会组织协力城市社会治理。锦江区水井坊街道社会组织协力参与城市社会治理改革是鲜明成效的。在改革城市基层治理机制过程中，锦江区已经培育了948个社会组织，每万人拥有社会组织数14个，形成了社会组织孵化、社会资金支持和政府购买社会组织服务的良性循环，已成为成都市社会组织发展最完善的区。一批有较大影响力的和热心服务群众的社会组织积极参与居民自治、社区教育、社区文化、环保、安全等工作，是全市乃至全省社会组织协力城市社会治理的范本。

第四，整体推进，系统构建制度保障。在推进“四治三化”工作中，水井坊街道坚持系统推进理念，构建“一中心三平台”（街道综合信息指挥中心、智慧社区信息平台、爱家社区电视智能信息平台、微信公共服务平台），以公共管理创新作为信息化工作的出发点，在手段上谋创新，夯实基础，搭建智能服务平台，逐步探索出网格化、信息化和系统化的三化模式。街道在原有政务微信的基础上，开发了信息发布、政务服务和生活服务三大微信服务系统，初步建立了社区动态、社区政务和社区生活相结合的微信服务平台，平台集政务在线办理查询、意见建议在线反馈、生活服务及时更新推送等功能于一身，拓宽了信息服务的范围。水井坊街道坚持整体推进思路，引入城市社区治理专业化技术，深化了社会治理工作。

三　水井坊街道社会治理“四治三化”面临的困境

水井坊街道在推进城市社会治理中取得了较大的进步，但在实践中我们发现，街道6个社区发展是不平衡的，居民对社区总体满意度由高到低依次是水井坊社区（90.17%）、交子社区（78.86%）、锦官驿社区（63.32%）、光明路社区（61.77%）、较场坝社区（44.43%）、点将台社区（41.63%）。这个数据反映出社区治理在街道治理中也存在差距。为什么会出现这种差距？我们认为存在一些亟待破解的困境。

第一，还权赋能、制度落实还不到位。政府推进服务进社区已在一定程度上异化为行政权力下放给社区——部门职能进社区变成了部门职能被变相委派给居委会，一些职能部门本应该派人下来做事，或组建基层管理机构，现在却变成了直接派事给居委会，让居委会无形中承担起不少职能部门该做的事。

第二，居委会泛行政化现象依然存在。社区是党的神经末梢，承担着夯实基层基础工作的艰巨任务，发挥着推进社会治理的重要责任。但是，过渡行政化会使自治组织产生官僚主义和自利性，长久下去，居民会把自己看成政府组织而非居民自治组织，把自己看作政府行政力量的延伸，缺乏自我认同感。

第三，社会组织发展的微观环境还亟待改善。区域间社会组织发展失衡。2015年，锦江、武侯两地共登记社会组织2000余家，约占全市的20%。其中，锦江区常住人口每万人拥有社会组织14家，发展程度和发展规模位居西部第一，但有资格承接政府职能转移的专业化社会组织比例失衡。目前，水井坊街道具备3A等级以上、有资格承接政府职能转移的社会组织较少，社会组织品牌建设力度有待加强。从问卷调查中可以看到，居民社会组织在社区发挥作用的认识方面，有42.8%的居民认为社会组织在社区较充分发挥作用或充分发挥作用，有46.4%的居民认为社会组织在社区发挥的作用不明显（一般），只有10.7%的居民认为社会组织在社区没有发挥作用。总的来看，居民对社会组织在社区的功能认同还有待提高，社会组织发展呈现不平衡的态势。

第四，互联网治理倒逼政府提升社区服务能力。目前，借助互联网技术，打造网格化管理平台，提升了办事效率，一定程度上使社区治理实现了转型升级。调查中发现：98.0%的社区工作者表示在工作中运用信息化平台，其中48.0%的社区工作者认为信息化平台很有帮助，44.0%的社区工作者认为有些信息化平台有帮助。信息资源的开发与利用、整合与共享未能有效实现，尤其是信息孤岛、路径依赖、协同办公等问题还有待在实践中解决。

四 “四治三化”机制可持续发展的对策建议

现代国家治理，有很重要的五大特点：以制度实现治理，国家治理组织要符合现代理念，要能及时解决国家面临的种种问题，治理手段文明，治理主体多元。尽管水井坊街道城市社会治理体系创新仍有待完善，但它的总体改革思路和发展方向无疑是符合国家治理现代化思路的，其经验对于构建城市社会治理体系有重要的示范价值。下一步，需要在原有体系的基础上，不断调整架构，建立更具开放性和包容性的治理体系。

第一，深化街道城市治理能力改革。认真履行好“公共服务、市场监管、社会管理、环境保护”等职责是城市综合改革中的重要课题。按照“减少部门对街道的管理事项，增加部门对街道的服务事项”的要求，确保了街道权力与责任相一致、财力与事权相匹配、人力与任务相适应。针对改革配套性强的特点，建立健全推进改革的协调机制，着力完善基层社会管理、公共财政体制、目标考核等配套政策，切实为顺利推进改革提供有力保障。积极推进简政放权，着力解决“权、责不一致”的问题，依据相关法律法规对区级部门、街道承担的行政职权、公共服务等事项进行全面梳理，研究制定区级部门下放街道、社区办理工作事项的目录清单，并对区级部门下沉街道、社区工作事项办理流程、权责关系进行规范和明确。

第二，推进社区自治，加快去泛行政化，还自治职能于社区。依法自治，深化减负措施，进一步提升“居民自治”，培育“规则”意识，实现人的改变。尽快探索和实施委托可购买服务事项清单，未列入依法自治和依法协助目录清单的事项，可以通过委托协议对服务事项进行购买的，列入可购买服务事项清单。进一步深化院委会自治制度，推广院落议事十三条制度，深化基于权重的代表大会，通过开放空间技术、院落居民公约，培育契约精神，推行居民公约，提升自治能力。重点开展社区营造工作，推进社区文化建设，加快构建社区社会生活共同体，共建幸福美好社区。

第三，加大社会组织体制建设力度。深化街道社会组织指导中心监管和服务职能，重点对有发展潜力的备案社会组织进行专业化、全方位培育。加大对现有社会组织人才的培养和扶持力度，提高工作的专业化水平，完善志愿者队伍，为社会组织提供丰富的人才储备，加强社会组织间的交流，使队伍朝着专业化、规范化方向发展。强化社会组织党建，调动一切资源共同参与社会组织治理，促进社会组织多样性和内部治理的壮大和健康发展。在保证数量每年递增的基础上，利用现有的社会组织评估机制，对社会组织和社工人才进行等级评定，把管理规范、运作正常、群众认可度好的社会组织作为重点扶持对象，树立品牌意识，带动社会组织质量整体提升，提高承接政府公共服务的能力。

第四，深化“互联网+”时代社会治理能力的提升。“互联网+社会治理”是一个新课题，需要先行先试。街道可以率先成立相应的大数据应用管理机构，按照政府主导、多元参与的原则，基于“互联网+社会服务”，发挥政府在规划建设、运行管理和经费保障方面的主导作用和兜底功能，鼓励社会组织和企业参与，扩大社会合作。值得注意的是，应赋予大数据应用管理机构足够的权威性，保证其协调和整合力度，以免出现“新瓶装旧酒”的情况。应从五个方面来具体实施，包括社会治理理念的变革、政府的职能转变、信息化建设与信息安全防护、利用大数据驱动社会治理创新、着力构建“互联网+”时代的法治新局面。

B.17

农民工返乡创业意愿与大众创业政策研究

明宝毅*

摘 要： 农民工是国家大众创业、万众创新战略的参与者。其返乡创业意愿如何、“双创”政策能否有效给力，将直接影响经济和社会发展新动力的培育效果，必须给予重视。

关键词： 农民工 创业意愿 大众创业 创业政策

一 前言

（一）研究动机

李克强总理在2015年《政府工作报告》中指出，面对“全球经济复苏艰难曲折，主要经济体走势分化；国内经济下行压力持续加大，多重困难和挑战相互交织”的发展形势，“我国发展仍处于可以大有作为的重要战略机遇期，有巨大的潜力、韧性和回旋余地”。要突出创新驱动，打造大众创业、万众创新新引擎，推动发展调速不减势、量增质更优，实现中国经济提质增效升级；以扩大就业、增加居民收入，促进社会纵向流动和公平正义；以“让人们在创造财富的过程中，更好地实现精神追求和自身价值”；以“全面推进社会主义经济建设、政治建设、文化建设、社会建设、生态文明建设，促进经济平稳健康发展和社会和谐稳定”。

* 明宝毅，四川省社会科学院社会学研究所助理研究员。

大众创业、万众创新作为国家发展战略和新引擎，既要通过国家治理体系的改革，通过一系列政策制度更新和完善，实实在在地释放出红利，以让创新创业的理念深入民心，激发和调动亿万群众的创新创业积极性，形成大众创新创业的热潮，以促进经济发展和社会进步；同时也需要个人、企业和社会组织勇于创业创新。

农民工作为我国特殊历史发展时期的特殊群体，在国家新型城镇化和创新创业新引擎发展战略大趋势下，作为经济和社会发展的参与者，其创新创业意愿如何？其创新创业意愿能否实现？国家的创新创业政策对其是否具有针对性？能否达到预期目的？这些问题都需要我们进行深入研究。

（二）研究方法

主要采用抽样调查和文献法。

1. 抽样调查——样本抽取

按照中心城市（成都市）、国家级开发区城市（遂宁市）、一般农村（达州市）分层，采取目的抽样方式抽取了 15 个企业和 2 村 10 社，在有外出务工经历的群体中，按每个抽样单位，随机抽取 20 个样本，最终样本结构如表 1 所示。

表 1　性别/年龄交叉

单位：人，%

项　目			分组年龄				合计
			18～30 岁	30～45 岁	45～55 岁	55 岁及以上	
性别	男	计数	85	87	35	9	216
		性别中的比例	39.40	40.30	16.20	4.20	100.00
		年龄中的比例	40.50	52.10	60.30	56.20	47.90
		总数的比例	18.80	19.30	7.80	2.00	47.90
	女	计数	125	80	23	7	235
		性别中的比例	53.20	34.00	9.80	3.00	100.00
		年龄中的比例	59.50	47.90	39.70	43.80	52.10
		总数的比例	27.70	17.70	5.10	1.60	52.10

续表

项目		分组年龄				合计
		18~30岁	30~45岁	45~55岁	55岁及以上	
合计	计数	210	167	58	16	451
	性别中的比例	46.60	37.00	12.90	3.50	100.00
	年龄中的比例	100.00	100.00	100.00	100.00	100.00
	总数的比例	46.60	37.00	12.90	3.50	100.00

2. 文献法

检索国家、国家部委、四川省有关创新创业的政策文件、相关研究文献，并进行梳理。

（三）主要概念的界定

1. 农民工

本文所指的农民工是指正在或者曾经离开户籍所在农村，外出、进入城镇务工的农业户口人员。在技术指标上界定为外出、进入城镇务工时间在半年以上者；包括离开户籍地农村，正在外出、进入城镇务工者和有以上经历已返乡就业或返乡待业者。

国家统计局抽样调查结果显示："2014年全国农民工总量为27395万人，比上年增加501万人，增长1.9%。其中，外出农民工16821万人，比上年增加211万人，增长1.3%；本地农民工10574万人，比上年增加290万人，增长2.8%。"①

如表2所示，农民工不仅是一个规模巨大的特殊群体，而且这个群体的数量还在继续增长。

2. 创业

1987年，自 *Journal of Management* 正式开辟创业研究专题以来，无论是在学界、政界、商界，还是在社会其他阶层和劳动者阶层，创业都是一个

① 中华人民共和国国家统计局：《2014全国农民工监测调查报告》。

表 2　农民工规模

单位：万人

项目 \ 年份	2010	2011	2012	2013	2014
农民工总量	24223	25278	26261	26894	27395
1. 外出农民工	15335	15863	16336	16610	16821
(1)住户中外出农民工	12264	12584	12961	13085	13243
(2)举家外出农民工	3071	3279	3375	3525	3578
2. 本地农民工	8888	9415	9925	10284	10574

持久热门的词语。在当今中国，创业更是一个使用频率超高的词语。但至今为止，关于创业的概念界定，仍然没有形成共识。

依据朱仁宏对创业概念界定的比较研究①（见表 3），我们可以对创业做出如下界定：创业者利用自身掌握的资源、信息、机会、技术等，借助社会经济发展平台和载体，发挥自我的智慧和能力，增加产品和服务的附加价值，实现利润，满足自我生存和发展需要的持续行为。在时间序列上，创业

表 3　创业概念界定对比

定义的焦点	作者	定义/解释	定义中的关键修饰词
识别机会的能力	Knight(1921)	成功地预测未来的能力	成功、预测未来
	Kirzner(1973)	正确地预测下一个不完全市场和不均衡现象在何处发生套利行为的能力	正确、预测、不完全市场和不均衡现象
	Leibenstein(1978)	比你的竞争对手更明智、更努力地工作的能力	更明智、更努力地工作
	Stevenson, Roberts and Grousbeck(1985)	是洞察机会的能力，而不是已控制的资源，驱动了创业	洞察机会
	Conner(1991)	按资源观点，从根本上来说，辨识合适投入的能力属于创业家的远见和直觉。但在目前，这种远见下的创造性行为却还没成为资源理论发展的重点	资源观点、辨识合适投入、远见和直觉

① 朱仁宏：《创业研究前沿理论探讨——定义、概念框架与研究边界》，《管理科学》2004 年第 8 期，第 73 页。

续表

定义的焦点	作者	定义/解释	定义中的关键修饰词
创业家个性与心理特质	William Bygrave(1989)	首创精神、想象力、灵活性、创造性、乐于理性思考和在变化中发现机会的能力	在变化中发现机会
获取机会	Stevenson, Roberts and Grousbeck (1994)	根据已控制的资源去获取机会	根据已控制的资源
	Shane and Venkatara man(2000)	创业就是发现和利用有利可图的机会	发现和利用、有利可图
	The US National Commission on Entrepreneurship(2003)	不断的变化会产生创造财富的新机会,(创业就是)经济(主体)利用这些新机会的方式	利用、不断的变化
创建新组织与开展新业务的活动	Schumpeter(1934)	进行新的结合	新
	Cole(1968)	发起、维持和开展以利润为导向的有目的的业务活动	发起、维持和开展、有目的
	Vesper(1983)	开展独立的新业务	独立的
	Gartner(1985)	建立新组织	新
	The Academy of Management (1987)	创办和管理新业务、小企业和家族企业,创业家特征和创业家的特殊问题	创办和管理,新、小、家族、创业家,特殊
	Low and MacMillan(1988)	创办新企业	创办、新

是一个过程；在主体上，创业者包括个人、企业、社会组织和国家等。农民为社会和经济建设的参与者和贡献者，同样是创业的主体之一。

3. 返乡创业

返乡创业是指农民工返回户籍所在地，作为主体，利用自身掌握的资源、信息、机会、技术等，借助社会经济发展平台和载体，发挥自我的智慧和能力，增加产品和服务的附加价值，实现利润，满足自我生存和发展需要的持续行为。

国家统计局的调查结果显示：“2010 年以来农民工总量增速持续回落(见图 1)。近三年本地农民工人数增速也在逐年回落，但增长速度快于外出农民工增长速度。”①

① 中华人民共和国国家统计局：《2014 全国农民工监测调查报告》。

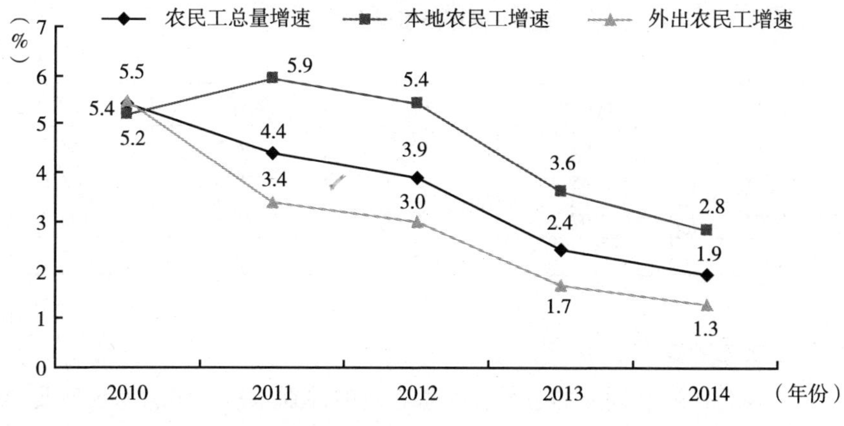

图 1　农民工总量增长速度

这表明，农民工不仅群体规模还在继续扩大，而且返乡农民工的群体规模也在继续扩大。返乡农民工的就业，特别是创业问题将变得十分严峻和紧迫。

二　农民工的返乡创业意愿

打造大众创业、万众创业新引擎，就必须要重视农民工这个“双创”特殊群体，激活农民工的潜能和“双创”积极性。为此，首先要了解农民工的返乡创业意愿，才能有针对性地实施和落实相关的政策，取得实实在在的成效，实现预期的目标。

（一）农民工的返乡创业态度

在问及是否愿意返乡创业问题时，68.5% 的农民工愿意返乡创业，10% 的农民工表示不愿意返乡创业，21.5% 的农民工暂时还没有明确的态度（见表 4）。这表明：大多数的农民工愿意返乡创业，其态度明确，具有强烈的创业意愿和积极性（单样本卡方检验，D = 260.186，P = 0.000 < 0.05，拒绝原假设，具有统计学意义）。

表4　是否愿意返乡创业

单位：人，%

项目	频　率	百分比	有效百分比	累积百分比
愿意	309	68.5	68.5	68.5
不愿意	45	10.0	10.0	78.5
说不清楚	97	21.5	21.5	100.0
合计	451	100.0	100.0	

1. 性别与返乡创业态度

调查表明：返乡创业的态度存在着一定的性别差别，愿意返乡创业的农民工中，男性仅高于女性0.9个百分点，无显著差异；不愿意返乡创业的男性占13.9%，高于女性7.5个百分点，存在着较大的差异，表明男性比女性更偏好在外地创业；返乡创业态度不确定的女性占25.5%，高于男性8.4个百分点，表明女性的选择更具有模糊性（见表5）。

表5　是否愿意返乡创业/性别交叉

单位：人，%

<table>
<tr><td colspan="3" rowspan="2">项　目</td><td colspan="2">性　别</td><td rowspan="2">合计</td></tr>
<tr><td>男</td><td>女</td></tr>
<tr><td rowspan="6">是否愿意返乡创业</td><td rowspan="2">愿意</td><td>计数</td><td>149</td><td>160</td><td>309</td></tr>
<tr><td>性别中的比例</td><td>69.0</td><td>68.1</td><td>68.5</td></tr>
<tr><td rowspan="2">不愿意</td><td>计数</td><td>30</td><td>15</td><td>45</td></tr>
<tr><td>性别中的比例</td><td>13.9</td><td>6.4</td><td>10.0</td></tr>
<tr><td rowspan="2">说不清楚</td><td>计数</td><td>37</td><td>60</td><td>97</td></tr>
<tr><td>性别中的比例</td><td>17.1</td><td>25.5</td><td>21.5</td></tr>
<tr><td colspan="2" rowspan="2">合　计</td><td>计数</td><td>216</td><td>235</td><td>451</td></tr>
<tr><td>性别中的比例</td><td>100.0</td><td>100.0</td><td>100.0</td></tr>
</table>

2. 年龄与返乡创业态度

调查表明：各年龄段的农民工主体都愿意返乡创业，但存在一定的差别。30~45岁、45~55岁的农民工愿意返乡创业的意愿更强烈，不愿意返乡创业的意愿或模糊态度也低于其他年龄组（见表6）。

表6　是否愿意返乡创业/分组年龄交叉

单位：人，%

项　目			分组年龄				合计
			18～30岁	30～45岁	45～55岁	55岁及以上	
是否愿意返乡创业	愿意	计数	132	126	42	9	309
		分组年龄中的比例	62.9	75.4	72.4	56.2	68.5
	不愿意	计数	24	16	3	2	45
		分组年龄中的比例	11.4	9.6	5.2	12.5	10.0
	说不清楚	计数	54	25	13	5	97
		分组年龄中的比例	25.7	15.0	22.4	31.2	21.5
合计		计数	210	167	58	16	451
		分组年龄中的比例	100.0	100.0	100.0	100.0	100.0

3. 文化程度与返乡创业态度

调查表明：各类文化程度的农民工中，愿意返乡创业的均占多数，但大专文化程度的农民工的意愿最为强烈；其次是高中以下文化程度的农民工；不愿意返乡创业的以高中及中职文化程度的占多数（见表7）。

表7　是否愿意返乡创业/文化程度分组交叉

单位：人，%

项　目			文化程度				合计
			高中以下	高中及中职	大专	本科及以上	
是否愿意返乡创业	愿意	计数	160	77	59	13	309
		文化程度中的比例	70.2	61.6	76.6	61.9	68.5
	不愿意	计数	16	23	4	2	45
		文化程度中的比例	7.0	18.4	5.2	9.5	10.0
	说不清楚	计数	52	25	14	6	97
		文化程度中的比例	22.8	20.0	18.2	28.6	21.5
合计		计数	228	125	77	21	451
		文化程度中的比例	100.0	100.0	100.0	100.0	100.0

4. 外出务工时间与返乡创业态度

调查显示：农民工外出务工时间的长度对其返乡就业的态度不存在显著的影响。不管外出务工的时间长短，绝大多数的农民工愿意返乡创业（见表8）。

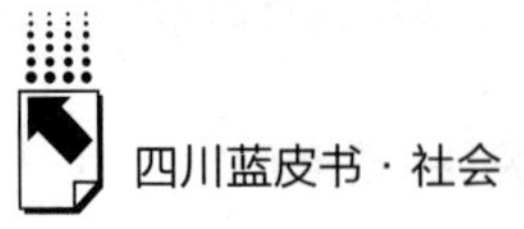

表 8　是否愿意返乡创业/外出务工时间交叉

单位：人，%

项　目			外出务工时间				合计
			3 年以下	3～5 年	5～10 年	10 年及以上	
是否愿意返乡创业	愿意	计数	189	88	30	2	309
		外出务工时间中的比例	68.7	67.2	69.8	100.0	68.5
	不愿意	计数	26	16	3	0	45
		外出务工时间中的比例	9.5	12.2	7.0	0.0	10.0
	说不清楚	计数	60	27	10	0	97
		外出务工时间中的比例	21.8	20.6	23.3	0.0	21.5
合计		计数	275	131	43	2	451
		外出务工时间中的比例	100.0	100.0	100.0	100.0	100.0

5. 人均家庭收入与返乡创业态度

人均家庭收入一定程度上代表着创业者的经济实力。各收入状况的农民工主体都具有明确的返乡创业态度，但存在着较大的差异，人均家庭收入相对较高的农民工愿意返乡创业的占 83.3%，分别高于低收入和中等收入农民工 14.4 个和 26.2 个百分点；低收入的农民工高于中等收入的农民工 11.8 个百分点。这表明低收入农民工的生存型创业和高收入农民工的发展型创业意愿均比中等收入农民工要强烈，小富即安的思想还在一定程度上存在（见表 9）。

表 9　是否愿意返乡创业/人均家庭收入交叉

单位：人，%

项　目			人均家庭收入			合计
			3 万元以下	3 万～5 万元	5 万元及以上	
是否愿意返乡创业	愿意	计数	283	16	10	309
		人均家庭收入中的比例	68.9	57.1	83.3	68.5
	不愿意	计数	40	4	1	45
		人均家庭收入中的比例	9.7	14.3	8.3	10.0
	说不清楚	计数	88	8	1	97
		人均家庭收入中的比例	21.4	28.6	8.3	21.5
合计		计数	411	28	12	451
		人均家庭收入中的比例	100.0	100.0	100.0	100.0

对上述影响农民工返乡创业态度的因素进行相关分析后，可以发现：性别、年龄、文化程度、外出务工时间和人均家庭收入等因素与是否返乡创业的态度之间的相关系数的绝对值均小于0.3，无线性相关关系。应该注意的是：这些因素虽然对农民工返乡创业的意愿影响不大，但却较大程度地影响着其返乡创业的行为（见表10）。

表10　相关性

项　目		是否愿意返乡创业
年龄	Pearson 相关性	-0.073
	显著性(双侧)	0.121
	N	451
是否愿意返乡创业	Pearson 相关性	1
	显著性(双侧)	
	N	451
文化程度	Pearson 相关性	0.017
	显著性(双侧)	0.725
	N	451
性别	Pearson 相关性	0.056
	显著性(双侧)	0.232
	N	451
人均家庭收入	Pearson 相关性	-0.011
	显著性(双侧)	0.822
	N	451
外出务工时间	Pearson 相关性	-0.009
	显著性(双侧)	0.856
	N	451

（二）农民工返乡创业的行业意向

农民工主体都有着明确的返乡创业态度，在其意向创业行业中，商贸个体经营行业是其首选，占32.2%，其次是工业和种养殖业，分别占16.9%和13.1%，但17.7%的农民工并没有明确的创业行业意向（见表11）。

表 11　最想从事的创业行业

单位：人,%

行业	人数	百分比	有效百分比	累积百分比
种养殖业	59	13.1	13.1	13.1
工业	76	16.9	16.9	29.9
服务业	55	12.2	12.2	42.1
商贸个体经营	145	32.2	32.2	74.3
旅游业	36	8.0	8.0	82.3
不知道	80	17.7	17.7	100.0
合计	451	100.0	100.0	

（三）返乡创业的制约因素

返乡创业态度要转变为创业行为受到很多因素的制约。在这些因素中，缺少资金是最大的制约因素，占 39.0%，其次是找不准市场，占 18.4%，再次是缺少合适的创业项目，占 14.7%，缺少技术占 11.8%，资金、市场、项目和技术是农民工返乡创业的主要制约因素，依靠他们自身的能力很难得到有效的解决（见表 12）。

表 12　返乡创业的制约因素

单位：人，%

项　目	人数	百分比	累积百分比
缺少资金	176	39.0	39.0
缺少合适的项目	66	14.7	53.7
缺少技术	53	11.8	65.4
缺少管理经验	23	5.1	70.6
创业环境较差	27	5.9	76.5
找不准市场	83	18.4	94.9
其他	23	5.1	100.0
合　计	451	100.0	

（四）返乡创业需要的政府扶持

在农民工返乡创业急需的政府扶持措施中，排在第一位的是提供低息或者免息贷款支持，占71.8%；排在第二位的是提供创业优惠政策（如减免税收、降低创业门槛等），占51.9%；排在第三位的是提供创业帮扶服务，占45.5%；排在第四位的是提供创业信息，占39.7%。这表明农民工返乡创业需要的政府扶持方向是资金、税收等优惠政策及帮扶服务和职业技能培训（见表13）。

表13　需要的政府扶植

单位：人，%

项　目		响应		个案百分比
		人数	百分比	
政府扶持	提供职业技能培训	162	12.0	35.9
	提供低息或免息贷款	324	23.9	71.8
	提供创业帮扶服务	205	15.2	45.5
	加大对企业用工的劳动保护监管力度	131	9.7	29.0
	提供创业信息	179	13.2	39.7
	提供创业技术指导和帮扶	112	8.3	24.8
	提供创业优惠政策（如减免税收、降低创业门槛等）	234	17.3	51.9
	其他	6	0.4	1.3
总　计		1353	100.0	300.0

三　大众创业万众创新政策

国家为了打造大众创业、万众创新新引擎，开展了一系列的改革、做出了一系列的制度政策安排，出台了相应的支撑措施（见表14）。

从对“双创”政策的梳理中，我们可以发现以下内容。

第一，国家推进实施“双创”具有全面、重大、深远的战略意义。“双创”是要以创新驱动为核心、以创业为突破口，通过体制机制的改革创新，清除发展的阻力，形成以大型企业为龙头、小微企业丛生发展的新格局，以

表 14　大众创业万众创新政策措施

主要方面	细化措施	具体内容	目的
创新体制机制	公平竞争市场环境	转变政府职能;清理并废除妨碍创业发展的制度和规定;出台公平竞争审查制度;清理规范涉企收费项目;建立和规范企业信用信息发布制度	实现创业便利化
	商事制度改革	“三证合一”、“一照一码”;“一址多照”、集群注册等;市场准入等负面清单;企业简易注销试点	
	创业知识产权保护	研究知识产权保护办法;建立全国知识产权运营公共服务平台;建立快速维权与维权援助机制;实施惩罚性赔偿制度;完善权利人维权机制	
	创业人才培养与流动机制	全社会创业教育和培训制度化、体系化;创业实训体系建设;创业创新知识普及教育;破除人才自由流动制度障碍;建立创业创新绩效评价机制	
优化财税政策	加大财政资金支持和统筹力度	加大对创业创新支持力度,设立创业基金;为众创空间等孵化机构给予政策优惠	强化创业扶持
	完善普惠性税收措施	小微企业发展、科技企业孵化器税收优惠;创业投资企业享受70%应纳税所得额税收抵免;国家自主创新示范区税收试点;特殊人员创业就业税收优惠	
	发挥政府采购支持作用	促进中小企业发展的政府采购政策;加大创新产品和服务的采购力度	
搞活金融市场	优化资本市场	发行票据融资;债券市场筹集资金;建立战略新兴产业板;中小微企业的区域性股权市场;发行小微企业增信集合债等企业债券创新品种	实现便捷融资
	创新银行支持方式	创业创新活动的股权和债权融资支持;创业企业一站式系统化金融服务	
	丰富创业融资新模式	引导和鼓励众筹融资平台规范发展;丰富完善创业担保贷款政策;发展创业创新相互保险等新业务;支持知识产权金融发展	
扩大创业投资	建立和完善创业投资引导机制	做大直接融资平台;建立新兴产业创业投资考核评价体系;设立国家新兴产业创业投资引导基金和国家中小企业发展基金;发展联合投资等新模式;探索建立风险补偿机制;加强创业投资立法;发展基金协同联动;创业投资行业自律	支持创业起步成长
	拓宽创业投资资金供给渠道	新兴产业“双创”示范基地;发展投贷联动、投保联动、投债联动等新模式	

续表

主要方面	细化措施	具体内容	目的
扩大创业投资	发展国有资本创业投资	鼓励国有资本参与创业投资;设立国有资本创业投资基金;完善国有创业投资机构国有股转持豁免	支持创业起步成长
	创业投资“引进来”与“走出去”	放宽外商投资准入;加大对境外高端研发项目的投资	
发展创业服务	加快发展创业孵化服务	大力发展新型孵化器;完善投融资模式;完善技术支撑服务;设立境内外新型创业孵化平台	构建创业生态
	大力发展第三方专业服务	加快发展第三方专业化服务,不断丰富和完善创业服务	
	发展“互联网+”创业服务	加快发展“互联网+”创业网络体系,降低全社会创业门槛和成本;向创业者开放计算、存储和数据资源	
	研究探索创业券、创新券等公共服务新模式	为创业者和创新企业提供社会培训等服务	
建设创业创新平台	打造创业创新公共平台	建立创业政策集中发布平台;创新挑战大赛;建立再创业指导和援助机制	增强支撑作用
	用好创业创新技术平台	开放国家级科研平台(基地);建立技术转移平台领军企业创建特色服务平台;军民创新资源融合	
	发展创业创新区域平台	打造若干具有全球影响力的创业创新中心;实施小微企业创业基地城市示范;出台各具特色的地方支持政策	
拓展城乡创业渠道	支持电子商务向基层延伸	发展市场化网商创业平台;推动农村依托互联网创业;发展面向中小网商的融资贷款业务	实现创业带动就业
	支持返乡创业集聚发展	建立返乡人员创业联盟;打造具有区域特点的创业集群和优势产业集群;完善家庭农场等新型农业经营主体发展环境	
	完善基层创业支撑服务	加强公共服务体系、职业技能培训体系建设;支持社区创业者创业;引导和鼓励行业龙头企业为基层创业提供支撑	
加强统筹协调	加强组织领导	建立大众创业万众创新部际联席会议制度	完善协同机制
	加强政策协调联动	建立政策协调联动机制	
	政策落实情况督查	建立政策措施落实情况督查督导机制、执行评估体系和通报制度	

培育和催生国家经济和社会发展的新动力。“双创”是要强化全社会的创新观念，厚植创新文化，营造创新创业生态环境，培育全社会共同的创新价值追求和行为习惯，以激活全社会的创新潜能，激活全社会的创新动力，并以全局的新动力为驱动，以创业带动就业为抓手，让更多的人富起来，以实现民富国强的长远发展目标。“双创”以发展动力、发展手段和发展目标协调一体，从根本上破解了经济和社会长久发展的基础型难题。

第二，“双创”的制度安排、政策措施，具有全面性和系统性。“双创”的制度安排和政策措施从创新体制机制、优化财政税收、搞活金融市场、扩大创业投资、发展创业服务、建立“双创平台”、激活创业活力、拓展城乡就业渠道、加强统筹协调等方面，去破解“双创”瓶颈，清除发展的阻力，激活发展的原动力，强化发展的助推力，力图实现创业便利化、强化创业扶持、实现便捷融资、支持创业企业起步成长、构建创业生态、增强支撑作用、发展创新型创业、以创业带动就业和完善协调机制等协同发力，确保“双创”战略的顺利推进。

第三，“双创”的政策措施具有普惠性和导向性。在“双创”参与的主体方面，包括个人、企业、社会组织等均具有公平机会，任何主体的自愿参与，都可以获得同等的机会；在税收减免、“双创”服务、“双创”平台、“双创”生态等方面都可以均等受益，普惠的政策红利是“双创”的利好。同时“双创”政策也具有明确的导向性，对“双创”的基础性、公共性、重大项目、龙头行业企业、重点特殊主体也给予了特殊和倾斜性的重点扶植。这充分体现了培育龙头、带动集群的协调发展思想。

第四，“双创”战略的实施是一个长期的过程，是一个涉及面广、参与主体多、任务繁重的系统工程。相关的政策措施勾画出了总体的框架，确定了明确的方向和目标。在实践的场面上还需要不断探索完善，在一些局部领域也还可能存在较大的风险，但从经济和社会发展的全局和长远的角度来看，只有坚定不移地推进“双创”战略，才能获得经济和社会发展的新动力。

四 农民工返乡创业意愿的政策支撑

从广泛的意义上讲，创新创业是人类社会生存和发展的基本驱动力，一直存在于社会生产、社会生活之中。在特殊的经济社会发展时期，国家推进“双创”战略，打造经济社会发展的新引擎，培育、催生经济、社会发展的新动力，具有特别的历史意义。积极地参与“双创”既是国家的需要、社会的需要，也是每一个社会生产主体、生活主体的需要；农民工作为社会生产和社会生活的主体之一，积极参与“双创”责无旁贷。

调查表明：农民工不仅有着参与“双创”的积极性，而且具有明确而强烈的返乡创业意愿。但仅有意愿，是不够的，还必须要将意愿付诸行动，才能实实在在地参与到“双创”活动中去，才能有效地改善自身的生存和发展问题。

（一）农民工返乡创业的动力系统

农民工返乡创业是一种行为，这种行为的实现必须要一个动力系统的推进。农民工返乡创业动力系统的结构如图 2 所示。

从农民工返乡创业的动力系统关系中，我们可以发现：创业行为的产生需要动力系统的驱动；原动力是具有决定性的，支撑力承载着原动力的延续和实现，助推力强化原动力和支持力，要形成有效、强大的系统动力，以实现创业行为，必须要动力系统内各分力的协同整合，形成有效合力。单一的分力，均不足以形成强大的动力，在一定时期，支撑力和助推力还可能变成阻力，减弱原动力。

（二）返乡创业意愿的政策支撑

返乡创业意愿是农民工创业者创业原动力的具体体现，是具有决定性的创业因素，同时也是国家和社会需要的一种表现。农民工返乡创业意愿的实

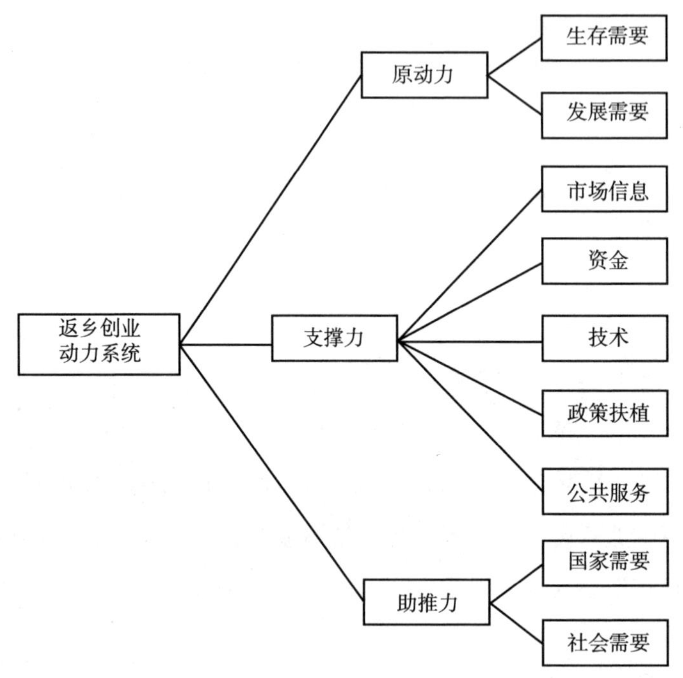

图2　返乡创业动力系统结构

现不仅需要自身的原动力，还需要有效的支撑力和助推力，形成协调的合力。创业原动力来源于农民工创业者自身的需要，创业支撑力和助推力主要来自国家的政策和社会创业平台和创业生态，创业者需要积极地参与才可能获取。

依据农民工返乡创业意愿、创业动力系统结构和国家的“双创”政策；我们可以对农民工返乡创业的动力和国家“双创”政策的支撑力度做出初步的评估（见表15）。

评估有以下发现。

第一，农民工的返乡创业动力依然较弱。在国家强力推进“双创”战略的背景下，强大的助推力激活了其创业原动力，他们表现出了强烈的返乡创业意愿，但其创业的原动力主要来自生存的需要，其创业仍然属于生存型创业。

表 15 返乡创业动力及政策支撑评估

项目		指标	权重系数	分值(100 分)
返乡创业动力	原动力	生存需要	0.40	40
		发展需要	0.10	5
	支撑力	市场信息	0.09	3
		资金	0.16	3
		技术	0.04	1
		政策扶植	0.07	3
		公共服务	0.04	2
	助推力	国家需要	0.05	5
		社会需要	0.05	5
总计			1.00	67

第二，农民工返乡创业动力较弱的主要原因在于缺少有效的支撑力。支撑力缺少一方面在于农民工自身的创业条件有限，不能自我支撑；另一方面在于国家政策尚未有效给力。

第三，国家“双创”政策和措施的落实尚需一定时间才能起到预期的实效。目前，“双创”政策战略才处于起步阶段，一系列的制度、政策安排和落实才处于试验和探索阶段，重大项目、重大工程的建设刚刚起步，预期的支撑作用尚未展示出来。

第四，普惠制的“双创”政策对农民工返乡创业的支撑作用十分有限。返乡农民工的创业在主体上属于生存型创业，由于自身创业条件的限制，他们主要的创业方向还是低技术含量、低资金门槛的行业，这类创业本身就难以获得政策的扶植，而且作为创业的弱势群体，在普惠创业的情景中，他们必然处于创业竞争的弱势地位，创业空间十分有限。再者，“双创”政策的主要导向是“高、新技术”、“龙头企业”、“小微企业集群”，多数的农民工，特别是经济欠发达地区的农民工返乡后，几乎没有参与的机会。

第五，返乡创业的瓶颈难以突破，严重制约着农民工返乡创业。以前针对农民工返乡创业实施的各种政策措施，及开展相关活动很多，但均没有收到预期的效果，主要的原因在于不能有效突破农民工返乡创业的瓶颈，资金、技术、市场等问题是农民工返乡创业的主要瓶颈，依靠他们自身的力量，很难解决。如果没有针对性强、能有效突破瓶颈的政策扶持，农民工返乡创业将会长期受到创业瓶颈的制约。

第六，从发展的角度讲，“双创”战略和政策实施对农民工返乡创业是一大中长期利好。但如果没有更多的、更有效的、针对农民工返乡创业的政策扶植，作为创业弱势群体的农民工不仅近期难以受益，输在起跑线，而且中长期的发展形势也将变得更加严峻。

五　建议

万众创业少不了农民工，少不了农民工返乡创业。在打造经济社会发展新引擎的战略中，要特别关注农民工这个弱势创业群体的生存型创业。因此，在强力推进“双创”政策落地的同时，还应该抓好以下工作。

第一，开展农民工返乡创业精准帮扶。要通过精准识别，将具有明确创业意愿的返乡农民工纳入帮扶对象，建档登记，开展有针对性的创业辅导和创业指导；实施精准对口帮扶、切实因人因事帮助返乡创业农民工破解创业瓶颈；实行动态管理，及时帮助农民工解决创业过程中的困难，力争做到返乡农民工积极创业、创得起业、守得住业。

第二，统筹协调返乡创业扶植、新农村建设和新型城镇化建设等涉农工作，科学规划，协调推进，充分提高有限的专项资金的综合效率，推进农村各项工作的协调发展，力争实现效益的最大化。

第三，着力培育区域特色创业龙头。依据本地区的资源优势，确立创业发展集群小微企业的方向，选育创业相关产业的龙头企业，进行重点培育，充分发挥其在市场信息、技术、资本等方面的优势，充分发挥其资源优势的辐射带动作用，破解经济欠发达地区和返乡创业农民工的创业瓶颈，形成特色化的区域创业集群。

B.18

灾后艾滋病防治应急响应机制

——四川9县调查报告

王曙光*

摘　要：　目的：为四川灾区县一级政府建立灾后艾滋病防治应急机制的政府决策提供调查依据。方法：利用开放式访谈提纲，以非匹配样本访谈的质性资料收集方式，对四川5·12地震灾受到严重影响的9个县（市）疾病预防与控制中心以及政府其他相关部门、受艾滋病影响的脆弱人群进行有关艾滋病防治的社区公共卫生综合应急策略访谈调查。结果：虽然灾区基层艾滋病防治应急已经具备一些工作基础，但处于缺乏组织协调的局部分散状态。结论：及时梳理和整理紧急状态下基层艾滋病防治应急的关键工作环节，是促进当地政府探索社区公共卫生综合应急策略在艾滋病和其他感染疾病防治应急工作方面能够加以延伸的必要路径。

关键词：　灾难　艾滋病防治　应急机制　政府决策　四川

一　背景

四川5·12汶川大地震灾后的恢复重建，以及近些年灾区频繁发生的山

* 王曙光，四川省社会科学院社会学研究所研究员。

体滑坡及洪涝灾害的应对，在各级政府和社会救援组织的共同努力下，对于灾后疫情的发生进行了有效控制。然而，一个显而易见的不足是，受四川“5·12”汶川大地震影响，各地区当地政府各项灾害救助的预案中，由于缺乏有关灾后艾滋病防治相应的应急机制，因而面临许多方面问题的挑战。虽然艾滋病不是急性传染疾病，在紧急情况下的短暂工作停顿也是可以接受的，但艾滋病确有紧急情况不能忽视的重要事项，例如：大量抗震救灾人员进入灾区进行伤员抢救过程中普遍存在的职业保护问题。灾难发生的紧急状态下，由于医疗和公共卫生系统遭到破坏，卫生医疗结构和疾病预防控制部门与艾滋病感染者和病人及时取得联系成为普遍面临的问题，进而对感染者和患者的抗病毒治疗、美沙酮供给、清洁针具供应、母婴阻断工作以及对他们的多方面及时的关怀救助、随访工作的实施和有效管理都必然会造成不同程度的影响。而且，灾难使道路交通、社区组织、资讯通信、经济生活、房屋建筑等方面受到严重影响，进而对高危人群的监测和日常宣教工作也受到严重冲击，由此更进一步加深了艾滋病流行地区妇女儿童、校外青少年、社区流动人口以及偏远贫困农村和少数民族地区人口受艾滋病及相关传播疾病的影响。

与此同时，灾难发生后艾滋病防治工作的有效响应也存在诸多问题的挑战。由于医疗卫生及相关部门承担着灾后防疫、灾区消毒、外来援助人员分配、救灾人员的生活保障、受灾地区人群的救助、灾区临时居住点及流动人口艾滋病及其他性传播疾病预防宣传和干预等多方面的工作，在没有灾后艾滋病防治应急机制及其必要的资源储备和救灾人员事先进行专业培训的情况下，各个部门由于缺乏经验，灾后艾滋病工作会在不同程度的盲目无序的状态下各自进行。救护人员、医生和志愿者的职业保护，遭受创伤的艾滋病感染者和病人医疗救护和转移过程中涉及的避免交叉感染和保护隐私问题，受艾滋病影响家庭遭受系列打击后的经济生活困境与心理救助等问题，都可能在灾难紧急状态下和灾后繁重的救灾工作中被忽略。

虽然，针对这方面问题，在广泛介绍国际经验工作的基础上，中国政府－联合国儿童基金会四川灾区艾滋病防治合作项目先期工作对此做了初步的探索，但在实际工作的开展中，尤其是在随后一系列的赈灾工作中，灾后艾滋病防治应急响应机制的建立仍然是一个有待从社区共同体的视角深入探讨社区公共卫生综合应急策略的问题。因此，就如何帮助灾区当地政府建立艾滋病防治灾后应急机制提供必要的决策依据，该调查研究在结合国际相关文献和先期试点探索工作的基础上，对四川灾区 9 个县（市）开展了调查。目的在于在近两年灾区各县项目点活动开展提供经验，同时在目前选择的重点县进一步有针对性开展的现场调研和广泛讨论的基础上，通过提供切实可靠的数据和调研信息，以政策层面的报告建议方式，希望能够为有效促进和推动当地政府建立灾后艾滋病防治应急机制的建立提供支持。同时也是对突发性灾难事件中，当地政府灾后艾滋病防治工作如何能够做出有效响应的一项地域广泛的探讨工作。需要强调的是，这个阶段提供的仅仅是调查报告，主要是突出调查所获得的受访者提供的有价值的信息和发现，并且也是为下一步形成“促进当地政府建立灾后艾滋病防治应急机制政策建议”提供证据。

二　方法

调查是中国政府 - 联合国儿童基金会四川灾区艾滋病防治合作项目的一个组成部分。项目组合作成员单位包括联合国儿童基金会中国办事处项目办公室、四川省社会科学院社会学研究所、四川省疾病预防控制中心以及四川大学中国 - 澳大利亚跨文化健康促进研究中心。

调研地区选择了受四川“5·12”汶川大地震影响有代表性的 9 个地点，即绵阳市、北川县、马尔康县、汶川县、茂县、西昌、凉山州冕宁县、成都崇州市以及雅安石棉县，基本覆盖了主要重灾区、主要少数民族社区以及受灾影响的偏远地区。而作为地区级的绵阳市、阿坝州、凉山州还提供了当地其他非项目点地区的广泛信息。北川县、汶川县、崇州市、石棉县承担了该调查的前期探索工作和访谈试点。调查采用的“开放式访谈提纲”是在先前调查试点基础上形成的，并在个案访谈与小组讨论中采用。全部 9 个项目点在2011～2013年共有312人次接受了访谈，其中艾滋病感染者、病人、高危及脆弱人群受访者104人次，疾病预防控制部门113人次，当地教育、民政、妇联、医院、计生委、红十字会等政府部门和社区组织中的负责人和相关人员95人次。采用贝耶斯Meta－分析方法对资料进行概括和内容分析。

三 结果

（一）早期面临的应急问题

1. 缺乏应急机制

“5·12”汶川大地震灾害发生前，由于所调查地区均没有建立艾滋病防治应急机制，在灾难发生时，相关部门人员难以开展有序的应急工作。无论是针对感染者和病人的救助，还是针对普通人群的宣传教育，当时均显得无章可循，因而不仅存在着艾滋病在灾区人群中传播的潜在风险，而且对感染者和艾滋病病人在紧急状态下的管理也面临多方面的挑战。正如许多受访者所描述的，由于以往缺乏这方面的准备，灾难发生时，抢救伤员作为压倒性的任务，卫生和疾控部门必然将全部注意力集中到伤员的救治和公共卫生应急方面，如消毒、环境卫生、饮水卫生等。同时也因为与当地艾滋病感染者和病人失去联系，针对他们的救助与管理处于临时中断状态。针对一线救援人员和临时板房居住点普通人群开展的艾滋病防治宣传也面临很大挑战。

2. 防治工作被迫中断

灾难造成的艾滋病防治工作的中断在5·12抗震救灾期间是普遍性问题。这首先因为地质灾害造成的道路和通信破坏致使卫生、疾病预防控制部门与艾滋病感染者和病人联系中断。这种情况在道路交通和地域环境条件较差的地区显得尤其突出，如汶川县、茂县、北川县和绵阳市在5·12灾难发生时，医护人员与艾滋病感染者和病人的联系中断。一些感染者和病人随转移人群四处流动、难以集中，同时也由于交通阻断，无法与他们保持正常联系。即使是在临时聚居地，当时也没有针对性的管理措施。在凉山州的冕宁、昭觉、美姑，当地吸毒人员大多为彝族，他们平时就习惯流动、联系方式常变更，地震期间对他们的管理变得更加困难。因此，灾难期间对这个群体中受伤人员情况的信息难以掌控，病人抗病毒治疗无法保证，机会性感染无法及时得到救治。

3. 公众卫生教育面临挑战

在板房临时居住区，对公众及时开展灾后艾滋病预防教育是必要的。但是灾难发生后伤员的紧急救治和人群疏散使人群中的艾滋病预防宣传缺乏条件。特别是面临人群大量流动和受灾难影响群众心理尚缺乏稳定，在其他公共卫生任务繁重的情况下，除了在安置点开展一些有限的、零星不全面的和随意性的宣传工作外，绝大部分受灾地区均没有这方面的计划工作开展。而在羌族、藏族、彝族少数民族裔社区，人群中要开展族群文化适宜的性健康教育与艾滋病防治宣传，在没有预案准备的情况下，更面临着文化不适宜的敏感性问题。其他方面还包括：由于专业人员培训面有限，在面临灾情时如何避免职业暴露、恰当处理艾滋病病人的特殊问题；避免延误诊疗、断药、隐私保护等方面问题。另外，由于必要设备和物质储备的有限性，针对包括受艾滋病影响在内的所有需要救护的伤员都存在着医疗卫生物资保障不够充分的普遍性问题，如手术器材、防护用品、检测试剂、治疗药品等出现储备不足的情况；并且由于灾区受艾滋病影响的人群大多生活在偏远贫困山区，因灾致贫和因灾返贫致使他们遭受一系列打击而面临社会－心理方面的种种危机。此外，感染者因为自身情况，找工作难，在申请“低保”和抗机会性感染医疗费方面仍然存在障碍；社会民间组织和非政府组织在这类条件艰苦的地区开展针对他们的救助工作非常有限等。

（二）应急响应规划进展情况

5·12 汶川大地震以后，四川灾区参与调查的 9 个县、市的政府相关部门对灾后艾滋病防治应急有关的方案规划工作主要有以下两种不同的进展。

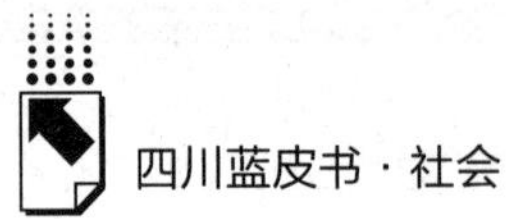

1. 综合性预案“台面”和“台后”的艾滋病防治工作信息

5·12汶川大地震后，灾区各县地方政府大多着手计划并出台了突发公共卫生事件应急响应综合性灾害救治预案。灾区各县、市地方政府各部门也开始在此基础上制定了相应的部门响应应急预案。但是，由于艾滋病不是急性传染疾病，当地突发公共卫生事件应急处置综合性预案中，一般都没有就艾滋病这一单病种在紧急状态下的防控做出专门的预案方案。不过，又由于艾滋病确有紧急情况不能忽视的事项，因而这项调查也注意到了，在参与此项调查的许多灾区县、市地方政府的综合性救灾防病方案的“台面”和“台后”实际上也包含了紧急状态下与艾滋病预防密切相关的一些必要措施以及计划考虑的重要信息。比如凉山州、冕宁县、绵阳市、北川县、汶川县、茂县在近几年形成的灾害救治与突发公共卫生事件应急处置的综合性救灾防病方案中，虽然没有就艾滋病的防控做出专门的预案，但是在综合性救灾防病方案的“台面”上，事实上明确包括了紧急状态下与艾滋病预防密切相关的基本注意事项，比如紧急情况下的采血、用血安全，紧急情况下的救护、防护安全问题在这些综合性救灾防病预案中都相应得到了反映。不过许多受访者也认为，尽管综合性救灾防病预案的响应机制已经逐步健全起来，但是，这主要是体现在协调机制的建设上，要将综合性救灾防病预案的响应机制落实应用于紧急状态下艾滋病防治工作，仍然需要根据各地疫情、地域、通往中心城市的道路交通、医疗资源与物资储备等许多具体情况进行必要的预案规划，而不仅仅是一个综合性框架“台面”上提及的那些简单注意事项。

另外，这个调查也特别注意到，艾滋病防治应急响应的广泛考虑和计划信息似乎更多的是作为计划考虑的信息储备方式“粘贴”在综合性救灾防病方案的“后台”。比如，调查点所在地的许多受访者都认为，综合性救灾防病方案中艾滋病防治方面的内容并不多，并且缺乏预案系统规划，然而，综合性救灾防病方案或许能够为紧急状态下艾滋病防治应急响应行动从台后迅速步入前台提供必要的条件。首先，综合性救灾防病方案已经建立了协调相关部门有针对性响应行动的基础，只要根据艾滋病防治应急响应的需要，综合性救灾防病方案就可以提供有针对性的应急支持。其次，综合性救灾防病方案的“后台”实际上存在着具体部门对于紧急状态下艾滋病防控应急响应工作在一定程度上的计划和考虑。是否需要将这些计划和考虑做成专门的预案，需要结合不同地区的情况来考虑。比如，凉山州的受访者普遍认为，虽然艾滋病作为慢性传染病在灾难紧急状态下可以行动暂缓，但是，对凉山州及布拖、昭觉、美姑、冕宁这样艾滋病疫情较为严重的县，综合性救灾防病方案中显然需要对艾滋病防治进行专门计划设置，这是自5·12汶川大地震以来，基于凉山州疫情背景因素方面的考虑，当地相关部门和受访的感染者病人，对于当地建立灾害救治与突发公共卫生事件应急综合性预案中涉及艾滋病防治有关内容给予持续关注的主要原因。特别是来自当地疾病预防控制和卫生医疗部门的一线工作者，他们突出强调了，综合性预案中除了有关采血、用血安全以及救灾工作中的职业保护基本注意事项外，还应该特别强调紧急情况下对于艾滋病防治的基本药物保障，比如抗病毒治疗、抗机会性感染与美沙酮等药品保障、清洁针具供应，以及与艾滋病感染者和病人及时联系。这些对于艾滋病疫情相对较严重、卫生资源以及地域环境偏远的彝族地区来说显得非常必要，毕竟当地受灾难人群中、潜在地包括了更高比例的受艾滋病影响的人群。在绵阳市和北川县以及阿坝羌族藏族自治州的汶川县、茂县、马尔康县也有着相似的情况。尽管艾滋病防控在这些地方都没有做出专门的预案，但是，综合性预案“台后”的艾滋病防治工作应急措施，在当地相关部门中却有较为广泛的思想准备，并在一定范围也有计划上的考虑。按照这些地区疾病预防控制与卫生部门的受访者的话来说，正是由于经历了5·12汶川大地震以及近些年灾区受地震影响频繁发生的山体滑坡及洪涝等地质灾害，灾后艾滋病防治应急工作才会作为灾区综合性救灾防病工作中的一个实际部分在疾病预防控制与医疗卫生部门相应地做出计划和给予安排上的考虑。内容广泛包括临时聚居点需要采取的紧急措施、职业保护宣传教育、感染者病人的信息管理、药品与其他必备物资的储备以及感染者和病人的管理等。与此同时，当地政府根据综合性救灾防病预案的实施情况，以及灾情及救灾工作的需求变化及时做出相关信息发布和行动部署，也是使综合性救灾防病预案能够以需求为导向，及时对相关领域的工作进行必要的资源配置与部门协调的一种有效、可行的响应模式。比如“4·20”芦山强烈地震灾后，四川省卫生厅就是通过及时发布“医疗卫生紧急救援情况”通知的形式，通过抗震救灾领导小组会同当地相关部门，对地震灾区传染病，包括艾滋病防控工作对雅安当地综合性救灾防病预案进行更为具体的指导和交流。因此，从一定意义上讲，综合性救灾防病预案实际上提供了协调相关部门有针对性响应行动的基础，进而能够起到灾难背景下的伤病员救治和各类急性传染疾病防控及时、迅速、有序、政令畅通，部门协调、合作机制运行的有效作用。

2.“无预案，有准备”

虽然，所有9个调查点所在地、市、县均没有专门针对艾滋病预防应急方案和应急预案规划，但是当地疾病预防控制和艾滋病定点医疗机构大都初步建立了以突发性公共卫生事件综合性救灾防病预案为基础的艾滋病防治应急工作的相关准备工作。虽然，这些必要的准备工作尚不能算严格意义上的应急预案。但的确可以看作是基于预案考虑的基础工作。除了凉山州、冕宁县、绵阳市、北川县、汶川县、茂县在综合性救灾预案中明确强调了紧急状态下采血、用血安全，紧急情况下的救护、防护安全等与艾滋病预防密切相关的基本注意事项外，其他调查点所在地区也不同程度地开展了灾后艾滋病防控应急处置实践探索。如马尔康县、石棉县、崇州市、绵阳市的疾病预防控制与医疗卫生部门，在“5·12”地震灾害发生后，在总结当时经验教训的基础上，针对当地情况可能面临的艾滋病防控应急，大都开展了相关准备工作。比如，马尔康县在阿坝州疾病预防控制部门的指导下，对灾后临时聚居点公共卫生环境中艾滋病感染源的防控措施、救灾一线人员职业保护教育以及药品储备进行了部署。汶川县、茂县、石棉县、崇州市疾病预防控制部门针对当地感染者和病人数量有限却流动频繁的特点，及时建立了紧急状态下保持联系和有效进行管理措施的准备工作等。

然而，调查也发现，除了医疗卫生和疾病预防控制部门，在对政府其他部门和社会组织工作人员的访谈中也注意到，虽然这些部门的受访人员也觉得当地政府综合性救灾防病预案中有必要建立艾滋病防治的多部门参与的协调机制，但具体方案措施的建议却不多，这些部门大多认为，建立艾滋病防治的应急机制主要还是医疗卫生和疾病预防控制部门的事，社区其他部门目前只需在综合性救灾防病预案基础上进行“配合”就行了。正是这种缺乏实际操作机制的社区多部门“配合”，让不少疾病预防控制部门的受访者对“社区基础上”的艾滋病防治的应急机制的建立感到困惑。因为，相对于社区共同体灾难应对方案整体框架，艾滋病防治只能作为公共卫生领域中一个相对特殊的层面，却涉及社区共同体广泛动员与多部门协作的大量实际工作。正是这种看似矛盾的情况一直困扰着疾病预防控制和医疗卫生部门的一线工作人员，让他们始终感到除了从部门业务管理角度有所准备外，不知如何使这项工作真正能够成为社区共同体灾难应对的一个受到足够重视的部分，这也使一些地方多部门协调的应急机制缺乏实际操作的状况几年来没有明显改变。

四　讨论：总结灾区调查、解读关键问题

从灾区项目点调查地区对紧急状态下艾滋病防控应急响应规划的基本进展情况可以看到，“5·12”汶川大地震以后，尽管调查项目点所在的县、市均没有针对灾难背景下艾滋病这个单一、慢性传染病的防控设置专门预案，但是，当地综合性救灾防病预案中大多附带有与艾滋病防控有关的信息，而且一些地方的相关部门对这项工作已有不同程度的计划考虑和部分工作的实际准备。这些都说明灾后艾滋病防控，实际上存在着各个方面的工作基础。但是，这个调查似乎同时也让我们看到，紧急状态下的艾滋病防控应急响应本来应当作为能够实际协调操作的完整计划，目前却主要还是作为“相关的注意事项”、“采取紧急措施的计划考虑”以及“非预案计划的药品的准备”几个大块，分散地出现在社区共同体灾难应对的相关预案的“台面”、“后台”和有限的部门当中。虽然综合性救灾防病预案能够为针对艾滋病防控应急响应提供重要协调工作基础，但的确不能取代可以用于实际操

作的系统方案的规划；更不能在突发性灾难事件发生时以及较长时期的灾害救治工作中，依据当时的需求情况临时调配组织来仓促应急。显然，目前尚处在计划考虑上相对零散、工作“板块”分散的这项工作，需要对其关键环节进行梳理，以便更清楚地知道作为应急机制的建立需要把握哪些关键环节，这对于促进这项工作能够恰当地与各地现有的综合性救灾防病预案结合，为灾后社区共同体恢复重建工作中持续、有效地发挥艾滋病防控作用提供必要的依据。因此，四川灾区 9 县调查中受访者的广泛见解，或许能够为这个问题的理解并寻求解决方案提供值得借鉴的思路。

（一）政府主导：强调正确行使行政权力

政府主导应该是不言而喻的。然而，受访者首先突出强调这方面问题显然并非表面看来那么简单。在调查点的许多当地疾病预防控制与卫生部门受访者看来，紧急状态下的艾滋病应急机制建立之所以需要提上议事日程，一个重要的原因就是，艾滋病问题在灾难发生时必须让位于伤病员的救治工作，随后，如果预案中没有对艾滋病灾后防控做出相应后续工作上的必要安排，没有对艾滋病防治的基本药物保障、艾滋病感染者和病人管理以及灾区流动人口中必要的行为干预等方面做出应急响应措施准备和程序上的运行指导，那么，政府主导在一些地方基层组织的行动，常常容易简单体现为主要领导个人的决策行事，特别是容易出现“当务之急可以暂缓、过后由具体部门去管”这种实际缺乏重视的被动局面。因此，为避免工作上出现被动、漏洞、重复、交叉、各行其是、仓促行动以及领导个人意志和盲目决断的情况，应急机制建立在政府行动层面上，除了强调明确主要分管领导在当地艾滋病防治工作委员会中的职责外，还特别需要强调政府对专家小组和专门部门负责制的授权，这是保证灾后应急行动科学性、合理性、可操作性的重要环节，更是正确行使行政权力的体现。因此，基层多部门为确保政府正确行使行政权力提供了广泛的建议，包括提高政府的正确认识；统一领导，分级负责；主要职能部门的专家小组参与联合制订预案；将艾滋病防治应急响应的政府动员机制通过当地社区综合应急方案中的一个方面明确体现出来。使这项工作真正能够在政府主导的社区灾难应对综合应急框架中正常运行。

（二）多部门配合：强调总体框架下的具体协调措施

灾后艾滋病防治应急响应需要在多部门配合下实施。然而，这样的机制在近些年的灾难应对中的真正建立尚需要更进一步的实践。首先，因为灾后紧急状态下，各个部门的工作重心是伤员救治和其他更为广泛的公共卫生问题。对于全程的用血安全与救护防护安全，以及后续的艾滋病的防控、感染者及病人联系与管理等，在涉及多部门协作方面的工作推动就难免会出现障碍。与此同时，多部门参与的社区支持方式始终存在与感染者、病人的隐私保护之间的矛盾。结果往往是除医疗卫生和疾病预防控制外的其他部门始终不知如何插手此事。从疾病预防控制与卫生部门的角度来看，社区共同体救灾行动总的框架内的多部门配合，目的也是为了针对不同灾难境遇中人群的有效救助。而艾滋病防治的特殊方面，则需要强调制定各司其职、职责明确的协调具体措施。也就是说，在应急机制启动后，社区各部门需要按照预案，在政府的统一部署下按其职能展开行动的过程中，兼顾艾滋病防治的有关工作程序。正如在许多地区曾经实践的那样，医院及疾病预防控制部门对受伤的感染者、患病者开展救治的同时，能够通过协调各路救援组织，协助对该类人员的联系、寻找、救援、疏散撤离以及进行指定区域的安排和管理。社区共同体多部门协调工作还包括与此问题有关的健康行为、禁毒、职业保护、社区反歧视、易感人群脆弱性降低等。所有这些都需要在社区救灾总体框架中以具体协调措施的方式“锚定”，从而避免被视为疾控与卫生部门分内事的情况。

（三）危机管理：强调自救动员的细致准备

社区抗击灾害的能力主要体现为是否能够有效地开展自救性危机管理应对，这是以广泛社区动员在资源和信息方面的细致准备工作为基础的。艾滋病防治应急响应显然也可以作为衡量灾难自救社区危机管理中的一个重要领域。9 县受访者对此从不同角度提供了许多建设性的建议。

第一，全民防范意识宣传应该整合于整个健教工作中。虽然职业保护教育重点是针对一线救护人员，但是，灾难营救同时可能涉及社区中的任何人，因此，平时的健康教育宣传也应该列入针对不同人群的职业保护教育的内容。第二，应急医学处理指导应该有明确的程序，包括由谁来进行职业暴露风险评估，又怎样在有限条件下进行应急消毒处理，如基本的防护用品知识、受伤者用自存的酒、酒精自我消毒，用干净的布简单包扎好伤口止血等技能。第三，职业防护物资储备方面，如防护用品、快诊检测试剂、消毒物品、预防性用药品等应有计划指导下的必要储备，同时需要在平时开展培训中演练使用。第四，信息管理方面，除了文档备份外，与各类目标人群保持联系的方式需要加强。对此应建立相应的联系机制或成立相应的联络小组。在道路破坏、通信中断的情况下，可以通过口头报告机制，通过乡村卫生院、社区关键人物在平时有关保密和紧急状态下的交流与报告方式培训的基础上，在灾难发生时第一时间将艾滋病感染者、病人及家人伤亡及受灾情况进行报告。第五，药品储备需根据当地疫情、高危人群分布、交通与社会经济状况、风俗习惯等进行量化需求评估来确定储备量，尤其是针对地质灾害频发、疫情也相对较重的偏远山区和少数民族地区，紧急情况下艾滋病治疗的刚性药品需求的保障问题，如抗病毒与抗机会性感染药物、美沙酮药品、清洁针具的保障等应该是这个环节的重点。第六，设备配备保障。考虑到灾难情况下室内进行血检的不安全性，许多医疗和疾控部门的受访者建议，如果条件许可，在灾难多发地区最好能以协作方式配备相应的检测车辆，车上应配备相应的设备和 HIV 抗体检测试剂、相应耗材如血清管、抗凝管和其他设备。此外，快速检测试纸也需要配备。举例来讲，如果阿坝州配备一辆这样检测车辆，则能够大体上覆盖州内的汶川、茂县、理县这些地质灾难频发地区，同时也能够对大面积草原地区的区、县、乡应急工作提供及时的支持。第七，经费储备与保障，除了对各地突发公共卫生贮备经费使用进行计划外，考虑到受灾严重地区金融机构不能及时提供服务，动员民间组织、私人以及私营企业为此项预案专门进行储备的方法应当受到重视。

（四）受灾区域：强调临时居住区的防治措施

调查点的大多数受访者都经历了5·12汶川大地震，因此对于地震发生后，当地群众在临时聚集地和板房居住区所面临的应急情况普遍认为需要特别重视。除了强调临时聚居点必要的公共卫生措施和医学处置与分区管理外，也还需要强调在不同层面开展艾滋病预防宣传教育。首先是针对救灾工作的普通人群的公共卫生、艾滋病防治以及义务献血方面的宣传教育。同时更要注意对随后进行的灾后重建过程中外来务工人员、农民工、流动人口进行疾病预防的健康教育。其次，对高危重点人群（IDUs、MSM、FSWs等）以及低收入者、社区边缘人群、流动打工群体和校外青少年等脆弱人群，要考虑信息交流以及安全套发放和提供清洁针具方式的适宜性和可接受性。汶川县、茂县、凉山州、冕宁县、崇州市、石棉县，在5·12汶川大地震灾区过度安置期间，由于缺乏特殊人群针对性的策略，简单采用普通人群的宣传和防治策略，不同程度上导致重点人群和脆弱人群远离主渠道的教育信息。再有，为感染者和病人家属提供必要的护理知识，防止家人在灾难事件中交叉感染，消除临时聚居点出现的歧视、鼓励同伴互助活动等工作尤其重要。另外，临时聚居地控制潜在的感染源方面，要防止那些未经检测且自己和他人均不知情的感染者对健康人群的病毒传播。因此，对临时搭建的居住区中的伤员、出血孕妇、临时生产的妇女、献血者进行艾滋病的阳性检测显得非常必要。

（五）预案实施：强调保障措施提前落实

在突发灾难事件应对综合预案框架的基础上，卫生行政及医疗机构与疾控部门按照预案启动应急措施必然涉及广泛实际工作的落实，如以上提到的临时聚居点疫情控制，救援工作的职业保护，资源储备启用，加强灾区艾滋病情况监测与报告，感染者及病人管理，其他高危、易感、脆弱人群的管理以及大众宣传教育和信息发布等。而这些都取决于平时工作中一系列保障措施的落实，包括，第一，技术保障，应实现卫生行政部门、医疗救治机构与疾病预防控制机构之间的信息共享，建立功能完善、反应迅速、覆盖城乡的突发公共卫生事件疫情信息网络应急机制和应急卫生救治队伍；第二，物资与经费保障的落实；第三，制度与法律保障，为了提高地方政府推进建立艾滋病防治应急机制的积极性，许多受访者在对这方面的建议中特别强调，需要采用必要的奖惩手段，给在规定时期内完成机制建立的县、市以较高额度的配套资金和其他方面的激励。有关部门应根据艾滋病防治应急机制建立过程中出现的新问题、新情况，加强调查研究，起草、制定、不断完善艾滋病防治的应急机制的法律、法规和规章制度，形成科学、完整、及时更新的艾滋病防治应急机制的法律和规章体系。

其他方面，北川、汶川、茂县和崇州市提供的信息还特别强调以预防为主的理念。认为建立艾滋病防治应急机制应当是在灾难危机发生之前就落实完成的工作。凉山州强调应当根据当地疫情的严重程度以及地域、经济、社会特点来选择建立艾滋病防治应急机制的工作方式。比如，对于疫情不严重的地区可以在当地综合性救灾防病预案的基础上添加必要的内容，而对于疫情严重的地区则需要更为系统的规划。因此，这项工作重点不应该仅仅体现为领导导向、部门导向、计划导向，而应该是目标人群的需求导向、参与导向以及具体背景要求导向。马尔康、绵阳、石棉提供的信息中更是强调了应急机制的建立和落实，认为将讨论出来的建议写进方案容易，但关键是落实。

五　结论

建立基层政府艾滋病防治应急机制显然应该作为当地政府社区灾难应对整体框架中公共卫生应急预案的一个部分进行协调考虑，这是由灾难背景下及时救治伤员、安置受灾民众作为首要任务的工作所必然涉及的采血、用血安全救护、防护安全问题以及后续工作中的艾滋病防治和管理问题的实际要求所决定的。然而，这个相对于整个受灾社区群众，其目标人群覆盖面不仅有限，而且在灾难背景下更显得复杂和特殊的疾病防治应急机制，却从一个极具代表性的角度考验着社区共同体灾难应对的自救动员与危机管理能力。换句话说，相对于抢险、救灾、抢救受灾群众这个救灾工作的重中之重来说，处于相对次要位置和可以缓行的艾滋病防治，却要涉及社区动员的方方面面的工作。这种情况下，目前尚处于计划考虑上相对零散、工作“板块”较为分散状况的艾滋病防治，近些年在“社区基础上的艾滋病防治应急机制”的简单工作理念下，确实让基层一线工作人员在服从社区整体预案的框架前提下深感不知如何着手。但是，这个调查提供的信息又确切地让我们看到，建立紧急状态下的艾滋病防治应急机制，在灾区社区组织中所存在的具有较为完整的概念与实际机制的建立事实上只有一步之遥。如果这个问题目前仍然是社区共同体灾难应对中一块相对滞后的“短板”的话，那么，协助当地政府建立艾滋病防治应急机制的探索本身，又恰恰是作为提高社区共同体灾难应对整体框架水平的最好路径。尽快在基层政府决策层就此问题的理解达成普遍共识显然已经成为问题的关键。

参考文献

刘菲菲：《曾经陷入绝境，如今重获新生》，《从悲壮走向豪迈》第一集（N），《成都商报》2011 年 5 月 7 日。

王敦志、张灵麟、胡卫建、王曙光、江华：《紧急状态下疾病预防对策》，人民卫生出版社，2012。

王曙光、张胜康、李田、黄婉丽、黄婉丽、杨宏武：《急状态下艾滋病防治应急反应面临的问题——四川省受 5・12 汶川大地震影响重灾区县调查报告》，《中国 - 联合国儿童基金会四川地震灾区艾滋病防治项目》，2012。

黄婉丽：《凉山州灾后艾滋病防治应急机制调查报告》，中国 - 联合国儿童基金会四川地震灾区艾滋病防治项目，2010。

冕宁县政府：《救灾防病应急预案》（冕府办发〔2009〕103 号文）。

杨宏武：《绵阳市灾后艾滋病防治应急机制调查报告》，中国 - 联合国儿童基金会四川地震灾区艾滋病防治项目，2010。

张胜康、李田：《阿坝羌族藏族自治州灾后艾滋病防治应急机制调查报告》，中国 - 联合国儿童基金会四川地震灾区艾滋病防治项目，2010。

B.19

政府向社会力量购买公共服务的地方经验

——基于W区的创新与实践

金小琴　王海蓉*

摘　要：　推进政府购买服务、改进政府公共服务提供方式、充分发挥市场和社会力量、切实提高政府公共服务水平和效率是加强和创新社会治理的重要举措。从地方实践到顶层设计，政府购买服务作为一种政府治理变革方式，已成为处理政府与市场、政府与社会关系的重要工具。我国地方政府近年来纷纷进行了积极探索，也积累了一些宝贵的经验。但由于我国政府购买服务起步相对较晚，且现有研究主要集中于经济较为发达的东部沿海地区，对西部地区政府购买服务实践研究比较少。因此，本研究拟结合成都市W区政府购买服务实际，分析总结政府购买服务的经验及推进中存在的问题，以期为未来政府购买公共服务的理论与实践发展提供参考。

关键词：　政府购买　公共服务　地方经验

一　引言

党的十八届三中全会把创新社会治理作为推进国家治理体系和治理能力

* 金小琴，博士，四川省社会科学院社会学研究所助理研究员；王海蓉，硕士，四川省社会科学院社会学研究所实习研究员。

现代化的重要内容，而推进政府购买服务、改进政府公共服务提供方式、充分发挥市场和社会力量、切实提高政府公共服务水平和效率成为加强和创新社会治理的重要举措。在全面深化改革的时代背景下，尤其是随着《国务院办公厅关于政府向社会力量购买服务的指导意见》（国办发〔2013〕96号）的发布，如何推进政府购买服务引发社会各界关注。

作为全球公共治理变革的核心，政府购买服务自20世纪中期以来就已经在世界各国被广泛实践，而我国于20世纪90年代才开始引入政府购买服务制度，各地探索与实践具有自发性和碎片化特征。1994年，深圳罗湖区率先开始在环卫服务的提供上进行了购买尝试。1995年，上海市浦东新区社会发展局开始向民办非企业单位“罗山会馆”购买服务，开创了我国政府购买社会组织服务的先例。随后北京、江苏、浙江、广东等地纷纷开展政府购买服务的探索，在居家养老、医疗卫生、公共交通、社工服务、行业性服务等多个领域开展了购买服务工作实践，并从经济发达地区的大中型城市向内地较发达地区城市逐步推进，政府购买服务的范围和领域不断拓展。

在购买服务实践的同时，各级政府也纷纷出台政策文件指导购买工作。2013年9月，国务院印发了《关于政府向社会力量购买服务的指导意见》（国办发〔2013〕96号），明确对政府向社会力量购买服务进行规范和要求。这是国家层面首次对政府购买服务进行全面规范管理和指导，也意味着政府购买服务由地方层面的局部试点与探索走向统一的顶层设计，同时也标志着我国政府购买服务开始进入全面推广与创新的发展阶段。财政部也先后印发了《关于做好政府购买服务工作有关问题的通知》（财综〔2013〕111号）精神和《政府购买服务管理办法（暂行）》，进一步对政府购买服务进行规范管理。四川省政府办公厅于2014年7月出台的《关于推进政府向社会力量购买服务工作的意见》（川办发〔2014〕67号）具体涉及的服务事项有7个大类、52个领域、267项；并在养老、农业、教育、体育、住房保障等领域选取居家养老服务等6项服务开展首批试点。按照要求，2014年启动政府向社会力量购买服务工作试点，2015～2016年在全省逐步推开，到2017年初步建成政府向社会力量购买服务平台和机制，2020年建立比较完善的政府向社会力量购买服务机制，这为四川政府购买服务工作的推进明确了时刻表。2014 年 9 月，四川省财政厅出台的《关于印发政府向社会组织购买服务项目政府采购工作流程的通知》作为省级层面首个政府向社会力量购买服务的“操作手册”，更是激活了购买服务市场。

目前，四川省已建立由财政部门牵头的政府购买服务信息报送机制，要求各级相关单位每两个月向省财政厅报告各地、各级政府推进政府购买服务工作的主要措施及最新进展，以期加快推进全省政府购买服务的工作进程。而成都市自 2009 年以来就建立了政府购买机制，2010 年将公共服务项目纳入年度公布的政府采购目录，并逐年调整完善。2015 年 4 月 17 日，《成都市政府购买服务暂行办法》正式印发，成都市政府购买服务指导目录涉及 7 个大类、54 个领域、279 项，并明确提出了要逐步实现由“花钱养人”到“花钱办事”转变。据成都市财政局统计数据显示，2014 年，成都市政府购买服务金额已达到 48.26 亿元，同比增长 97.54%。

总之，从地方实践到顶层设计，政府购买服务作为一种政府治理变革方式，已成为处理政府与市场、政府与社会关系的重要工具。但由于我国政府购买服务起步相对较晚，且现有研究主要集中于经济较为发达的东部沿海地区，对西部地区政府购买服务实践研究比较少，因此结合成都市 W 区政府购买服务实际，研究和总结政府购买服务的经验及推进中存在的困难具有十分重要的现实意义。

二　政府购买服务的地方探索与实践——以 W 区为例

（一）区域概况

W 区地处成都平原腹心，是成都市九城区之一和七大卫星城之一。全区辖区面积 277 平方公里，常住人口约 52.6 万人，下辖 6 镇 4 街道、8 个城市社区、71 个涉农社区、35 个农村社区。按照“城乡一体、均衡发展”的思路，该区以“三社互动”为切入点，探索了“一核多元、合作共治”的新型村级治理机制，构建了以党组织引领为核心，自治组织、集体经济组织、社会组织、企事业单位和公众广泛参与的“1+4+N”的治理格局，成为中小城市综合改革试点的城市、中央政法委直接联系点和全省社会管理改革创新试点区，先后被民政部授予“全国农村社区建设实验全覆盖示范单位”、“全国社会工作服务示范区”、“全国志愿者服务记录制度试点区”。

（二）主要做法

1. 系统谋划，成立领导机构开展购买服务专题研究

2014年8月1日，W区召开政府向社会力量购买服务专题会议，明确提出以区级政府部门向社会力量购买下沉村（社区）行政服务为改革突破口，建立“政府主导、部门负责、分工明确、社会参与、共同监督”工作机制；坚持“党委领导、政府组织、统一部署、全面推进”原则，力争2014年正式启动政府购买服务工作，2015年全面推进，2016年进行阶段性总结完善，从而正式拉开了W区政府购买服务工作的序幕。2014年8月20日，在第一次工作推进会上，成立了以区委副书记、区长为组长，区委常委、区政府副区长和区委政法委书记为副组长的“政府向社会力量购买区级部门下沉村（社区）服务”工作领导小组，并将领导小组办公室设在区民政局；拟采取自下而上、上下结合的方式，以镇街为购买主体、试点推进的工作路径。针对清单梳理中存在的问题，2014年9月10日及时召开了工作沟通会，就相关问题初步达成共识。2015年6月5日，W区政府召开了第二次工作推进会，主要针对前期10个镇街摸底调研中存在的问题进行研讨，以明确下一步工作推进的原则、标准和时间表。2015年10月20日，W区政府召开了第三次工作推进会，主要结合试点中存在的问题和困难，尤其是结合成都市民政局、市委组织部印发《关于减轻城乡社区负担的十条措施》通知要求，对照基层群众自治组织依法自治事项清单、基层群众自治组织依法协助政府工作的主要事项清单、可购买服务事项清单、村（社区）工作负面事项清单，结合W区实际重新梳理清单目录，对不规范的事项及时进行调整。

2. 精心组织、整合资源，协同推进政府购买服务工作

为了更好地推进政府购买服务工作，W 区政府进行了精心筹备：一是积极组织相关部门工作人员学习中央、省、市、区关于政府购买服务的相关文件精神，就实施政府购买服务的出发点和改革目标进行宣讲，统一思想认识；二是深入基层进行调研，摸清村（社区）工作现状和基层干部心态；三是组织相关人员外出学习考察，尤其是兄弟单位在工作推进中好的做法，为如何推动政府购买提供参考借鉴；四是充分发挥媒体优势，围绕政府购买服务事项进行全面宣传，为试点工作的开展营造良好的社会氛围。此外，为了确保工作的有序推进，明确要求区级各部门之间、部门与镇街之间协同推进，尤其是民政、发改、人社、财政、法制等部门要充分研究相关配套政策的同步推进。

3. 统筹推进，以点带面稳步实施政府购买服务工作

首先，提出要以“减负增效、还权赋能、自治回归、社会协同”为政府购买服务的主要目标。

（1）减负增效。①减人员负担：一是减轻两委负担，尤其是要减轻行政事务负担，强化自治建设、党建职能；二是减轻两委工作人员负担，比如“专干不专”问题。②增效：明确提出政府购买服务只是公共服务供给方式和财政资金使用方式的改进，并不是新增财政资金专门用于政府购买服务，因而要求在总盘子不变的前提下，提高财政资金使用效能。

（2）还权赋能。还自治组织权能，让其有更多精力搞自治，即还两委“权”，赋镇（街道）“能”。

（3）自治回归。通过政府购买服务后，剥离一些公共事务，做到政社分离，自治回归，切实转变目前两委工作人员的“三大员”（信息员、邮递员、情报员）角色，让其有更多精力搞社区治理，让社区群众自我决策、自我管理、自我服务、自我教育、自我监督，最终实现国家治理能力和治理体系现代化。

（4）社会协同。激活多个主体活力，走出一条“一核多元”的 W 区模式（即“1 +4 + N”：党组织、自治组织 + 社会组织 + 集体经济组织 + 企业

事业单位、全体群众），倡导人人都是治理者，实现社会协同。

其次，明确操作流程，规范购买程序。

（1）厘清职责。系统梳理区级部门下沉村（社区）行政事务清单目录，厘清职责边界。通过专题研讨、问卷调查等方式，广泛征求区级部门、镇（街道）、社区、群众等多方意见，反复修订完善清单，最终由财政局、民政局、法制办牵头成立的“九大评审团”核定区级部门下沉村（社区）行政事务清单目录。本次纳入政府购买服务清单目录主要涉及教育、就业、社会保障、医疗卫生等18个大领域共计113小项。通过对清单的梳理，进一步明确了区级部门、镇（街道）、自治组织、社会组织等各自的责任分工，做到权责清晰，为区级部门下沉村（社区）行政事务购买奠定坚实基础。

（2）流程再造。根据前期梳理出的113项拟用于购买的指导性目录，理清每一项服务的具体办理流程，比如哪步该社会组织做，哪步该社区做，明确具体分工，并印制成《工作手册》。比如低保，每一步办理程序是什么，下一步由谁来接棒，做到每一步都能找到负责人。

（3）清单核量。对照每个社区2015年全年常规平均每天接件数，或者以同期平均每一天的接件数量作为参考，据实核清可能的接件数，从而确定前台受理人数和后台协同人数，“以事核人”，此步也是测算购买成本的最关键环节。

（4）资金测算。通过以事定人、以事定费进行核算，同时参考两委成员待遇（基本工资2200元/月，加社保后共计约3000元），并适当考虑给予社会组织一定运营管理费和适当的绩效考核费进行资金测算。

（5）确定承接主体。以专业本土化和本土专业化思路培育社会组织，确定承接主体。鼓励村（社区）两委干部和聘用的工作人员（包括大学生助理和计生、民政、流管等专干）成立本土社会组织，引导聘用的工作人员加入社会组织，以切实发挥本土社会组织“认得了人、进得了门、办得了事”的优势。承接服务的社会组织应至少有一名专业社工，而且负责人最好是党员和新生力量；明确两委成员不能同时担任社会组织法人代表，要求社会组织优先接纳专干。

(6) 制定考核方案。结合社区情况自行制定考核方案，尤其注意考核的主体、内容、标准和考核方式。比如在考核方式上，可分六步走，包括每月自评、窗口服务对象满意度测评、每季度考核、半年考核、社区与镇街随机抽查、年终考核。在考核内容上，某街道办事处制订了《街道向社会力量购买服务考核准则》。街办作为考核主体，按 100 分制以业务完成情况占 50%、社区满意度占 20%、居民满意度占 30% 的比例对社会组织的机构建设、项目运作、服务质量三大类共计 32 项考核内容进行评估打分。

(7) 确定购买方式。根据经费测算标准和社区实际，可以采取公开招标、竞争性磋商谈判、比选、委托、单一来源采购等方式，不具备竞争性、条件不成熟的可以采取竞争性磋商谈判、比选等方式。

(8) 具体实施购买。明确各镇（街）为购买服务的主体，具体可授权委托相应试点社区作为购买服务的执行者。决定在全区 10 个镇（街道）同步进行，初步在每个镇（街道）选择一个社区开展试点工作，并结合实际提出试点工作方案，以点带面、稳步推进。

（三）政府购买服务工作推进中需要解决的问题

政府购买服务，是指通过发挥市场机制作用，把政府直接向社会公众提供的公共服务等事项，按照一定的方式和程序，交由具备条件的社会力量承担，并由政府根据服务数量和质量向其支付费用。通过政府购买服务，把不属于社区居民委员会工作职责的行政性工作分离出来，使社区居民委员会枢纽、议事、监督职能得到强化，也有更多精力回归自治；将社区工作人员从“体制内”推向“体制外”，社区工作人员的活力和效能得到增强和提升，有效实现了从“被动坐等服务”向“主动上门服务”、由“专科医生”向“全科医生”、由“要我服务”向“我要服务”的转变；窗口工作人员也成为熟悉各项业务的“多面手”，实现了前台受理、后台协同、全程代理的“一站式”服务，提高了工作效率。然而，从 W 区政府购买服务的探索与实践来看，目前仍有以下几个问题亟待解决。

1. 社会组织培育问题

作为承接政府购买服务的主体，社会组织既要有专业的能力来承接政府购买项目，同时又要了解和满足社会公众多元化的服务诉求，因而对社会组织提出了更高的要求。从 W 区实际情况来看，由于不同社区社会组织发育差异比较大，有的社区已经具备专业的承接主体，有的社区还需要培育。一方面，社会工作、政府购买服务的快速发展与社会组织承接能力不足形成落差，即“有钱买不到优质服务”；另一方面，作为购买方的政府部门，对机构和社工的期望值过高与目前机构和社工服务能力不足形成落差。承接购买服务的社会组织发育不足，导致政府购买服务的推进有难度。

2. 考核评价问题

政府购买服务的效率和质量直接影响到服务的有效供给和政府履职水平，通过对 W 区的考察发现，虽然有的镇（街道）已经制定了考核办法，但对政府购买服务的评价主要局限在行政化检查或监督制度上，缺乏独立的监督机构，信息的真实性和竞争的公正性难以保证，缺少科学具体的考核指标，已有的定量指标多重视投入资金和人员等，而对具体的实施效果、效益和效率评价方面体现不足。此外，还面临着镇（街道）考核如何与区级部门衔接的问题。目标考核依然是社区工作的重要指挥棒，街道目标考核的行政性工作占据 70% 以上份额；居民自治份额所占比例不足 10%，必然导致社区在工作上依然以目标考核的工作作为首位。

3. 购买方式问题

W 区政府购买中开放式、公开性的竞争性购买比例较小，政府购买一定程度上存在政府主导色彩。由于缺乏有能力的承接政府购买服务主体，在有的社区甚至只有唯一的供给主体可以承接政府的购买服务，导致此次政府购买服务除了个别试点单位外，基本上没有走公开的招投标程序，难以真正体现政府购买服务的竞争性、公平性。由于大多数社会组织处于起步阶段，社会组织参与市场竞争的能力普遍较弱。而非竞争性购买方式造成社会组织对政府部门存在依赖心理，难以真正经受市场的考验。同时，由于政府在购买服务中处于主导地位，很容易形成承接购买服务的社会组织的垄断性，缺少竞争对手和竞争压力，难以真正提升政府资金使用效能。

4. 思想认识问题

一方面，政府购买服务过程，涉及多个职能部门，比如财政、审计、法制、民政等，尤其是需要本次纳入购买服务的清单目录事项涉及的相应部门的协调与配合。通过部门间的协调合作，实现购买服务项目的审定、购买程序、资金分配、过程监管、绩效评估、审计监督等购买服务机制的统筹安排。另一方面，政府向社会力量购买公共服务本质上是置身于改革背景下的一种利益重新分配，在这个过程中，难免会触及政府部门的自身利益，也会对政府的权力边界产生约束。由于部分单位对政府购买服务的认识存在偏差，再加上改革中不可预知的风险和成本使得基层政府存在改革动力不足的问题。

5. 专干分流问题

在政府购买服务之前，社区存在劳保专干、计生专干等类型的工作人员，这部分人员如何分流，必须予以高度重视。从试点社区情况看，目前有的专干准备辞职不干了、有的专干通过岗位竞聘分流到其他社区、有的专干自己成立社会组织承接购买服务、有的专干与原单位脱离关系到承接购买服务的社会组织工作。不管采取哪一种方式，必须妥善解决专干的历史遗留问题，强化政府责任，注意购买中的风险防范。

三　启示及建议

从 W 区政府购买服务的实践来看，一方面，迫于改革压力，政府急于推进购买服务工作；另一方面，由于思想缺乏统一认识，部门间的利益博弈以及有承接能力的社会组织不足，导致政府购买服务工作推进缓慢。因此，无论从政府购买服务所涉及的购买者、承接者、使用者、评估者、监管者等相关利益主体看，还是从购买过程所围绕的“买什么（What)”、“谁来买(Who)”、“哪里买（Where)”、“怎么买（How）”的几个关键环节，政府购买服务都是一个系统工程，不管在思想上，还是在行动上也有一个渐进的接受适应过程。政府购买服务工作应结合不同地区特点，因地制宜选择相应推进路径。为了更好地推进政府购买服务工作，特提出以下几点建议。

第一，依法厘清职责边界。围绕“职能归位”目标，破解传统社区两委职责不分，按照依法治理精神和《村（居）民委员会组织法》，进一步明确村（居）委会自治职能，进一步厘清村（居）委会与政府部门职能边界，划清“自治职能”和“行政职能”，推进政事分开、政社分开，凡社会能办好的尽可能交给社会力量办理，严格社区准入制度。同时，推进政府购买服务并不意味着政府可以当“甩手掌柜”，哪些可以全面交给社会组织，哪些由自治组织负责，哪些应由二者共同承担，需要思考。W 区政府购买服务试点中，部分社区采取的在社区党组织的核心引领下，由居委会全面承担法定职责，社会组织承担下沉服务，实行社区居委会和社会组织双轨制运行做法，值得肯定和借鉴。

第二，针对承接政府购买服务的社会组织发育不足、市场竞争机制不够充分问题，强化社会组织的培育。一般来讲，社会组织培育有两种路径：一是引进外来社会组织；二是培育本土社会组织。从社会组织与自治组织关系来看，一方面，由于社会组织在公示、开会等方面都要依赖社区，因而社会组织需要与社区两委合作；另一方面，社区已取得社工证群体感觉无用武之地，而社会组织需要专业带动，由已取得社工证群体牵头也容易得到社区认同。因此，为确保社会力量广泛参与购买服务的过程，既能密切联系服务群众，又能高质高效让群众满意，通过认真调研分析，充分发挥本土社会组织对辖区情况熟悉、服务对口对味的优势，建立以本土社会组织为主导、以引进专业社会组织为补充的多维互补的综合服务体系，逐步实现本土专业化与专业本土化结合。

第三，建立科学合理的评估标准与考核方法。政府购买公共服务应始终强调以民为本，以公共利益为导向。在评估过程中，不仅要重视政府主管部门的评估，服务对象的评估，而且要引入包含专家评审委员会、专业评审机构和社会公众的第三方评估机制，同时借鉴发达国家经验，利用信息技术建立起评估数据库，便于公众对整个购买过程更加及时、透明地进行监督。按照目标管理的工作要求，积极与区级部门衔接，梳理汇总办理区级部门下沉至村（社区）行政事务服务的工作要求的基础上，制定社区、街道两级评估办法，细化量化指标、评价标准和考核办法。

第四，积极做好社区专干人事关系转接工作。在大力宣传政府向社会组织购买公共服务前景的同时，采取集中座谈和“一对一”交流谈心的形式，了解社区专干的思想和意愿，积极引导他们自愿将人事关系转到承接服务的社会组织。如果对专干进行分流，必须在不降低现有待遇前提下，引入竞争机制，实行能者多劳。例如，某社区将现已聘用的劳保、计生、民政、流管专干引导转入社会组织，并发挥其熟悉工作、具备专业素养和技能的长处，让其承担窗口办件、数据录入等后台工作。同时，对现有民政、计生、劳保、流管专干等开展培训，提升其业务素质和社工理念。

此外，政府购买服务的关键不应止于“购买”，更在于“服务”。即便推行了政府购买服务这项工作，如果上级部门依然采用行政化手段，那么基层也难脱离行政化，因而需要政府部门转变相应职能，实行上下联动，协同推进。

B.20

高职院校大学生职业规划的教育社会学研究

——以四川J学院为例

刘易平　卢立昕*

摘　要：职业规划是大学生对自己今后的工作与生活的预期社会化的准备。当代社会是极速转型的社会。人们的自我观念不断重塑，与此同时，社会环境日益变化，这些都加大了大学生职业规划与职业适应的难度，从而导致许多大学生毕业后面临职业方面的再社会化问题。最后，提出如下化解思路：第一，加强大学生自我认识；第二，推进大学生对职业生涯规划的主动性，提供手段与内容丰富的职业生涯规划；第三，创建社会职业的多元化格局；第四，促进劳动领域的自由流动等。

关键词：大学生　职业规划　教育社会学

一　调研背景

职业规划是大学生对自己今后的工作与生活的预期社会化的准备。当前，随着我国高等教育体制的深入改革及高等教育的大众化，高职大学生的人数

* 刘易平，社会学博士，四川省社会科学院社会学研究所副研究员，主要研究方向为文化与教育社会学；卢立昕，中国社会科学院研究生院农业发展系博士研究生。

急剧增加，占据高校学生人数的半壁江山。然而随着高职院校的不断发展，毕业生增加的速度超过了需求的速度，学生初次就业率呈现下降趋势，就业成为当前焦点问题。越来越多的毕业生被“就业难，难就业”的问题所困扰，甚至就业后频繁“跳槽”，无法恰当地定位自己的职业目标。目前，我国高校的职业规划教育并不普遍。很多高校在实际的教学过程中忽视职业规划教育，高职院校中更是微乎其微。在此背景下，如何有效进行职业生涯规划不仅是高职大学生的一门重要“课程”，更是高职院校管理者面临的重要课题。

西方国家职业生涯规划研究起源比较早，比较具有代表性的理论有：美国波士顿大学教授帕森斯（Parsons）提出的“职业—人匹配理论”，成为后来职业指导的经典性理论之一。美国著名职业指导专家金斯伯格（Eli Ginzberg）提出职业发展三阶段理论，认为职业规划在个人生活中是一个连续的、长期的发展过程。约翰·霍兰德提出“人业互择理论”，即“职业规划理论—霍兰德六角型理论”。该理论将人格心理学的有关理论引入职业生涯，成为60年代后较为有影响的职业设计理论。美国施恩教授（Edgar H. Schein）提出“职业变动模式理论”与职业锚的概念，发展至今，已成为许多个人职业生涯规划的必选工具和公司人力资源管理的重要工具。从20世纪80年代开始，比较有代表性的是戈萨德（W. P. Gothard）的“职业决策社会学模式”。在实际的职业生涯规划辅导中，国外各个大学、职业学院等机构会通过举办各种培训和安排社会学习等方式，为学生提供充足的实践机会，帮助他们更好地进行职业生涯规划。

西方国家职业生涯规划发展到现在，已具备个性化、实用性、服务性等特点，不论是理论还是实践较之国内同领域研究都更加成熟完善。职业生涯规划已经在各大企业引起了广泛的重视，并已被引入高等学校学生的就业教育中。

国内关于职业生涯规划的研究是从20世纪20年代开始的。中华职教社的黄炎培等根据我国当时经济与社会状况，从介绍西方国家职业指导的理论与经验入手，开始探讨职业指导的理论和方法，论证了在我国开展职业指导的必要性。但由于历史条件所限，职业指导未能在全国推行，至70年代初，研究一直处于停顿状态。十一届三中全会后，国家教育科学“七五”规划把“职业指导的理论研究与实验”作为国家教委重点课题，职业生涯规划进入一个新的发展阶段。20 世纪 90 年代，职业生涯规划理论由欧美传入中国，对我国大学生职业生涯规划以及企业人力资源管理等方面产生了巨大的影响。

随着我国高等教育进一步面向大众普及，就业形势日趋严峻。各大高校也开始空前重视就业指导，不少高职院校的就业部门有了职业咨询和职业心理辅导等，并不断开设关于大学生职业生涯规划类的课程，不少教师学者开始涉足职业生涯规划领域的研究。但现有的一些调查资料显示，我国高职大学生职业生涯规划的普及工作远远滞后，职业生涯师资队伍专业化程度低，高职院校大学生职业规划意识薄弱，职业路径设计不合理以及职业生涯规划方法匮乏等问题普遍存在。引导高职院校大学生做好职业生涯规划，成为影响当前大学生就业、择业以及职业顺利发展的重要问题。

二　调研方案

（一）调研目的

试图在了解高职院校学生职业生涯规划现状的基础上，梳理出存在的问题并分析其原因，希冀对高职院校学生在就业、择业乃至今后的事业发展方面的规划，提出建设性对策。培养高职大学生的就业意识，增强择业观念，提高职业规划能力，为高职大学生未来的职业发展奠定良好的基础。

（二）调研方法

本次调查采用问卷法、访谈法，对四川建筑职业院校（以下简称四川建院）学生职业生涯规划的基本情况进行调查，了解高职学生职业生涯规划现状。其中，问卷法是主要方式，对在校高职学生进行问卷调查。其次是访谈，一方面与四川建院招生处相关的教师进行访谈；另一方面与部分学生干部进行访谈。

在调查中，采用的是表格式调查问卷，采取学生自填问卷的方式回答问题。第一部分内容涉及受访人与家庭成员及其个人生活等情况；第二部分主要围绕受访者的与职业生涯规划相关联的基本内容进行设计，包括受访者个体自我定位的基本信息、受访者对专业及未来可能从事职业的认知与意愿等基本内容；第三部分主要针对受访者职业生涯规划的现状展开调查。

（三）调研对象

调查对象涉及四川建院的 8 系 1 部，分别是土木系、人文系、工管系、测绘系、交通系、铁道系、信息系、经管系与国际部，涉及 20 个不同的专业。采用随机抽样和典型抽样相结合的原则，选择样本。本次调查共发放问卷 322 份，剔除样本学生对问卷只作答部分内容而未全部完成的 8 份无效问卷，最后的有效问卷有 314 份。

1. 样本学生基本情况

本次调研的 314 份有效调查样本中，样本学生基本情况分为受访者学生以及家庭信息两部分。

2. 受访者基本情况

学生基本情况主要涉及受访者性别、年龄、专业、年级、是不是干部、生活经费消费情况等内容。

表 1　受访者基本情况（N = 314）

单位：人，%

名称		人数	比例
性别	男	189	60.19
	女	125	39.81
年龄	17 岁及以下	1	0.32
	18～19 岁	111	35.35
	20～21 岁	181	57.64
	22 岁及以上	21	6.69

续表

名称		人数	比例
任职情况 （班/系/校干部）	是	137	43.63
	否	177	56.36
主要经济来源	父母	286	91.08
	亲戚资助	3	0.96
	贷款	5	1.59
	打工	8	2.55
每月生活费是否有盈余	是	131	41.72
	否	183	58.28
利用假期旅游情况	是	82	26.11
	否	232	73.89
拥有电脑情况	是	242	77.07
	否	72	22.93

注：①任职情况中是不是干部，涉及范围比较广。班干部突破传统的干部范畴，诸如素质拓展委员、班级通讯委员、就创委员都包含在内。②受访者人数为314人，即N－314，下同。

资料来源：根据调查问卷整理所得，下同。

从表1可以看出，调查样本中，男生189人，占比为60.19%，女生125人，占总比的39.81%，基本符合男女生人数分布情况。受访者年龄最小的为17岁，最大的为25岁，平均年龄为20.29岁，调查群体集中于18～21岁。调查学生在学校任职情况，主要体现为是不是干部，即是不是班干部或系干部或校干部。是干部的学生占43.63%，不是干部的占56.36%。在是干部的学生中，校级干部约有10%，系干部不到15%。调查学生的主要经济来源，有2.55%的学生通过打工解决经济问题，不到3%的学生通过贷款或者亲戚资助途径，超过91%的学生来自父母的资助，基本符合目前的现实情况。调查对象中，有41.72%的学生生活费用有盈余，有58.28%没有盈余。学生利用假期旅游情况，有73.89%的学生假期期间，不会选择外出旅游；有26.11%的学生会选择外出旅游，最远的到国外，如美国、欧洲。进入大学后，学生拥有电脑情况，有77.07%的学生拥有属于自己的电脑，有22.93%的学生仍然没有电脑。

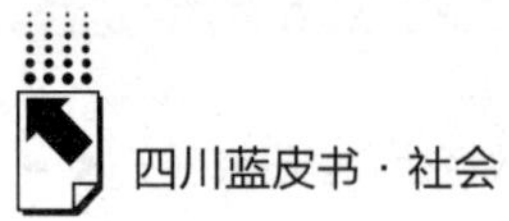

3. 受访者家庭基本情况

受访者的家庭基本情况，主要通过对受访者家庭人口数目、父母亲的文化程度、父母亲从事的职业收入情况以及受访者家庭所在区域等内容进行了解。

根据表2可以看出，家庭人口结构接近50%是4～5人；在2～3人的家庭结构中，是3口之家的学生占37.58%；家庭中有6～7人的，占总数的11.46%；不到1%的家庭中有8～10人。调查对象家庭所在区域接近一半的

表2　受访者家庭基本情况

单位：人，%

名称		人数	比例
家庭人口	2～3人	122	38.85
	4～5人	152	48.41
	6～7人	36	11.46
	8～10人	3	0.96
家庭所在区域	城市	95	30.25
	乡镇	67	21.33
	农村	152	48.40
父亲文化程度	小学及以下	60	19.11
	初中	146	46.49
	高中/中专	70	22.29
	大专	14	4.46
	大学及以上	24	7.64
母亲文化程度	小学及以下	98	31.21
	初中	138	43.95
	高中/中专	47	14.97
	大专	15	4.78
	大学及以上	16	5.1
父亲从事的职业	务农	65	20.7
	打工	113	35.99
	经商	47	14.97
	企业员工	20	6.37
	政府机关人员	9	2.87
	事业单位人员	31	9.87
	其他	29	9.24

续表

名称		人数	比例
母亲从事的职业	务农	86	27.39
	打工	88	28.03
	经商	39	12.42
	企业员工	22	7.01
	政府机关人员	7	2.23
	事业单位人员	19	6.05
	其他	53	16.88
家庭月收入约为	1000元以下	37	11.78
	1000~3000元	116	36.94
	3000~5000元	99	31.53
	5000元以上	62	19.75

学生来自农村，占比为48.40%，来自城市的占30.25%，来自乡镇的占21.33%。父亲文化程度接近50%的人是初中文化水平，有超过20%的人是高中或中专，有不到20%的人是小学及以下，还有超过10%的人学历为大专和大学及以上。母亲的文化程度有超过40%的人为初中，不到15%的人为高中或中专，超过31%的人为小学及以下，不到10%的人为大专和大学及以上。可以看出，调查对象的父亲群体的文化程度在层次上相对略高于母亲的文化程度。父亲从事的职业，有超过35%的人打工，超过20%的人在家务农，不到15%的人经商，有6.37%的人是企业员工，超过12%的人在政府机关和事业单位工作，有不到10%的人从事其他活动，如自主创业。母亲从事的职业，超过28%的人打工，超过27%的人在家务农，有12.42%的人从事经商活动，约7%的人为企业员工，超过8%的人在政府机关及其事业单位工作，有16.88%的人从事其他活动，主要体现为自已做生意或全职家庭主妇。可以看出，调查对象的父母亲群体从事的职业分布，仍然有差异。调查对象家庭月收入情况，在1000~3000元与3000~5000元的分布段比较集中，分别为36.94%和31.53%；1000元以下的占11.78%，5000元以上的接近20%。可以看出，多数调查对象的家庭收入情况，基本属于中等生活水平，低收入与高收入处于两极，基本符合当前我国收入分布情况。

三　高职大学生职业生涯规划现状

（一）个体自我认知情况

个体自我认知是指正确、客观地认识和评价自我，是进行职业生涯规划的基础，是进行职业生涯规划的第一步，也是最重要的一步。对调查对象个体自我认知的考察，主要是通过对自我评估、对自己所学专业的认知以及对未来将要从事职业的认知等内容来体现。

1. 个体自我评估

个体自我评估，即了解自身的兴趣爱好、能力专长、优点不足、职业偏好等内容，以确定什么样的职业比较适合自己和自己具备哪些能力。调查学生对于每一个具体内容的主观了解程度包括非常了解、比较了解、一般、了解较少和不了解五个量级，分别取为 5～1 分，分值越高，学生对自我评估的了解程度越大。

表 3　个体自我评估情况

单位：人，%

项目		了解程度					分数均值	排名
		非常了解（5 分）	比较了解（4 分）	一般（3 分）	较少了解（2 分）	不了解（1 分）		
个体特征	数量	92	167	44	9	2	4.076	2
	比例	29.3	53.18	14.01	2.87	0.64		
兴趣爱好	数量	102	151	50	10	1	4.092	1
	比例	32.48	48.09	15.92	3.18	0.32		
能力专长	数量	53	130	86	42	3	3.599	4
	比例	16.88	41.4	27.39	13.38	0.96		
优点不足	数量	60	162	76	12	4	3.834	3
	比例	19.11	51.59	24.2	3.82	1.27		
职业偏好	数量	49	95	95	66	9	3.347	5
	比例	15.61	30.25	30.25	21.02	2.87		

表3结果显示，受访者对于自我兴趣爱好（4.092）及自我的个体特征（4.076）了解程度最大，且对二者的了解程度差异不大。了解程度比较少的主要体现为职业偏好（3.347），排名最后。这表明学生对涉及个体自我方面的认知了解程度比较高，但对于未来该进入某个领域选择何种职业，仍然认知不高。

2. 对专业的认知

个体对专业的认知，主要包括学生选择专业意愿，以及通过大学期间的学习，对所读专业的满意度及发展前景认识上的变化。学生选择专业的意愿与对专业的熟悉程度密切相关。在大学报考时，调查对象对所读专业的熟悉程度，非常熟悉的仅占2.87%，较熟悉的占10.19%，一般熟悉程度的占45.86%，感觉陌生的有26.11%，感觉很陌生的占14.97%。关于学生在选择专业方面主动意愿的体现情况，调查结果显示（见图1），调查学生在所读专业上自己选择的接近60%，；来自父母意愿的仅有10%左右；有27.71%的学生是调剂的。这表明学生在专业选择方面，与父母做决定的传统习惯有了很大的变化，更多还是从个体意愿考虑，自主选择。

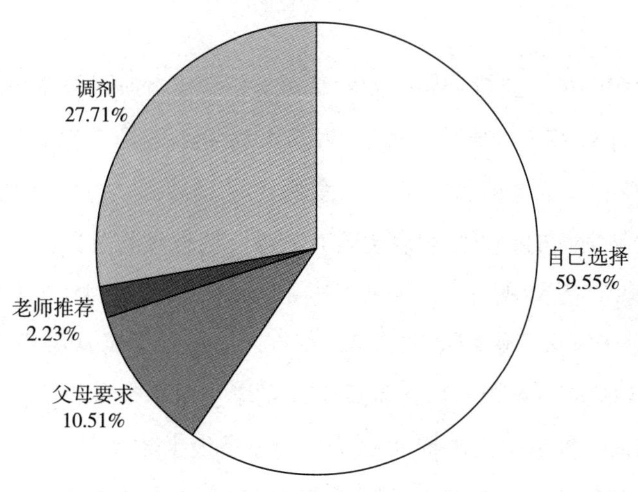

图1　专业选择情况

学生选择该专业的主要原因的调查结果显示（见图 2），有 44.59% 的学生是源于专业就业形势好以及适合自身发展的考虑；有 13.38% 的学生是听取父母或老师的意见；有超过 40% 的学生是受分数线所限，选择调剂。高职学校不同于普通高等学校，很多未能考入普通高等学校的学生会选择调剂到高职院校，所以调剂比例略高。进一步的调研结果显示，超过 50% 的学生对所调剂专业感到满意。

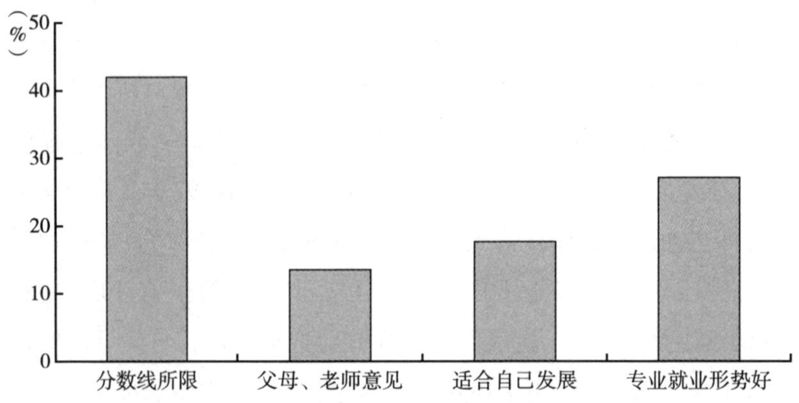

图 2　选择专业的原因

进入高职院校，经过一段时间的学习后，学生对所学专业的满意度，非常满意的仅有 1.27%；比较满意的有 26.43%；一般满意程度的接近 60%，约为 57.01%；不满意或者非常不满意的约有 15.28%。这表明多数学生对自己的专业是满意的，只是程度上略有差异。调查对象对自己专业未来发展面临的优势与劣势的了解情况，非常清楚的占 4.14%，较清楚的占 39.17%，处于一般了解程度的占 41.72%，不清楚或者从来没有考虑过的占总数的 14.97%。可以看出，接近 50% 的学生对本专业的发展前景认识停留于基础层面，能够有清晰而明确认识的还是很少数（见图 3）。高职学生与普通高校学生最大的不同在于教育的针对性和技术性比较强，当高职学生发现理想与现实存在很大差距时，会出现迷茫情绪。因此，高职阶段的职业规划教育要在入学之初积极开展，强化规划理念，树立主动规划意识。

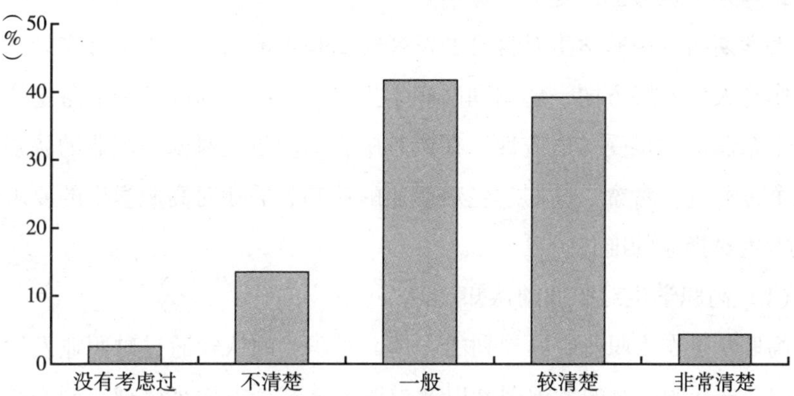

图3　对专业发展面临优劣势的了解程度

对于未来专业发展趋势的了解情况，影响到高职学生对未来职业的选择及规划。调查结果显示（见表4），平时高职学生对本专业就业及发展前景情况的关注，超过66%的人是偶尔关注，有约21%的人经常关注，仅有12.10%的人从未关注。对市场中就业发展现状及其形势的关注，结果显示，有65.61%的人会偶尔关注，有15.92%的人会经常关注，有18.47%的人表示从未关注就业形势发展情况。不管是对专业发展趋势的关注，还是对市场中就业形势的关注，结果显示，80%以上的高职学生会定时成不定时地关注专业及就业等与自己未来职业密切相关的发展态势，为自己未来职业的选择做好准备。

表4　择业形势的关注

单位：人，%

项目	未来专业发展趋势		就业市场发展现状	
	人数	百分比	人数	百分比
经常	66	21.02	50	15.92
偶尔	210	66.88	206	65.61
从未	38	12.10	58	18.47
合计	314	100	314	100

3. 对未来职业的认知

大学期间，高职学生对自己的发展规划是否清晰，是否明确规划了未来的工作与人生发展方向，影响到高职学生对就业的提前准备和准备定位，甚至对未来职业的接受与适应性。在调查中，高职学生对未来职业的认知主要从三个方面进行考察：高职学生对职业的认知、职业对高职学生的要求以及高职学生对择业的准备。

（1）高职学生对职业的认知

高职学生作为职业生涯规划的主体，对职业的认知通过对职业发展趋势的认识、选择职业时的考虑因素以及求职态度三个方面来体现。调查结果显示，高职学生对自己该向哪些职业领域发展的情况，约5%的人非常清楚，有24.52的人较为清楚，有46.50%的人认为一般，有超过23%的人对未来发展方向不清楚。在此问题下进一步考察调查对象是否思考过未来可能从事的工作（见图4），接近60%的学生会偶尔思考，有37.90%的人会经常思考，仅有不到4%的人从来没有思考过未来可能从事的工作。这表明有超过97%的高职学生会思考自己未来可能从事的工作，对自己未来的发展有一定的主动性。

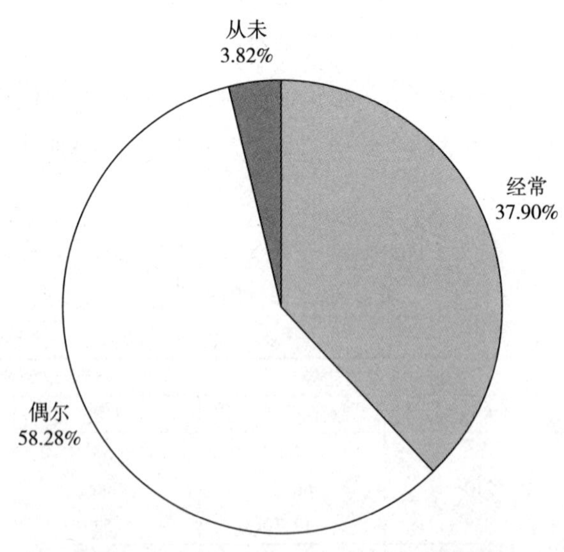

图4　思考未来可能从事工作的频率

在选择职业时，对于高职学生认为最重要的三个因素，调查结果显示（见图5），个人的性格和职业兴趣排第一位，占60.51%；其次是工作发展空间，占58.92%；然后是薪水的高低，占45.22%。工作稳定性占42.99%，有34.39%的人认为个人的专业特长是选择职业时的重要考虑因素之一，还有约26.43%的人认为所在城市是选择职业时需要考虑的因素之一。各项数据表明，高职学生将个体的评估、未来的工作发展空间与职业的选择密切结合起来，求职时体现出更加务实的心态。对于刚刚从学校走出来的高职学生，经济压力依然很大，尤其对于一些从农村出来的学生来说，薪水的高低仍然是他们选择职业时考虑的重要因素。

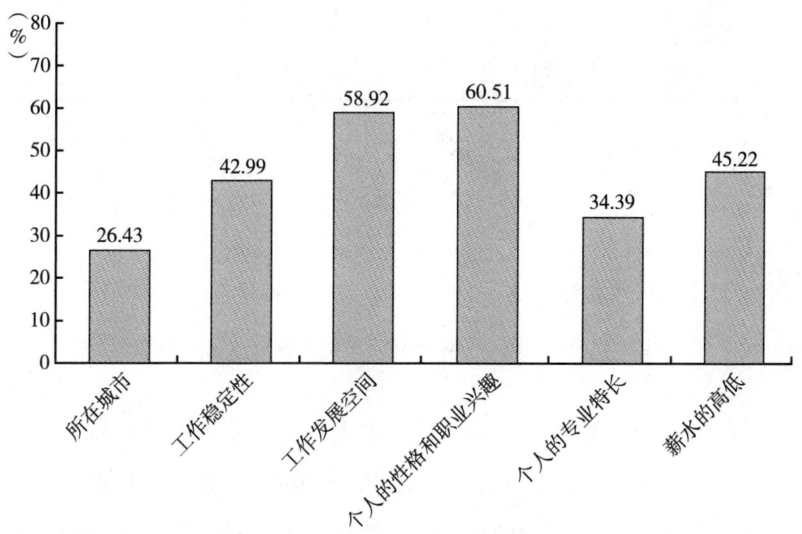

图5　选择职业时认为重要的因素

高职学生对未来求职的态度，是其职业认知的一个体现。对未来求职态度的不同，反映出高职学生对其职业规划意识的强弱，同时也体现出高职学生就业期望的不同。调查结果显示（见图6），接近50%的学生持“先就业后择业”的态度，超过24%的学生会“对比几家合意单位后再选择”，有10%左右的学生认为“有单位接收就可以”；还有13.69%的学生采取走一步是一步的态度，等到找工作时再说，“车到山前必有路”。在调查群体中，还有约1.27%的学生，会有家人帮忙，自己不需要操心；在314个学生调查对象中，只有1人选择自主创业。这表明多数学生在面对就业压力的现实背景下，对于“务实”有新的认识，就业期望趋向现实。同时，数据也反应出部分高职学生特有的自信，会在单位之间进行主动选择。

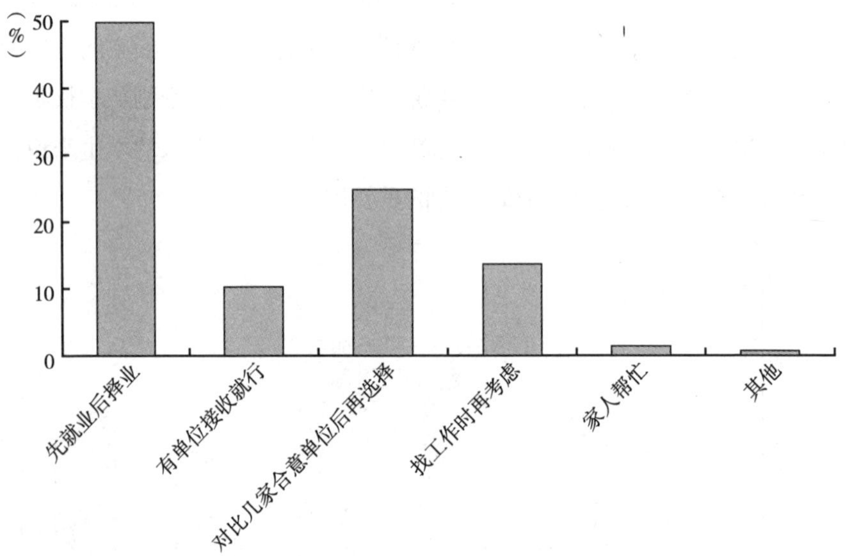

图6 对未来的求职态度

在目前的就业形势下，调查学生对未来就业及前景的看待情况，调查结果显示，有10.01%的学生对自己很有信心，相信凭借自己的能力会找到合适的工作；有25.48%的学生认为自身的技能水平达不到企业用人的标准，担心找不到好工作；有30.25%的学生认为自己缺乏清晰的职业规划，会找不到合适工作；有34.08%的学生认为就业压力较大，担心找不到工作。可以看出，高职学生对未来的选择体现出不同的层次性，各方面条件的提高与否直接影响到高职学生对未来工作的选择态度。高职院校能否适应社会需求，为市场提供符合条件的人才，是高职学生能否顺利就业的关键。所以，对高职学生的职业生涯规划指导与教育，学校要从入学伊始就开展相关工作，及早树立规划意识，明确定位，为择业做好充分的准备。

（2）职业对高职学生的要求

获得一份合适的职业，既需要“知己”，更需要“知彼”。在“知彼”环节，体现为职业对高职学生的要求，即认识并了解用人单位的需求。关于高职学生熟悉用人单位招聘需求的情况，调查结果显示（见图7），不到60%的学生熟悉程度居于一般水平，超过34%的学生感觉陌生，仅有7%左右的学生较熟悉。与调查对象对自我评估的熟悉程度相比，高职学生对获得一份职业所要求条件的熟悉程度大大下降。

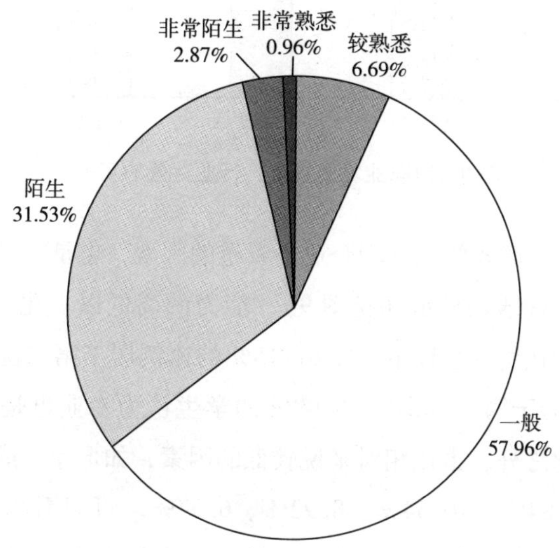

图7　对用人单位招聘需求的熟悉情况

高职学生对职业发展趋势、行业背景的了解程度，也是考察职业对高职学生要求的一个方面。调查结果显示（见图8），超过56%的学生熟悉程度仅为一般，约有20%的学生认为较了解，超过21%的学生不了解甚至从来没有考虑过或关注过该方面的内容。这表明学生的职业敏感度不高，即使有20%的学生认为较了解，但也只是停留于表面的认知，缺乏深层次的分析和思考。同时，调查对象主要是一、二年级学生，尚未正式进入择业阶段，对其认识不够是导致了解比例不高的原因之一。随着求职面试的高峰期阶段到来，就业工作者需要深入了解高职学生的困惑所在，对他们有针对性地加强就业指导，以使他们及时调整好心态。

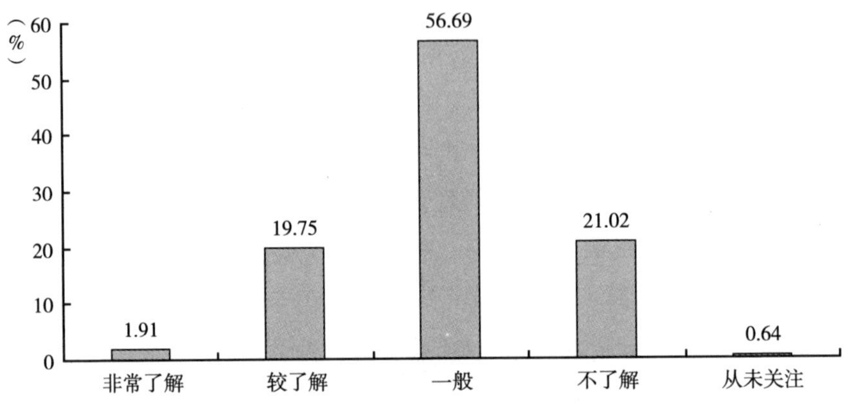

图 8　对职业发展趋势、行业背景的了解

在找工作时，高职学生认为企业最看重的因素，也是衡量其对职业认知的一个方面。调查结果显示（见图 9），能力的高低以占比 91.72% 居于第一位，经验指标在所有指标中，以 61.15% 的比例居于第二位，学历指标以 44.27% 的占比居于第三位，有 35.99% 的学生认为专业也是企业最看重的指标之一。除此之外，占比相对来说较低的因素，如形象、成绩、学校、背景，分别占 24.84%、10.54%、8.92%、6.37%。可以看出，高职学生对用人单位的条件要求与当前市场中用人单位招聘大学生看重的条件，基本吻合。在过去，招聘时用人单位往往更加关注“成绩”；而现在，用人单位招聘从成本与收益的角度考虑，尤其在市场经济竞争激烈的环境下，更加关注招聘对象的综合能力，希望能为企业带来更多的收益。高职院校重视对学生职业技能的培养，使学生更适合市场的用人需求，这也是近年来高职学生就业比普通高校毕业生相对更受青睐的原因之一。

（3）高职学生对择业的准备

高职毕业生择业的过程是一个竞争激烈的过程，要在竞争过程中充分发挥主观能动作用，保持良好的竞技状态，必须做好择业前的准备。调查结果显示（见图 10），关于高职学生平时翻阅与求职相关书籍情况，超过 56%

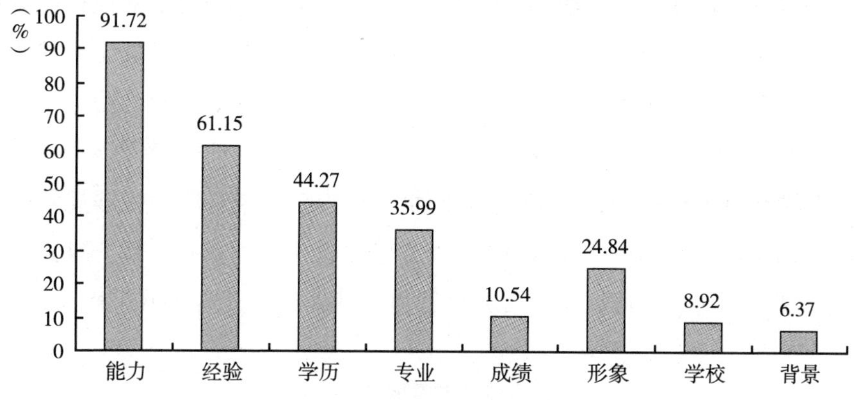

图 9　企业最看重的因素

的学生会偶尔翻阅，超过 5% 的学生会经常翻阅，有 38.22% 的学生从来没有翻阅过。进一步的调查结果显示经常翻阅面试相关书籍的多为三年级学生，即面临毕业季的高职学生；偶尔翻阅相关书籍的则多为二年级学生；从未翻阅过的则多为一年级学生。这表明处于不同阶段的高职学生，就业的紧迫感不同，相应地做出的准备也不同。

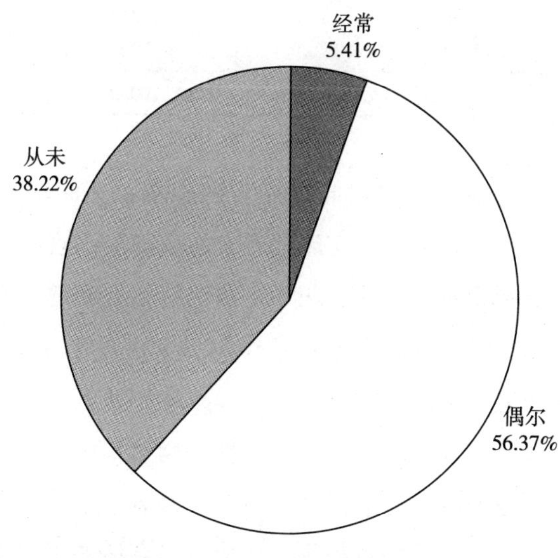

图 10　平时翻阅求职相关书籍情况

在准备求职之前，高职学生觉得需要提高的能力或技巧，对谋得一份好的工作至关重要。调查结果显示（见表5），高职学生认为需要优先考虑的占比比较高的有：言谈举止、社会实践经验、专业能力、交流沟通，个案百分比分别为61.15%、59.24%、58.92%、53.50%。同时，有31.53%的学生认为要提升面试技巧，有18.15%的学生认为需要进行职业生涯规划，有9.87%的学生认为要提高获取有效求职信息的能力。由于每个调查对象都可能选择两三个选项，所以个案百分比总和为292.36%，大于100%。

表5 求职前需提高的能力

单位：人，%

名称	频次	百分比	个案百分比
专业能力	185	20.15	58.92
言谈举止	192	20.92	61.15
社会实践经验	186	20.26	59.24
求职信息获取能力	31	3.38	9.87
交流沟通	168	18.30	53.50
面试技巧	99	10.78	31.53
职业生涯规划	57	6.21	18.15
其他	0	0.0	0
总计	918	100.0	292.36

当前的就业市场是一个“双向选择”的市场，高职毕业学生不仅要有内在的东西，还要在言谈举止、交流沟通方面赢得面试官的欣赏。因此，言谈举止素养，以及专业能力，是高职学生认为需要提高的方面。用人单位作为市场主体，在招聘时会将成本与收益作为一个手段来衡量应聘者的因素，而求职学生从校园进入单位并顺利适应工作，离不开其在读书期间的社会实践锻炼，也因此社会实践经验成为一个重要的衡量指标。其他选项相对来说比例较低，但也是短期内易迅速提高与掌握的部分。不管哪方面内容，都充分说明高职大学生从不同层面认识到，获取一份合适的工作需要自身多方面的努力和提升。

（二）高职学生职业生涯规划的认知与现状

增强对职业生涯的思考和规划，在很大程度上将决定高职学生未来人生的宽度和深度。对高职学生职业生涯规划认知与现状的考察，主要通过其职业生涯规划现状、对职业生涯规划的认识及需求意愿三个方面来体现。

1. 高职学生职业生涯规划的现状

在调查对象中，关于进入高职院校后，高职学生做职业生涯规划的情况，调查结果显示（见图 11），仅有 4% 左右的学生有规划，且非常清晰；有 26.75% 的学生仅有近期规划，没有长期规划；有 46.50% 的学生规划比较模糊，没有系统规划；有 22.61% 的学生没有规划。数据表明大部分高职学生对自己的未来发展、个人定位以及职业规划比较茫然，没有进行有效的分析，同时也反映出学校职业生涯规划教育没有深入开展，没有指导学生制定出适合自己的学习路线。

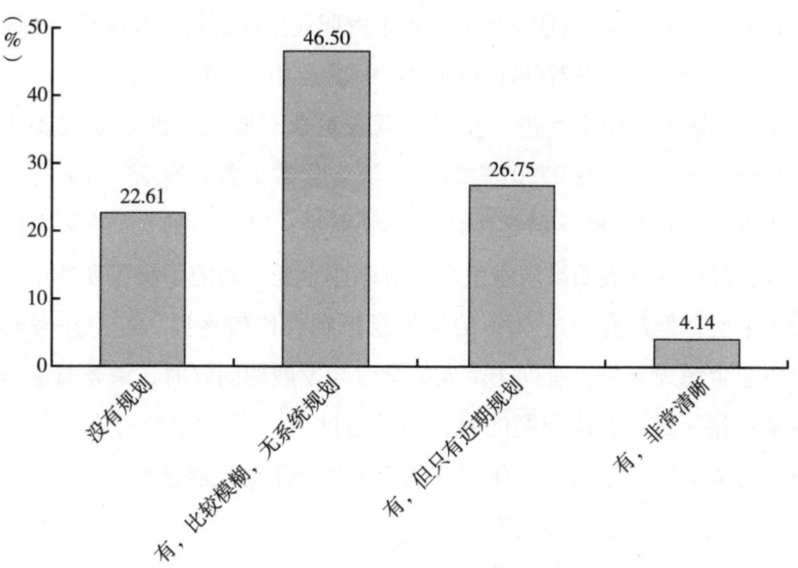

图 11　进行职业规划情况

面临着与普通高校毕业生一样的择业竞争压力，高职大学生如何科学、客观地评价自己、设计合理的职业生涯，成为其择业前的一个重要内容，而职业测评技术是有效帮助高职大学生解决该问题的途径之一。调查结果显示，在当前盛行的职业测评技术中，诸如霍兰德职业测评、卡特尔16PF性格测试、MBTI职业规划测评、斯特朗兴趣清单、贝尔宾团队角色测评、差别能力倾向测评等，仅有15%左右的高职学生使用过其中之一，超过83%的高职学生表示没有使用过。数据表明高职学生利用职业测评工具的手段不高，积极主动规划意识不强；同时，学校招生就业指导部门的网站缺少相应内容，学生规划意识低。

2. 对职业生涯规划的认识

关于调查对象对职业生涯规划的了解程度，调查结果显示，有2.55%的学生处于非常了解和非常陌生两个层次，有18.47%的学生较了解，有44.27%的学生了解程度一般，有32.17%的学生不了解。可以看出，大多数高职学生对职业生涯规划是有了解的，但了解程度基本停留于表面，即一般水平上；但也要看到仍然有超过三成的高职学生完全不了解职业生涯规划，对自己未来缺乏明确的规划与定位，是比较容易在择业过程中感觉到迷茫的一部分人。

在此问题的基础上，进一步考察调查对象对职业生涯规划重要性的评价，调查结果显示，有27.07%的学生认为非常重要，有53.50%的学生认为比较重要，有16.88%的学生认为一般重要，仅有不到3%的学生认为不重要或者没用。这表明高职学生虽然对职业生涯规划的了解程度处于不同层次和水平上，但却有超过80%的学生意识到其比较重要。这与在考察调查对象职业生涯规划是否有助于个人的学习与发展的问题时，调查对象给出的回答基本相一致。在该问题的回答中，超过70%的学生持肯定回答，仅有5.73%的学生持否定回答，有24%的学生处于不确定状态。

3. 对职业生涯规划的需求

该部分内容主要是通过考察高职学生对职业生涯规划的需求程度、需求意愿以及需求内容来体现的。学生希望获得相应的指导服务的程度，是考察其需求程度的标准之一。在314位调查学生中，结果显示（见图12）：有

15.92%的学生认为非常需要，有57.96%的学生认为比较需要，有19.43%的学生需求程度一般，有5.10%的学生认为不太需要，仅有1.59%的学生持完全不需要的观点。综合前面的调查结果，高职学生职业规划能力虽然不强，但需要相应指导服务的仍然占很高的比例，近94%的学生表示有此需求。这也对就业指导部门的工作提出要求，即就业指导部门需要不断完善职业生涯规划方面的课程建设与服务，不断满足高职学生的职业规划需求，有效指导高职学生进行职业规划。

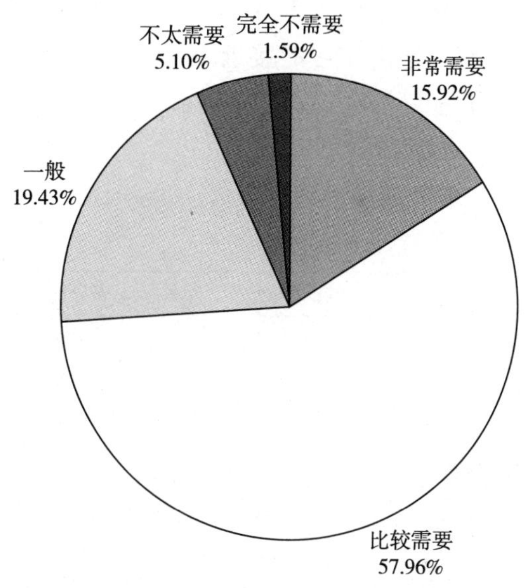

图12　接受指导服务的需求程度

需求意愿强弱与需求程度的大小密切相关，对高职学生参加有关职业咨询或相关活动意愿的调查结果显示，非常愿意的占20.06%，有54.78%的学生比较愿意，有21.68%的学生认为无所谓，有2.87%的学生不愿意，仅有0.64%的学生表示非常不愿意。可以看出，需求意愿的比例与需求程度的比例基本吻合，超过74%的学生是比较愿意参加有关职业咨询或相关活动的，仅有3%左右的学生不愿意参与。

培训是一种知识、技能等信息的传递过程。调查结果显示高职学生愿意参加培训的情况（见表6），参加就业指导部门提供的职业生涯规划与就业辅导讲座的占52.55%，参加就业个体咨询与辅导服务的占42.99%，参加职业测评系统测评的占39.49%，参加社团组织的模拟面试训练活动的占43.31%，参加学校组织的定岗实习的占49.68%，参加成功职业经理人讲座的占34.71%。由于每个调查对象都可能选择两个及以上选项，所以个案百分比总和为262.7%，大于100%。可以看出，高职学生参与各种形式培训的意愿比例比较高。其中，参加职业生涯规划和就业辅导讲座的超过52%，这类讲座多由学校就业指导部门提供，高职院校应该加强该方面内容的提供。参与学校组织的定岗实习的接近50%，这类培训属于理论与实践紧密结合的活动，也是职业院校特有的实训项目。

表6　愿意参加培训情况

单位：人，%

名称	频次	百分比	个案百分比
职业生涯规划与就业辅导讲座	165	20.00	52.55
就业个体咨询与辅导服务	135	16.36	42.99
职业测评系统的测评	124	15.03	39.49
社团组织的模拟面试训练活动	136	16.48	43.31
学校组织的定岗实习	156	18.91	49.68
成功职业经理人的讲座	109	13.21	34.71
总　计	825	100.0	262.7

对于学校提供的职业生涯规划指导，调查学生选择的指导方式，结果显示选择面对面方式的学生有53.95%，通过网络接受指导的有27.25%，通过社团接受指导的有12.53%，通过电话接受指导的有5.45%，不到1%的人选择其他方式接受指导。可以看出，学生接受指导的方式仍然偏重于传统面对面的指导方式，但也要看到随着信息技术的日新月异，高职大学生与网络接触紧密，通过网络接受指导的方式更是不容忽视，就业指导部门要将指导工作与网络运用相结合。

四　高职大学生职业生涯规划存在问题及分析

（一）职业生涯规划主体困境

1. 规划理念没有深入人心

进行职业生涯规划的主体是高职大学生，规划理念是否深入人心直接影响到规划主体的职业生涯设计。目前，我国高校的职业规划教育并不普遍。很多高校在实际的教学过程中忽视职业规划教育，高职院校中职业规划教育更是微乎其微。在调查对象中，有 26.75% 的学生仅有近期规划，没有长期规划；有 46.50% 的学生规划比较模糊，没有系统规划。对于职业生涯规划的了解程度，仅有 18.47% 的学生较了解。所调查对象主体是一年级、二年级学生，少量是三年级学生。可以看出，高职学生在进入大学后，在比较重要的初始阶段，并没有认识到规划的重要性，也没有形成系统的规划理念与职业意识，更不用说较长远的发展计划。

刚刚从高中教育模式中走出的学生，改变了以接受课堂教学为主的普通高等教育的模式，面对以强化技能训练为特点的高职教育的新模式，如果缺乏恰当的引导，学生容易变得茫然，出现“随大流”或“混日子”的想法。甚而有些高职学生认为，职业生涯规划是毕业之时的事情，且可以短期速成等。访谈内容显示，三年级学生普遍认为在毕业阶段提供职业规划课程或讲座太晚，给予自己的规划理念灌输如果在一年级开始，便会有比较充分的时间进行职业规划准备，效果会更好。可以看出，规划理念的缺乏既与相应知识的缺乏和对职场深刻认识的缺乏密切相关，也与高职院校的职业生涯规划指导工作跟不上有关。

2. 自我分析认识不足

个体进行自我分析及认识，是职业生涯规划中的重要步骤之一。只有在充分“知己”的基础上，才能更有效地进行“知彼”分析。在调查对象中，高职学生对自我的了解程度普遍不高，按照李克特 5 点量表的调查，不到 50% 的学生对自己的兴趣爱好、能力专长较了解，分别占 48.09%、

41.40%，仅有30.25%的学生较为了解自己的职业偏好，大部分学生了解一般或不甚了解。对专业的熟悉程度，报考时较熟悉的仅占10.19%；对所学专业的满意程度，比较满意的仅有26.43%；对自己专业未来发展面临的优势与劣势的了解情况，比较清楚的不超过40%，多数学生对专业的认知停留于基础层面；对未来自己该向何种领域发展，不到30%的学生有较为清楚的目标；可以看出，从不同层面对高职学生的自我认知进行考察的结果显示，其对自我的分析认识不充分。多数学生对自身特征、专业及未来择业等的认识，停留于表面，未能全面地进行客观而又准确的评价；同时，缺少忧患与长远计划的意识。当今学生多为独生子女，生活相对优裕，加之自身社会阅历不足以及实践经验缺乏，对未来就业市场中的残酷竞争认识或感知不深，是导致其自我分析不足的主要原因。

3. 主动规划意识不强

职业生涯规划的主体是学生。职业生涯规划并不是一个单纯的概念，它和个体所处的家庭、学校以及社会存在密切的关系。未来存在很多不确定性因素，职业生涯规划需要确立适当的变通性。因此，作为贯穿职业生涯规划始终的主体，要具有主动规划意识。但是调查结果显示，高职学生对职业生涯规划的主动参与意识并不强。46.50%的学生规划意识比较模糊，没有系统规划；22.61%的学生根本就没有规划；关于常用的测评工具，超过83%的学生表示没有使用过；对职业生涯规划的认识情况，仅有18.47%的学生表示较为了解。访谈内容显示，高职学生认为职业生涯规划并不是自己的事情，即使认为是自己的事情，也认为应该是毕业时乃至工作后再考虑的事。这反映出高职院校的职业生涯规划工作没有全面深入开展，仍停留于比较浅的层面，没有提供完善的人才培养措施及职业生涯规划指导服务。对职业生涯规划理念认识的模糊、意识的被动，导致大部分高职学生对职业生涯规划缺乏科学性、主动性。

另外，由于没有对自己的未来主动进行合理规划，缺乏相应的目标和意识，许多大学生在大学期间去考取各个职业的证件，力求为未来择业增添“砝码”。但在择业时很多证件并没有起到它们该发挥的作用，更不用说促进自身未来发展了。缺乏主动规划意识，易使学生出现盲目跟大流的现象，致使其所学的书本知识与社会实践找不到匹配的结合点。另外，当前普遍流行的“先就业，后择业”的观念也影响着高职大学生，使他们忽略了大学期间职业规划的重要性。

（二）职业生涯规划客体困境

1. 师资力量不足，专业性不强

职业生涯规划在国内各高校推广的时间比较晚。现代意义上的大学生职业生涯规划教育，从 21 世纪开始受到关注。与此同时，大多数高校纷纷开设职业生涯规划课程，但专业指导教师紧缺成为其发展过程中的重要影响因素之一，也是高职院校职业生涯规划发展的制约因素之一。高职院校并没有充分认识到职业生涯规划的重要性，没有建立一套对人力、物力和财力投入的机制，无法确保职业生涯规划的持续性。多数高职院校将学生职业生涯规划的工作和招生就业指导处的毕业生管理工作直接挂钩，开设相关指导或咨询活动的老师多为招生就业指导处老师。招生就业指导处人员有限，难以应付职业生涯规划指导工作的系统开展。提供指导的很多老师并不专业，或者有些老师只是经过短期培训，获得相应资格证书，便上岗开课，实践经验极为缺乏。虽然招生就业指导处也会组织一些大型讲座，如校友交流，但专业指导不够。虽然学校开设了相关选修课，诸如公司礼仪、职业素养的养成、现代社交与礼仪、大学生创业基础等，但学生多是为完成学分，并没有与职业规划相联系的意识。

2. 指导手段单一，现代信息手段利用不够

访谈内容显示，职业生涯规划指导的提供方式主要为校友访谈和讲座，形式过于正式、书面且单一，没有针对学生切实需求进行因势利导，效果不明显。调查中，从对学校提供职业生涯规划的指导工作，学生愿意选择的指导方式的考察中，可以看出学生选择指导服务的方式或手段是多样的，如选择面对面方式的学生有 53.95%，通过网络接受指导的学生有 27.25%，通过社团接受指导的学生有 12.53%，通过电话接受指导的学生有 5.45%，不

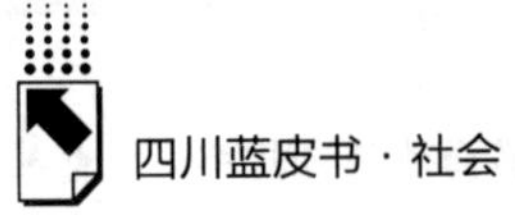

到 1% 的学生选择其他方式接受指导。

当前是一个信息与网络非常发达的时代，学生接收信息的途径多种多样，网络的快速发展带来了获取信息的便利。但调查显示，高职院校网站并没有充分利用这一现代媒介来推动工作。高职院校招生就业指导处网站提供的信息内容主要是招生和就业两部分，就业网站的内容包括专业介绍、近期招聘信息、学院就业制度、就业政策法规与工作程序、工作考评以及职前教育学堂和就业创业指导教育。在这些内容中，大部分内容是招聘信息，而职前教育学堂和就业创业指导教育内容非常少，各有 1 条信息，并且信息发布时间皆为 2011 年。信息量少，且更新慢，未将网络这一实现即时交流的平台充分利用起来。可以看出，招生就业指导处亟须跟随时代发展步伐，在使用传统指导方式的基础上，进一步利用现代信息技术，丰富指导手段，调动学生进行职业规划的积极性。

3. 内容缺乏吸引力，效果不明显

高职院校在高职学生职业生涯规划中扮演着重要角色，起到引领的作用。高职学生能否顺利进行职业生涯规划，需要高职院校相应的支持。高职院校提供的职业规划内容是否具有针对性、实用性则直接影响到高职学生职业规划的效果。指导方式的单一，导致指导内容的枯燥。目前，提供职业规划指导的内容缺乏与现实结合的灵活性，现阶段提供的指导服务，多为课堂式、讲授式指导，理论内容多，体验式教育少，枯燥呆板的讲授方式引不起学生的兴趣，致使部分学生在上课时“身在曹营心在汉”，心不在焉，不知老师所讲为何物。另外，提供知识的指导并不系统，有的学生甚至刚进入状态，指导就结束了，也就随之放弃进行规划的尝试，导致前功尽弃。

由于每个学生个体具有不同的个性特征以及家庭出身与经济条件等因素的限制，个体的需求不同，提供的指导内容往往不能满足所有人的需求。为此，调查中高职学生希望指导内容丰富化。问卷调查显示，希望提供职业生涯规划与就业辅导讲座的占 52.55%，希望提供就业个体咨询与辅导服务的占 42.99%，希望提供职业测评系统测评的占 39.49%，希望社团组织模拟面试训练活动的占43.31%，希望学校组织定岗实习的占49.68%，希望参加成功职业经理人讲座的占34.71%。可以看出，高职学校在开展职业生涯规划辅导的基础上，应该注重形式的多样性，内容的丰富性与针对性，提高内容的吸引力，增强指导效果。

五 对策研究

（一）强化理念，认识自我，推进学生对职业生涯规划的主动性

伴随着各类毕业生数量的增多，高职学生就业压力与日俱增。随着职业生涯规划在各高校的引进与使用，有效引导高职大学生正确进行职业规划显得日益重要。为此，高职院校要积极开拓多种渠道，如网络、社团、学报、模拟训练等，加强对高职大学生职业生涯规划的宣传，营造良好的职业规划氛围。在高职学生群体中形成正确的职业规划认识，逐步树立正确的职业生涯规划理念。

如果学生能够在进入大学之前，通过家庭、学校等的积极引导，增强对自我的正确认识和分析，知道自己喜欢哪一领域，以后将从事什么职业，并对这一职业和其涉及的专业进行一些探索和研究；那么，他们在选择专业和职业的时候，就会结合自身实际做出行动，而不会盲目随大流，在职业发展的道路上也会少走很多弯路，就不会出现毕业之时的“就业难”，毕业之后的“跳槽”频繁，以致很长时间内不知道自己究竟要做什么。

要实现自己的职业理想，就应强化自己的职业生涯规划的主动性。高职学生不同于普通院校学生，他们只有三年的大学时间，所以宜在进入大学一年级之时，做好自我评估，认真思考自己的兴趣爱好和自己专业发展的最佳方向。随着形势的变化，逐步明确将来愿意从事的职业。进入二年级时，要提前了解相关职业所需要的知识、技能和综合素质，强化对相关职业知识和技能的学习。积极参与相关社会实践活动，提高相关职业需要的从业能力，初步确定自己的职业生涯规划。三年级的时候，主要是进入职业适应期，总

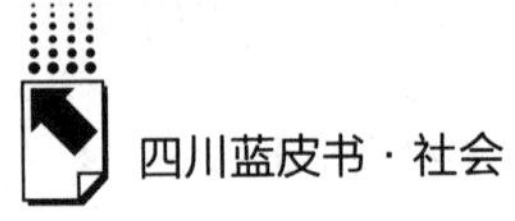

结前两年的准备情况，确定已确立的职业规划目标是否恰当，准备择业与就业的程序，落实职业规划。

（二）加强建设，丰富手段与内容，提高职业生涯规划指导水平

高职院校要制定关于学生职业规划的相关政策，完善经费投入机制，强化专业教师的引进，加强师资队伍建设，以保障高职学生职业生涯规划工作的有效开展。此外，学校领导应高度重视对高职学生职业生涯规划的辅导工作，切实意识到职业规划对毕业生未来的重要性。针对职业生涯规划辅导教师少、工作量大的特点，人事部门宜在人事配备上适当向就业部门倾斜，确保高职学生职业生涯辅导工作的顺利开展。

高职学校将职业生涯规划教育贯穿于学生的三年学习过程中，是系统化、长期化的教育工程。高职学校要在不同学习时期，系统安排相应的职业生涯规划内容，帮助高职学生明确职业生涯发展目标，做出正确的职业选择。高职学校可以在课程设置、举办讲座、社团活动、模拟培训等方面，提供多种形式的服务，加强职业规划与就业市场的接轨。积极引导学生及时了解社会就业动态与职业需求，与教学活动相辅相成，丰富职业生涯规划的内容。利用“产学研”结合的特色办学模式，为学生提供更多进入企业、了解社会的锻炼和学习的机会。通过实践的感性认知，进一步调整、规划自己的职业生涯。

高职学生的职业生涯教育不仅仅是学校的事情，有效地整合各种教育资源，提高职业生涯规划指导水平，是搞好高职大学生职业生涯规划的重要突破口。为此，高职学校需要进一步加强与用人单位的合作，不断完善实训基地建设。学校与企业可以探索共同开发针对大学生职业素质和职业技能的训练课程，聘请用人单位的人力资源经理担任职业导师，为大学生提前了解企业和接触业内人士提供便利。学校要加强与校友的沟通与联系。保持与校友的联络，经常邀请优秀校友为在校大学生做演讲，使校友以过来人的身份为在校学生提供职业规划经验。此外，就业指导部门应尽可能提供多形式的服务，让学生根据自身特点选择项目，

并与学校提供的职业生涯规划课程结合起来，实现标准与差异的融合、个体与全体的发展。

小　结

高职大学生是高职教育的主体，而高职教育是现代教育的重要组成部分，是工业化和生产社会化、现代化的重要支柱。作为现代教育中占据“半壁江山”的高职大学生，其就业状况直接影响到高职教育的可持续发展。为保证高职教育健康、有序、快速地发展，如何解决以就业为中心的高职院校的发展问题，成为高职院校管理者必须思考的问题。本调查报告，主要以职业生涯规划为切入点，分析高职大学生对职业生涯规划的认识及其现状，找出职业生涯规划主、客困境并进行分析，最后从高职学生与高职院校两个维度提出具体解决对策。

附　录

Appendix

B.21
2015年四川城市社会治理大事记

何金苗

1月8日　省委办公厅、省政府办公厅印发《关于创新社会治理方式推进网格化服务管理工作的意见》，从指导思想和目标任务、全面推进网格化服务管理、健全保障机制三个方面提出意见，旨在进一步加强和改进新形势下基层基础工作。

2月2日　四川省人民政府办公厅转发《省发展改革委关于改革创新发展规划编制工作指导意见的通知》（川办函〔2015〕28号），指导意见指出，总体规划主要围绕重大基础设施建设、重要资源开发利用、重大产业布局、重大民生和社会事业、科技创新体系建设、生态建设与环境保护等。

3月7日　四川日报发布文章，王东明：以全面深入推进依法治省打牢社会治理根基。四川省市县级党委普遍成立主要负责同志任组长的依法治理领导小组，在党委办公厅（室）设立领导小组办公室；省级层面建立“四套班子”办公厅和纪检、组织、宣传、政法等部门参与的“4+5”工作机制；把依法治省工作纳入政绩考核体系。在全面推进依法执政、依法行政、公正司法各项工作的基础上，着眼一些根本性问题，注重把最基础的工作做扎实。

4月15日 省社区治理工作领导小组召开第一次全体会议。副省长曲木史哈主持会议并讲话。会议听取了省民政厅厅长黄明全关于全省社区建设与治理工作的情况汇报，审议并原则通过了《四川省社区治理工作领导小组、成员单位和领导小组办公室工作职责》、《〈四川省“十二五”社区服务体系建设规划〉2015年实施方案》。

4月21日 四川省人民政府办公厅印发《四川省基本公共服务体系“十二五”规划2015年实施计划》（川办函〔2015〕79号），计划中提到九项主要任务：基本公共教育、劳动就业服务、社会保险、基本社会服务、基本医疗卫生、人口和计划生育、基本住房保障、公共文化体育、残疾人基本公共服务。涉及的城市社会治理的有：社区日间照料、社区卫生服务、医疗卫生资源进入社区、社区综合文化服务中心、社区书屋。

4月28日 首届中国社区治理论坛在成都市武侯区召开。论坛由中国社会治理研究会主办，武侯区政府承办，来自中央编译局、北京大学、清华大学、南开大学、上海大学等知名高校和研究机构的专家以及国内知名的社会组织代表与来自全国20个省（自治区、直辖市）的社区治理主管部门相关负责人把脉国内社区治理模式创新，武侯区、厦门市、南京市分别介绍了社区治理方面的具体做法，武侯区实施的政务事务下沉、推行政府购买服务、“三社联动”等社区治理新机制获得了与会代表的一致好评。

5月4日下午 “2014年度中国社区治理十大创新成果”发布会在京召开。四川成都武侯区“三社联动”社会化参与机制建设获此殊荣。民政部基层政权和社区建设司司长蒋昆生指出，“2014年度中国社区治理十大创新成果”，紧扣政府治理和社会自我调节、居民自治良性互动的改革目标，呼应“三社联动”机制建设的年度主题，取得了革故鼎新的初步经验。

6月11日 四川省人民政府办公厅发文《四川省人民政府办公厅关于印发四川省2015年“互联网+”重点工作方案的通知》（川办发〔2015〕

55号)，其中，“互联网+”民生服务，第（十八）条指出，印发《四川省智慧社区建设指南（试行)》，开展10个智慧社区试点，依托社区综合服务平台、社区便民服务站、网格化管理等平台，实现社区居民“吃、住、行、游、购、娱、健”的数字化、网络化、智能化、互动化和协同化。

6月12日上午　省委全面深化改革领导小组召开第七次会议。会议审议《中共四川省委全面深化改革领导小组2015年改革工作台账》和《关于进一步明确和规范省委改革办工作职能职责的意见》，审议《四川省关于进一步深化价格改革的意见》、《关于加快推进社会信用体系建设的指导意见》、《四川省省属企业负责人履职待遇、业务支出管理办法》、《关于深化省属国有企业负责人薪酬制度改革的实施意见》、《四川省探索建立生态补偿机制改革实施方案》和《四川省关于加快构建现代公共文化服务体系的实施意见》等6个专项改革方案，要求根据会议讨论情况进一步修改完善后，按程序报批实施。

7月22日　四川省人民政府办公厅发文《四川省人民政府办公厅关于印发四川省“城市基础设施建设年行动”实施方案的通知》（川办函〔2015〕129号)，方案指出，2015～2017年，全省以《四川省新型城镇化规划（2014～2020年)》为指导，扎实开展“城市基础设施建设年行动”，加快道路交通、市政管网、防洪排涝、污水处理、垃圾处理、生态园林、电力通信等设施建设，完善城镇棚户区改造配套基础设施，积极开展地下综合管廊、海绵城市和“宜居县城”建设试点。

7月28日　中共四川省委发布：中共四川省委关于加强和改进党的群团工作的实施意见。实施意见从以下九个方面提出要求：把握做好新形势下群团工作的总体要求，加强党委对群团工作的组织领导，推动群团组织更好围绕中心服务大局，支持群团组织在社会主义民主中发挥作用，推动群团组织引导群众自觉培育和践行社会主义核心价值观，推动群团组织改革创新转型发展，加大对群团工作的支持保障力度，加强基层群团组织建设，加强群团组织领导班子和干部队伍建设。

9月7日　中共中央办公厅、国务院办公厅印发《关于在部分区域系统推进全面创新改革试验的总体方案》。按照方案，8 个区域被确定为全面创新改革试验区，四川成功跻身其中，我省加速了实施方案的编制和完善。

9 月 14 日 四川省人民政府发文《四川省人民政府关于在公共服务领域推广政府与社会资本合作模式的实施意见》（川府发〔2015〕45 号），意见突出重点项目领域：基础设施领域、公用事业领域、农林和社会事业领域。

9 月 18 日 成都市委组织部、市民政局出台《关于减轻城乡社区负担的十条措施》（以下简称“社区减负十条”）。针对当前村（社区）行政化倾向严重问题，成都市委组织部、市民政局会同市级有关部门耗时近一年，依法对全市在村（社区）服务事项进行梳理和清理，建立事项准入制度，不仅形成市级层面四项清单，而且还实行负面清单制度，这也是成都社区减负十条最大亮点。

9 月 22 日 省第十二届人大常委会第十八次会议第一次全体会议举行。我省“十三五”规划编制工作已于 2014 年 4 月启动，确定了 20 个重大课题，科技创新、产业发展、基础设施、公共服务、社会治理等领域 11 个重点专项规划以及五大经济区区域规划的编制工作目前正有序推进，已形成《纲要》提纲，正组织省级相关部门研究起草重点内容、论证重大项目，预计将于 11 月底前形成征求意见稿。

10 月 9 日 由人民网和国家行政学院政治学部联合主办的“2015 全国创新社会治理典型案例颁奖典礼暨经验交流会”在北京人民日报社举行。成都市温江区涌泉街道探索实践的“积极型社区”治理模式荣获 2015 全国“社会治理创新最佳案例”奖。

10 月 10 日 四川全省首家院落自治组织联合会在成都市锦江区举成立。锦江区院落自治组织联合会成立大会举行，标志着院落治理进入了一个新的起点。

10 月 28 日 四川省发展改革委员会发布：四川省“十三五”创新社会治理研究。“十三五”期间要牢牢把握推进国家治理体系和治理能力现代化的总目标，积极构建多元协同的社会治理格局，依法维护人民权益、维护社会公平正义、维护国家安全稳定，最大限度地增加和谐因素，为深入实施西部大开发战略，奋力推进“平安四川”、“法治四川”、“和谐四川”和治蜀兴川的各项事业打下坚实基础。实现社会治理格局运转有序、社会治理法治水平不断提高、社会治理方式科学有效、社会组织活力稳步提升、社会风险预警机制和社会矛盾化解机制不断优化和公共安全体系不断完善。

10 月 31 至 11 月 1 日　四川省社会科学院社会学研究所和四川省社会学与社会服务中心联合举办的社区营造与城市社会治理研讨会在成都举行。清华大学的社区营造研究专家罗家德教授、上海大学社会治理研究专家顾骏教授、成都民政局的江维处长、四川大学的王卓教授、市社科院的王健所长和环科院吕晓彤所长以及四川社会组织代表杜玲、刘飞、李冯川和成华猛追湾社区和福田社区书记等出席了会议。同时举行“四川省社会学与社会服务研究基地”大邑福田授牌仪式，福田试验区的建立，秉承了华西坝社会学传统，开创了集“研究、培训、服务”三位一体的社会学服务社会的新实践。

11 月 17 日　中国共产党四川省第十届委员会第七次全体会议通过《中共四川省委关于制定国民经济和社会发展第十三个五年规划的建议》。“十三五”时期我省发展的主要目标中提到加强和创新社会治理，建立健全党委领导、政府负责、社会协同、公众参与、法治保障的社会治理体制，推进社会治理精细化，构建全民共建共享的社会治理格局。建立健全以基层党组织为核心的基层依法治理体系，完善基层群众自治制度，增强社区服务功能，实现政府治理和社会调节、居民自治良性互动。全面推进党政主导的网格化服务管理体系建设。建立政社分开、权责明确、依法自治的现代社会组织体制，激发社会组织活力。加快推进社会稳定风险评估地方立法，加强信访工作法治化建设。完善矛盾纠纷多元化解机制。

12 月 1 日　由省民政厅、西南财经大学牵头制定的《社会工作服务效果评估规范》（DB51/T2102 – 2015）地方标准，经四川省质量技术监督局批准发布、国家标准化管理委员会备案，今日起实施。

12 月 4 日　四川省公益界首次创新设立的“伙伴互助”项目在省群团

组织社会服务中心启动。在“伙伴互助”项目的管理构架中，专门设置了特邀委员部门，包括金融专家、财务专家和法律专家。凡在省内各民政部门登记注册的民办非企业单位、社会团体均可提出加入申请。“伙伴互助”项目是四川省公益界的一大创新，公益组织可以充分利用这个平台聚集爱心与责任，共同携手成长。

12月2日到9日 首届由成都社会组织学院、四川大学中国地方政府创新研究中心主办的首届“我在你身边—成都社会组织参与社会治理十大创新案例评选”系列活动在成都正式启动。

12月23日下午 省委召开常委会议，传达学习中央经济工作会议和中央城市工作会议精神，省委书记王东明主持会议。会议提出，全省上下要结合实际深入学习领会，切实把思想和行动统一到中央重大判断和决策部署上来。此次会议提出准确把握城市发展的方针政策和主要任务，统筹做好当前和今后一个时期我省城市工作。

Abstract

Annual Report on Social Development of Sichuan (*2016*) is an annual research report compiled by the institute of sociology of SASS. The report represents the effort of Sichuan province urban social governance research which compiled by the institute of sociology of SASS, related government, universities and Ngo's staff.

The book collects a total of 22 essays, and is consisted of overview, development trends, hot-spots, special topics and case study. On the one hand, the book discusses the key issues of social governance in types of cities and systems and mechanisms, focuses on the research of the construction of social organization and mechanisms, urban community foundation, secure communities, smart cities, happy families, government purchasing of public service and other new requirements for urban social governance, and makes an in-depth exploration of the challenges and importance of urban governance transformation. On the other hand, based on research of the international experience of urban social governance in foreign countries, the book comes up with some general problems with urban social governance by analyzing floating population in Chinese cities, the aging population, owners' committees, NGOs, female employment, teenagers' integration into cities, floating minorities' integration into cities and the urban consumption and career planning of college students. Emphasizing case study, this book carries out in-depth discussion on some hot and tough problems concerned by both government and the public, such as grass-root entrepreneurship, reconstruction of old cities, social organizations participating in grass-root governance and participatory community governance.

While great progress is made in Sichuan's urban social governance as well as create many useful experience, but It is an undeniable that Sichuan province's urban social governance faced many problems such as such as frequent movement of population, high concentration of population, heterogeneity in social composition, widening gap between different social groups and between the rich and the poor, more diversified cultural concepts and interest demands and more serious urban diseases. All these social characteristics make specific social governance more difficult and constructing the co-building and sharing pattern of social governance more challenging.

The 13th Five Year Plan put forward innovation, harmonious, green, open and sharing development ideas to point the way for improve the level of Sichuan's urban social governance. urban social governance is the test bed for social justice and we hope urban social governance could sustainable development in innovative research. We must sustained ceaseless improve the level of urban social governance and constantly advancing social system innovation, as well as mobilizing social resource to participate in social governance and speed up the formation of urban social governance system to make sure Sichuan's urban social safely and orderly.

Contents

I General Report

Abstract: Urban social governance is an important foundation for national governance as well as an important part of the modernization of the system and capability of national governance. As China enters the mid-late stage of urbanization, which is marked by rapid development of urbanization, it has launched an exploration and transformation of "from government to governance" in its urban management practice. Urban social governance in Sichuan Province is faced with some new challenges. For example, the rate of urbanization is disproportionate with the ratio of residents with urban hukou; the rule of law and social maturity are still in a primary stage; smart cities provide a new model for urban social governance; and the integration of cities and industries requires social governance in cities with industrial parks. As urban social governance deals with various and complicated problems, the government should seek cooperation with enterprises and the society, so as to activate the resources of individual citizens, social organizations and enterprises and provide diversified supply to evolving and

① Same as research group of urban social governance blue book. It is consisted of postgraduates of Sociology and researchers from Sichuan Academy of Social Sciences, Department of Civil Affairs of Sichuan Province, Organization Department of the Party Committee of Sichuan Province and Sichuan University. Author: Li Ling diversified demands. Also, Sichuan Province has made some achievements in its extensive practical innovation. Therefore, some orientations in future urban governance are predictable. First, in terms of concept, future urban governance will switch from government governance to participatory governance; second, in terms of participants, future urban governance will switch from the old to the young; third, in terms of districts, future urban governance will switch from independent administration within each district to cooperation between cities; fourth, in terms of content, future urban governance will pay attention to both people's livelihood and economic growth; fifth, in terms of methods, future urban governance will switch from regulations to the rule of law; sixth, in terms of focus, future urban governance will switch from organizational innovation to community capacity.

Keywords: Sichuan Province; Urban Social Governance; From Government to Governmance

Ⅱ Government Reports

Abstract: The Aging of Sichuan population is quite early, fast and deep. In 2020, the population over the age of 60 will reach 186. 672 million, occupying22. 66 percent of the total population. Although Sichuan has issued a series of policies to promote urban senior services in recent years, it has to face many problems, one of which is that the aging degree surpasses the level of economic development. Therefore it's necessary to build an integrated urban senior services system and support system. It is also essential to develop private senior services institutions and "silver" industry vigorously and to build long-term care and nursing system for the elderly.

Keywords: Aging; Urban Elderly Care; Senior Service System

B.3 Study on Urban Women's Employment Issues and Its Supporting System

—*Basing on Questionnaire-Data from Chengdu Human Resources Market*

Shen Maoying, Yang Ping and Zhang Xiaohua / 044

Abstract: Women's employment level is an important indicator to measure women's development, which related to women's dignity and family stability as well as social harmony. Economic development does not mean that women's employment synchronous growth, but economic growth downward must impact on labor market and increase the risk of women's employment. This paper overviewed women labor's employing structure in 2010, discussed women's employment issues such as employing dilemma and intention, putted forward social supporting system to enhance employing level of the disadvantaged female labor.

Keywords: Women's Employment Issues; Employment Intention; Employment Supporting

B.4 Sichuan Province Property Owner Committee Development Report

Li Fengchuan / 060

Abstract: The development of Sichuan province property owner committee was almost simultaneous with commercial housing developmental level and state related regulations . the establishment and development tendency of property owner committee basically start from provincial capital to prefecture-level city and county-level city. Property owner committee is well-developed in Sichuan province , but it's still in infancy stage, and only promote the property owner committee constantly improving can perform its proper social function. Finally this essay at the last part makes five constructive policy measures about the development of Sichuan province property owner committee.

Keywords: Sichuan Province Property Owner Committee; Social Governance

Abstract: In recent years, Sichuan Social organization rapid development, the construction of social organization system increasing perfect. The modern system of social organization including Regulatory system, support system, management system , operation system and cooperation interaction system gradually been built. In this process, both the government and social organizations are faced with the system transition period. Perfecting modern social organization system needs the government as the main body set up the system of regulation, policy, rule of law, and social organizations as the leading factor, set up the system of resource, ability, self – discipline, dominated by citizens to establish accountability, cooperation and management system

Keywords: Social Organization; The Modern System of Social Organization; System Construction

Abstract: To give full play to People's organization and integrating social forces, resolving the service the masses of the problem of " The last one kilometer", In March 2014, Sichuan charity cooperation had been set up. At the sema time, the part of sichuan province city state had begun to explore the work of Sichuan charity cooperation. With the increasing of sichuan province for its leadership and funding support, After two years of development, Sichuan province has been basically set up four-level: provinces, cities and states, counties, community of working platform and organization structure. It efforts to serve the community organization and actively carry out all kinds of activities. In order to further clarify the legal status of Sichuan charity cooperation and making its work mechanism, perfect its working content, improve its ability to work laid a strong foundation.

Keywords: Sichuan; Charity Cooperation; Work System

Abstract: In this study, based on the literature at home and abroad and empirical data of community funds in Chengdu, we discuss the current situation of Sichuan urban community foundation using community governance theory. We found that in Sichuan some communities carried out some community fund pilot experiments, achieved some valuable results. However, the overall is still in its fledgling stages, there are high barriers, such as registration threshold high. We propose to develop mechanisms and systems for community foundations through bold innovation, playing the important role "lubricant" and "harmonious agent" of community fund in community governance processes.

Keywords: Community Fund; Community Funding Agencies; Community Governance; Chengdu

Abstract: Migrant juvenile in Sichuan Province remains very serious problems in the whole country. However the achievement of the love and care work for them in Sichuan Province is outstanding. Accordingly, the paper firstly draw some conclusions by summarizing and analyzing the feeling of migrant juvenile's situation written by themselves. Secondly, the paper describes the love and care work for migrant juvenile and analyzes its effect. Finally, the paper offers some general advice and targeted suggestion for the future.

Keywords: Migrant Juvenile; Sichuan; Love and Care Work; Urban Adaption; Social Integration

Abstract: safety community relates to social governance. safety community can be understood as a community which has a institutional framework, and it asks community agencies, volunteer organization, enterprises and the individuals Participating in Injury Prevention and safety promotion to build a health and safety objective's community. On the basis of practical experience from home and abroad, Sichuan province puts safety community construction as a major projects to improve people's livelihood. Safety community has remarkable effects on structure public safety net and protection of people's health and safety. But the problems still remains, such as insufficiency of public participation and lack of energy from social organizations. We should consider safety community as a important carriers of the innovation of society governance system. Moreover, we need to renew ideas, strength governments' leading, and change governments functions to offers better protection for building a well-off society in an all-round way.

Keywords: Safety Community; Public Safety; Sichuan

B. 10 Practice Innovation Report of Chengdu Participatory Community Governance

Jiang Wei / 156

Abstract: Nowadays, urban and rural communities have the important foundation of improving people's livelihoods and strengthening social management. it also play the role of reinforce party's governing position. But insufficient participation in community, lack of resident participation energy, decline of community culture and the public products mismatch between supply and demand are still remain in urban and rural communities. Since 2009, Chengdu state government carry out some new social governance polices such as community consultation, public fiscal system and courtyard self-governance to build a efficient supply and demand mechanisms and increased communities energy and try to construct the people's livelihood to promote grass roots democracy and grassroots democracy to guarantee the people's livelihood model.

Keywords: Community Consultation; Community Public Products; Courtyard Participation; Community Participation; Grassroots Self-governance

B. 11 A Study on the Construction of Chengdu Happy – Families Index System

Research Group of Chengdu City Women's Federation and Chengdu Academy of Social Sciences / 167

Abstract: On the base of the foregone studies, the construction of Chengdu happy families research group has primarily formed the construction of Chengdu happy families index system. Thereafter on the basis of 2010 Chengdu citizens happiness questionnaires and some community work experts、social worker and community resident' suggestions , this index system has already completed and have gained wide acceptance. Next work focus on testing the index system in practice and committing to excellence , meanwhile, the research group puts some suggestions about the construction of Chengdu happy families during the research process, and hope these suggestions will be helpful for government's decisions.

Keywords: Chengdu; Happy Families; Construction Index

Ⅲ Practical Reports

B. 12 Constructing A New Model of Smart Governance Driven by Experimental Zone and Comprehensive Linkage

—Information-driven Practical Exploration of Deepening Social Governance and Service Innovation in Chenghua District of Chengdu

Xiang Ziqiang, Zou Qin and Lin Feng / 183

Abstract: A sophisticated system and an enhanced capacity in grass-root social governance are the foundation in modernizing the system and capacity of national governance. Driven by informationizing social governance and service innovation, Chenghua District of Chengdu established a "national experimental zone of community governance and service innovation" and a "comprehensive linkage of the service of regional governance" at the deployment of the city of Chengdu and Sichuan Province as well as the direction of Ministry of Civil Affairs of the People's Republic of China. Chenghua District has constructed a new model of smart governance driven by experimental zone and comprehensive linkage featuring multiple autonomy of "participatory zone", extensive sharing of "service zone" and benign interaction of "governance zone". The success of Chenghua District has accumulated experience for innovative social governance and service as well as model of grass-root practice in modernizing the system and capacity of national governance.

Keywords: Governance Service; General Informatization; Practical Innovation; Sample of Chenghua

B. 13 Report on the Current Situation of Minority Floating Population Merging into the City

—Based on "C" city, Sichuan province *Liu Wei* / 192

Abstract: This paper focuses on floating population of ethnic minorities in the city of Sichuan. The study found that the city's ethnic groups began to Stratification and gradually solidified. the demands of them are becoming more and more diversified. They integrated into the local life of city. However, some of them are still endured the "relative deprivation." At the same time, although the demands of Social Communication are more and more increased, the community participation of them are still insufficient.

Keywords: The Floating Population of Ethnic Minorities in the City; Social Exclusion; Social Integration

B. 14 Report on Social Organization Participate in Urban Courtyard Governance

Deng Mei / 215

Abstract: Taking the community working practice as example that I YOU SHE has done in Courtyard No. 67, Shuijingfang Street, the article is written and summarized with mainline of motivating residents to participate. In the beginning of 2012, thanks to governments' purchasing services, I YOU SHE took part in governing work of Courtyard No. 67 in Jiaochangba Community. It has been 4 years since then.

During four years' work, there were plenty of living materials, all of which were unable to be written in, while in different stages, I YOU SHE would change her working patterns and approaches from residents' varied needs and different situations of courtyards. However, to motivate residents to participate and stimulate the vitality of community has always been the mainline that never changed.

The article tries to take Courtyard No. 67 as a case and write from the perspective of how social organizations motivate residents to participate into community governance. From courtyard election—mobilize participation by election, to courtyard construction—mobilize residents participate in public profits and problems by participatory meeting methods, then cultivate inner energy of courtyard—create space and conditions for participation.

Up to now, through four years' practice, residents' participating capacity, aspiration, depth and width have changed prominently. They have stronger sense of belonging to the courtyard. Now artists get involved in and add more diverse and humanistic color to courtyard governance. In this process, how social organizations interact with government, community residents committee and community residents, what role social organizations play in different stages, the article will explain.

Keywords: Community Governance; Participation Non-profit Organization

Abstract: The old courtyards face with disgusting environment, decaying infrastructure , which are risk of huge potential security problems. The way to demolition and reconstruction old central courtyard is a people's livelihood project for improving the quality of residence life. Furthermore, it is necessary to think about how to tighten the power of government, community, resident and self-governance organization into together to participate in social governance (community and courtyard governance), and provide more broader public service. what's more, it is not only need to strengthen the consciousness of residents rights but also need to advocate the awareness of responsibility. Besides, it is difficult to resolve contradictions and promote resident integration in reconstruction.

Keywords: Old Courtyard; Demolition and Reconstruction; Community Governance

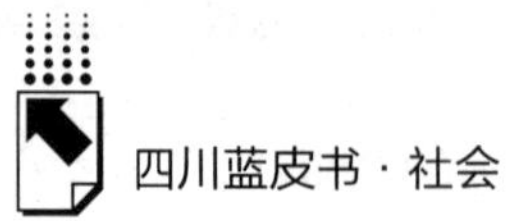

B. 16 Shuijingfang Model of Urban Community Governance

Research Group of Shuijingfang Community Governmance / 239

Abstract: With the development of urbanization, community structure and social governance become more and more complexity and diversity. Shuijingfang Subdistrict takes "one core multi-factors, cooperation altogether to govern" as the grass-roots governance model (Party committee as core, community service centre, residents' committee and NGO, etc. get together to govern community) to district commission and government's requirements. Shuijingfang Subdistrict systematically push the new governance model (law-orientation Governance, moral-orientation Governance, self-governance, multi-governance and informationized, networked, systematized governance model) during the working process . And as a leader, it explores NGO collaborative governance and it builts multi-level governance to realize social positive interaction in the province. Although Shuijingfang Subdistrict achieve a great process in community governance, we note that there are some imbalanced development among the six communities in Shuijingfang Subdistrict administration. So at this condition, what we need to do are that build a more inclusiveness and openness governance system by adjusting policy framework on the basis of original policy framework .

Keywords: Urban; Community Multi-governance; Shuijingfang Model

B. 17 A Research on the Intention of Peasant－workers Return Home to Start Business and Mass Entrepreneurship

Zan Baoyi / 250

Abstract: migrant workers is the national participants to implement public entrepreneurship, innovation strategy. The return of entrepreneurial intention for example, "double" policy can be effectively awesome, will directly affect the effect of fostering new impetus to economic and social development, attention must be given.

Keywords: Migrant Workers; Willingness to Entrepreneurship; Public Entrepreneurship; Entrepreneurship Policy

Abstract: Objective To provide the data basis with helping the government decision-making to establish an available mechanism for effective response to HIV in post-disaster settings. Methods An open-ended interview schedule with a non-matched qualitative data collection method to interview local informants, governors and vulnerable population affected by HIV in 9 earthquake disaster counties of Sichuan, PRC. Results The work base as a unformatted pattern in grassroots level was exists for response to HIV in emergency settings. Conclusion Building an available mechanism for effective response to HIV and other emerging infectious disease (EID) in emergency settings through timely review key steps with a whole insight to support the extension of community-based response to disaster as a significant approach is highlighted in the study.

Keywords: Disaster; HIV/AIDS Emergency; Response; Policy Decision-Making; Sichuan

Abstract: To promote government purchasing services, improve the

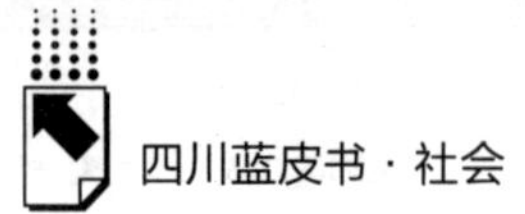

government's public services, give full play to the market and social forces, and effectively improve the level and efficiency of public service, is an important measure to strengthen and innovate social governance. From local practice to top-level design, as a way of government reform, government purchase service has become an important tool to deal with the relationship between government and market, government and society. In recent years, the local government of our country has carried on the positive exploration; it has accumulated some valuable experience. However, due to the late start of China's government purchase services, and the existing research mainly concentrated in the economically developed eastern coastal areas and seldom to the western region of the government. Therefore, to combined with the actual situation of government purchasing services in Chengdu W district, this study will analysis and sum up the experience and problems of the government purchase services, so as to provide a reference for the development of theory and practice about government purchasing services in future.

Keywords: Government Purchasing Services; Public Service; Local Experience

B. 20 Educational Sociological Research of College Students' Career Planning

—*Taking Sichuan J College as An Example*

Abstract: College students' career planning that is an anticipatory preparation of socialization aims for their future work. Contemporary society is a society that changes in transitional speed. Individuals are continuing to reshape their self-concept, at the same time, the changing social environment results in difficulty for college students to make their career planning and this may leads to the fact that they are not able to adjust to the changing society. Such ideas are put forward to resolve the problem: First is to strengthen students' self-understanding; second, the

2nd is to promote the initiative for career planning which means to provide rich ways for career planning; and the third is to create a diversified pattern of professional opportunities. The fourth is to promote the free flow of labor opportunities.

Keywords: College Students; Career Planning; Sociology of Education

Ⅳ Appendix

皮书起源

“皮书”起源于十七、十八世纪的英国，主要指官方或社会组织正式发表的重要文件或报告，多以“白皮书”命名。在中国，“皮书”这一概念被社会广泛接受，并被成功运作、发展成为一种全新的出版形态，则源于中国社会科学院社会科学文献出版社。

皮书定义

皮书是对中国与世界发展状况和热点问题进行年度监测，以专业的角度、专家的视野和实证研究方法，针对某一领域或区域现状与发展态势展开分析和预测，具备原创性、实证性、专业性、连续性、前沿性、时效性等特点的公开出版物，由一系列权威研究报告组成。

皮书作者

皮书系列的作者以中国社会科学院、著名高校、地方社会科学院的研究人员为主，多为国内一流研究机构的权威专家学者，他们的看法和观点代表了学界对中国与世界的现实和未来最高水平的解读与分析。

皮书荣誉

皮书系列已成为社会科学文献出版社的著名图书品牌和中国社会科学院的知名学术品牌。2011 年，皮书系列正式列入“十二五”国家重点出版规划项目；2012~2015 年，重点皮书列入中国社会科学院承担的国家哲学社会科学创新工程项目；2016 年，46 种院外皮书使用“中国社会科学院创新工程学术出版项目”标识。

中国皮书网

www.pishu.cn

发布皮书研创资讯，传播皮书精彩内容

引领皮书出版潮流，打造皮书服务平台

栏目设置：

- □ 资讯：皮书动态、皮书观点、皮书数据、皮书报道、皮书发布、电子期刊
- □ 标准：皮书评价、皮书研究、皮书规范
- □ 服务：最新皮书、皮书书目、重点推荐、在线购书
- □ 链接：皮书数据库、皮书博客、皮书微博、在线书城
- □ 搜索：资讯、图书、研究动态、皮书专家、研创团队

中国皮书网依托皮书系列“权威、前沿、原创”的优质内容资源，通过文字、图片、音频、视频等多种元素，在皮书研创者、使用者之间搭建了一个成果展示、资源共享的互动平台。

自 2005 年 12 月正式上线以来，中国皮书网的 IP 访问量、PV 浏览量与日俱增，受到海内外研究者、公务人员、商务人士以及专业读者的广泛关注。

2008 年、2011 年中国皮书网均在全国新闻出版业网站荣誉评选中获得“最具商业价值网站”称号；2012 年，获得“出版业网站百强”称号。

2014 年，中国皮书网与皮书数据库实现资源共享，端口合一，将提供更丰富的内容，更全面的服务。

法律声明

“皮书系列”（含蓝皮书、绿皮书、黄皮书）之品牌由社会科学文献出版社最早使用并持续至今，现已被中国图书市场所熟知。“皮书系列”的LOGO（）与“经济蓝皮书”“社会蓝皮书”均已在中华人民共和国国家工商行政管理总局商标局登记注册。“皮书系列”图书的注册商标专用权及封面设计、版式设计的著作权均为社会科学文献出版社所有。未经社会科学文献出版社书面授权许可，任何使用与“皮书系列”图书注册商标、封面设计、版式设计相同或者近似的文字、图形或其组合的行为均系侵权行为。

经作者授权，本书的专有出版权及信息网络传播权为社会科学文献出版社享有。未经社会科学文献出版社书面授权许可，任何就本书内容的复制、发行或以数字形式进行网络传播的行为均系侵权行为。

社会科学文献出版社将通过法律途径追究上述侵权行为的法律责任，维护自身合法权益。

欢迎社会各界人士对侵犯社会科学文献出版社上述权利的侵权行为进行举报。电话：010－59367121，电子邮箱：fawubu@ssap.cn。

社会科学文献出版社

权威报告·热点资讯·特色资源

皮书数据库

ANNUAL REPORT(YEARBOOK) DATABASE

当代中国与世界发展高端智库平台

皮书俱乐部会员服务指南

1. 谁能成为皮书俱乐部成员？

- 皮书作者自动成为俱乐部会员
- 购买了皮书产品（纸质书/电子书）的个人用户

2. 会员可以享受的增值服务

- 免费获赠皮书数据库100元充值卡
- 加入皮书俱乐部，免费获赠该纸质图书的电子书
- 免费定期获赠皮书电子期刊
- 优先参与各类皮书学术活动
- 优先享受皮书产品的最新优惠

3. 如何享受增值服务？

（1）免费获赠100元皮书数据库体验卡

第1步 刮开附赠充值的涂层（右下）；

第2步 登录皮书数据库网站（www.pishu.com.cn），注册账号；

第3步 登录并进入“会员中心”—“在线充值”—“充值卡充值”，充值成功后即可使用。

（2）加入皮书俱乐部，凭数据库体验卡获赠该书的电子书

第1步 登录社会科学文献出版社官网（www.ssap.com.cn），注册账号；

第2步 登录并进入“会员中心”—“皮书俱乐部”，提交加入皮书俱乐部申请；

第3步 审核通过后，再次进入皮书俱乐部，填写页面所需图书、体验卡信息即可自动兑换相应电子书。

4. 声明

解释权归社会科学文献出版社所有

WWW.PISHU.COM.CN

皮书俱乐部会员可享受社会科学文献出版社其他相关免费增值服务，有任何疑问，均可与我们联系。

图书销售热线：010-59367070/7028
图书服务QQ：800045692
图书服务邮箱：duzhe@ssap.cn

数据库服务热线：400-008-6695
数据库服务邮箱：database@ssap.cn
兑换电子书服务热线：010-59367204

欢迎登录社会科学文献出版社官网（www.ssap.com.cn）和中国皮书网（www.pishu.cn）了解更多信息

社会科学文献出版社 皮书系列
SOCIAL SCIENCES ACADEMIC PRESS (CHINA)

卡号：933002089963
密码：

S 子库介绍
Sub-Database Introduction

中国经济发展数据库

涵盖宏观经济、农业经济、工业经济、产业经济、财政金融、交通旅游、商业贸易、劳动经济、企业经济、房地产经济、城市经济、区域经济等领域，为用户实时了解经济运行态势、把握经济发展规律、洞察经济形势、做出经济决策提供参考和依据。

中国社会发展数据库

全面整合国内外有关中国社会发展的统计数据、深度分析报告、专家解读和热点资讯构建而成的专业学术数据库。涉及宗教、社会、人口、政治、外交、法律、文化、教育、体育、文学艺术、医药卫生、资源环境等多个领域。

中国行业发展数据库

以中国国民经济行业分类为依据，跟踪分析国民经济各行业市场运行状况和政策导向，提供行业发展最前沿的资讯，为用户投资、从业及各种经济决策提供理论基础和实践指导。内容涵盖农业，能源与矿产业，交通运输业，制造业，金融业，房地产业，租赁和商务服务业，科学研究，环境和公共设施管理，居民服务业，教育，卫生和社会保障，文化、体育和娱乐业等 100 余个行业。

中国区域发展数据库

以特定区域内的经济、社会、文化、法治、资源环境等领域的现状与发展情况进行分析和预测。涵盖中部、西部、东北、西北等地区，长三角、珠三角、黄三角、京津冀、环渤海、合肥经济圈、长株潭城市群、关中—天水经济区、海峡经济区等区域经济体和城市圈，北京、上海、浙江、河南、陕西等 34 个省份。

中国文化传媒数据库

包括文化事业、文化产业、宗教、群众文化、图书馆事业、博物馆事业、档案事业、语言文字、文学、历史地理、新闻传播、广播电视、出版事业、艺术、电影、娱乐等多个子库。

世界经济与国际政治数据库

以皮书系列中涉及世界经济与国际政治的研究成果为基础，全面整合国内外有关世界经济与国际政治的统计数据、深度分析报告、专家解读和热点资讯构建而成的专业学术数据库。包括世界经济、世界政治、世界文化、国际社会、国际关系、国际组织、区域发展、国别发展等多个子库。